和平研究 第5辑

主　编　刘　成

副主编　胡传胜　姜守明

Peace Studies

南京师范大学出版社

图书在版编目（CIP）数据
和平研究．第5辑 / 刘成主编；胡传胜，姜守明副主编．-- 南京：南京师范大学出版社，2024. 6.
ISBN 978-7-5651-6326-5
Ⅰ. D068
中国国家版本馆 CIP 数据核字第 2024BS5463 号

书　　名　和平研究（第5辑）
主　　编　刘　成
副 主 编　胡传胜　姜守明
责任编辑　郑海燕　刘娟娟
装帧设计　有品堂_刘俊
出版发行　南京师范大学出版社
地　　址　江苏省南京市玄武区后宰门西村9号（邮编：210016）
电　　话　（025）83598712（编辑部）　83598919（总编办）
　　　　　83598412（营销部）
网　　址　http://press.njnu.edu.cn
电子信箱　4188423@qq.com（编辑部）　nspzbb@njnu.edu.cn（总编办）
排　　版　南京私书坊文化传播有限公司
印　　刷　南京新世纪联盟印务有限公司
开　　本　787 mm × 1092 mm　1/16
印　　张　17.5
字　　数　264 千
版　　次　2024 年 6 月第 1 版
印　　次　2024 年 6 月第 1 次印刷
书　　号　ISBN 978-7-5651-6326-5
定　　价　99.00 元

出 版 人　张　鹏

编者的话

《和平研究》（*Peace Studies*）是由南京大学联合国教科文组织和平学教席和南京师范大学出版社联合主办的和平学研究系列。和平学（Peace Studies）探究预防、消减和化解冲突的非暴力方案，分析冲突的结构机制，创建实现和平的知识和实践体系。和平学是人类社会的“医生”，它关注各类暴力（直接暴力、结构暴力、文化暴力、生态暴力）造成的痛苦，“诊断”暴力的状态，“预测”暴力的变化，通过“治疗”减少暴力（消极和平）并改善环境（积极和平）。

和平学是二战后诞生的一门新学科，具有跨学科性质，包括和平研究（Peace Research）、和平教育（Peace Education）与和平活动（Peace Activities）三大部分。近20年来，和平学在中国的发展令人瞩目，高校和平研究、中小学和平教育、城市和平活动等方面成绩斐然，特别是联合国教科文组织和平学教席落户南京大学、南京与联合国教科文组织合作举办南京和平论坛。以此为基础，在汉语学术界出版和平学专业读物，发表国内外同行的最新研究成果，是现实需要，也水到渠成。

《和平研究》主旨是创建中国和平学的国际学术平台，丰富与发展具有中国特色的和平学理论，拓展和平研究内涵，构建和平教育课程体系，践行人类命运共同体的倡议。本辑继续遴选和平学界代表性学者的原创论文，并收录最新和平学著作的评论文章，以飨广大读者。

目　录

纪念

和平研究

和平教育

和平活动

书评

Contents

Commemoration

Peace Research

Peace Education

Peace Activities

Book Reviews

纪念 | Commemoration

“和平学之父”约翰·加尔通对世界和平学影响深远

刘 成

约翰·加尔通（Johan Galtung）教授身体一直很健朗，笔耕不辍。他 84 岁时让我陪着再登中山陵，87 岁去南京长江边跋涉，90 岁还向我介绍其健康高寿的秘诀……我深信这位和平学大师一定会是百岁老人。北京时间 2024 年 2 月 18 日凌晨，当我得知他在几个小时前驾鹤西去时，完全不愿意相信：这样一位世纪老人离开了我们，离开了他毕生为之奋斗的和平事业。

约翰·加尔通于 1930 年 10 月 24 日生于挪威奥斯陆，其父亲和祖父都是医生。童年时期，他在纳粹占领下的挪威经历了第二次世界大战，目睹了父亲被占领军逮捕。加尔通没有继承先辈的医生职业，却成为给社会“看病”的大夫。他是和平与冲突研究的奠基人，被誉为“和平学之父”。

和平学是人类社会的“医生”，它关注各类暴力造成的痛苦，“诊断”暴力的状态，“预测”暴力的变化，通过“治疗”减少暴力（消极和平）并改善环境（积极和平）。

1959 年，加尔通在奥斯陆创建了欧洲第一个和平研究所。1964 年，他创办了第一本和平学专业期刊《和平研究》（*Journal of Peace Research*）。1969 年，加尔通被挪威政府任命为世界上第一位和平与冲突研究（和平学）教授。他曾多次获得国际奖项和荣誉，包括 1987 年的诺贝尔替代奖即“正确生活方式奖”（The Right Livelihood Award），以及多次诺贝尔和平奖提名。

加尔通教授是伟大的和平研究理论家、教育家及和平实践活动家。他的概念框架和理论体系对全世界的学者、教育工作者和政策制定者都产生了深远影响。加尔通提出的暴力三角（直接暴力、结构暴力、文化暴力）、冲突三角（行为、矛盾和态度）、积极和平与消极和平，以及冲突转化等概念，影响了全球一代又一代的和平建设者。

加尔通教授的冲突理论是其批判性和平研究方法的重要组成部分。他将医学（诊断学、预后学、治疗学）、数学（离散数学和结构数学、组合学和随机学）、社会学、比较文化研究和人类学中精确协调的分析方法结合起来，并从冲突的原因、驱动力和后果方面更好地理解和改造社会各个层面的冲突。他将冲突定义为任何“社会体系中行为者的目标或价值观之间的不相容”，认为冲突可以通过澄清与调和（隐藏的）利益来解决，调解可以改变冲突的结构性背景，从而改变冲突各方的行为，使冲突在各个层面上得到转化。加尔通冲突理论的重点是寻求建设性和非暴力冲突转化的条件。正因如此，加尔通认为和平是一个动态的概念，并将和平定义为“用非暴力方式创造性地实现冲突转化”。

他提出的结构暴力和文化暴力的概念，促使和平学在20世纪70年代后发生转向，更加关注积极和平，以应对全球化进程中的各种矛盾与挑战。加尔通教授提出积极和平的四方面内容。①自然和平：物种之间的合作而不是斗争。②直接的积极和平：强调言辞和物质上的仁爱，关心所有人的基本需求、生存、幸福、自由和身份，爱是其缩影，即身体、思想和心灵的交融。③结构的积极和平：以自由取代压制，以平等取代剥削，完成取代的方式是对话而不是渗透，是整合而不是分割，是团结而不是孤立，是参与而不是边缘化。④文化的积极和平：以和平的合法性代替暴力的合法性，在宗教、法律、意识形态、语言、艺术和科学内，在学校和媒体中，建立一种积极的和平文化，它意味着打开而不是抑制人们的不同倾向和才能。积极和平超越了传统的和平定义，扩大了和平的内涵，成为后来有关和平研究的主要内容，在世界范围内被广为认同和推崇。

我与加尔通教授第一次见面是在2005年3月的南京——中国首届和平学国际学术研讨会上，来自英国、美国、澳大利亚、日本、墨西哥、挪威、南非等国的国际著名和平学学者参加了会议，加尔通教授为大会做主旨报告。会议论文集于2006年在英国出版，书名为《中国世纪的和平学》（*Peace Studies in the Chinese Century*）。南京和平学国际学术研讨会的成功召开，标志着中国和平学研究的正式启动，南京大学也逐步成为中国的和平学研究中心。会上，加尔通送给我们一本他的代表作——《用和平的方式实现和平》（*Peace by Peaceful Means*）。这本书很快被翻译为中文出版，中文书名为《和平论》（南京出版社2006年版，2016年再版时书名为《和平之道——和平与冲突、发展与文明》）。后来，我们又翻译了他的另一本书——《美帝国的崩溃：过去、现在与未来》（人民出版社2013年版），这本书成了畅销书。

2014年4月，加尔通教授第二次不远万里访问南京大学，做了题为"和平学视角下的岛屿争议与解决方案"的演讲。一年后，我与德国和平学教授埃贡·施皮格尔（Egon Spiegel）合著的《全球化世界的和平建设——图解和平学》由人民出版社出版。出版前，我试着请加尔通教授给该书作序，没想到他在短短几天内就看完书稿并把写好的序发给了我。序中写道：这是一本非同寻常的全球和平学著作！这本书本身就是在全球化世界里建设和平，它使用了世界上两种主要语言写作，合作作者也跨越了中西差距。本书不仅是传递一种信息，这本书本身就是一种信息，而且非常强烈。书中含有丰富的思想。这本书给所有人一件最好的礼物：乐观主义。

加尔通教授在年轻时就曾多次访问中国，并将他在中国多次访问的见闻和思考汇集为一本书稿——《向中国人学习》。加尔通教授在第二次访问南京大学时，将他用老式打印机逐个字母打印出来的这本原始书稿交给我，希望能在中国出版。遗憾的是，中文译稿以后即便能出版，加尔通教授也看不到了。他一生出版了150多本书，其著作被翻译成30多种语言。有一次，他问我：谁是你的和平学老师？我说是安德鲁·瑞格比(Andrew Rigby)教授(英国考文垂大学和平学中心创始主任)。他马上说：“我是他的老师。”其实，对于当今世界的所有和平学学者来说，加尔通教授都是他们的老师。他对全球学术界的贡献是多方面的，正如他所言：“我给自己设定了若干十年计划，要在以下每个学科中站稳脚跟：20世纪50年代是社会学，60年代是政治学，70年代是神学、经济学和教育学，80年代是历史学，90年代是文化学(人类学、思想史/哲学、精神分析、个人和集体建构)。”其实还不止这些，比如“和平新闻”也是他的倡导。总之，他提出的理论和概念是和平学的学科基础，没有加尔通教授的学术贡献，就没有今天作为一门学科的和平学。

约翰·加尔通教授，我们永远怀念您！

作者简介

刘成，南京大学历史学院教授、博士生导师，联合国教科文组织和平学教席（UNESCO Chair on Peace Studies）主持人（Chairholder），国际和平研究协会（IPRA）理事，东北亚地区建设和平研究院（NARPI）指导委员会委员，国际和平城市协会（ICP）理事。

和平研究 | Peace Research

欧洲和平前景的展望

陈晓律

摘　要　民族主义与民族国家是孪生兄弟。它们为现代世界提供了秩序和意识形态，但也引发了战争和动荡。二战后，欧洲试图建立一种新的秩序，以便为将来的和平寻找一条合适的路径，降低民族主义的激情。欧盟就是这种尝试的产物。希望欧洲在未来能够因此而构建长期的和平。

关键词　欧洲　民族主义　和平

欧洲作为一个文化统一但政治分裂的文明单位，是现代民族主义和民族国家兴起的地方，也是两次世界大战的策源地。自1500年开始，民族国家兴起导致的欧洲分裂与战乱和二战后的重新融合成为人类历史上最独特的现象之一。从世界历史的视野来探寻历尽劫波后的欧洲在新形势下的和平前景，是一个很有意思的课题。

一

民族主义的兴起是近代以来欧洲大规模战乱的主要因素之一，因此，厘清其基本内涵十分必要。欧内斯特·盖尔纳认为，民族主义主要是一种政治原则，它坚持政治与民族的单位必须一致，甚至断言，没有现代的国家政权，就没有民族主义问题。（Gellner，1983：1—5）汉斯·科恩则认为，民族主义是一种心理状态，即个人对民族政权的忠诚高于一切；这种心理状态是同生养他的土地、本地的传统以及在这块土地上建立起来的权威等联系在一起的。（Kohn，1961：1—18）它之所以能激发出人们的这种热情，是民族主义与现实政治有着千丝万缕的联系。尽管有学者预言，“当20世纪末临近之时，全球化对民族国家是‘好的共同体’这样一个现代的正统观念提出了挑战”（Modelski，1972：56），但这样的看法未免过于乐观。冷战之后，原本以为民族主义会随之淡出历史的人们惊异地发现，民族主义依然拒绝退出历史舞台，并且坚持在各种国际冲突中扮演重要角色。这一现象迫使已经准备将民族主义作为一种“过去时”对待的学者不得不重新开始了对民族主义的研究。冷战后出版的关于民族主义研究的著作，在一定程度上有了新的突破，其使人耳目一新的看法主要有两点：第一是将民族主义与现代化联系起来，即认为现代民族主义是现代化起步的意识形态，是催生现代国家的重要力量；第二是认为没有民族主义就没有现代国家，民族主义是构建现代国家的重要工具。因此，民族主义与现代国家是共生物。（Smith，1998：8）从这种角度看，学者们将民族主义的种种争议归结为：民族本身不是一个古老的观念，而是获取现代文化认同的一种集体行动的产物。很多民族，无论在欧洲、亚洲或非洲，都是新近产生的，这多少否认了民族古老和原始的特性。民族不是一个自然的、具有深厚历史根基的产物，而是一个近期历史发展的产物。（Smith，1998：18—19）因此，民族与民族主义完全是现代的观念。

如果从民族主义产生的历史分析，我们今天所讨论的民族主义是与人类的现代化进程相关的。在这一点上，笔者基本赞同民族主义与现代化有关的理论。尽管人类的爱国主义情绪古已有之，但特定的疆界、特定的居民、特定的政府与拥有共同的语言等基本要素构成的民族主义，只能是产生在现代的生产方式出现之后。自英国工业革命开始，两种植根于不同生产方式的竞争逻辑就已泾渭分明：一种是在资本主义世界体系形成初期的经济竞争，另一种是以推动欧洲国家体系形成的封建主义为特征、被罗伯特·布伦纳称为“政治积累”即在军事扩张和国家构建过程中的地缘政治竞争。帝国主义是这两种逻辑融合的产物。如果不存在只有在资本主义生产关系框架内才能产生的经济根源，就不会再有地缘政治竞争；但被卷入日益全球化的贸易和投资网络中的资本又依赖于其所在民族国家的各种形式的支持，从关税、补贴到军事力量的使用。换言之，“多个资本”间的竞争现已呈现出经济竞争和地缘政治竞争这两种形式。事实上，在冷战结束之前，欧洲列强之间的力量平衡时代是在共同的文化之间进行的。冷战也不是真正意义上的“东西方”斗争，它基本上仍然是在欧洲上方的争夺。（卡纳，2008）

由此可见，民族主义的种种困惑，是因为自欧洲产生的民族主义诉求，以谋求自身的利益为动力，在全球化的过程中逐步扩展，并最终被不同文化圈的民族用于争取自身解放斗争的结果。于是，民族主义的内涵与外延就有了极为不同的拓展。也就是说，当今我们在民族主义的属性和概念方面发生的种种分歧，其根源在于忽视了民族主义产生的区域性因素。正是现代民族主义产生的区域性因素，导致了民族主义在其发展过程中的种种歧义。原产于欧洲的民族主义，既有其普遍性，也有其内涵的特殊性。在欧洲，民族主义的“身份”虽有很多含混之处，但这些民族毕竟长期生活在共同的基督教文化氛围中，不同种族的交往乃至通婚是一件十分平常的事情，多个不同的种族往往隶属于同一个君主，人们在价值或其他方面很容易寻找到共同的东西，这也就使得不同民族之间的对话不至于产生自说自话的困境。总之，欧洲是一个全球发展中的特殊地域，在那里，世俗世界的协调自罗马帝国衰亡后从未形成一个统一与稳定的格局，作为一种层层分封的封建依附式的政治结构，表面上看是一个“经济与政治的有机统一体，但在整个社会结构中表现为四分五裂的权力链条”（安德森，2001：6）。不过精神世界的统一却由基督教完成了。于是，当现代化的进程开始后，这一区域性的特点就引发了含有欧洲特质的民族主义浪潮。因此，要深入剖析现代民族主义，就必须先破解欧洲民族主义的迷思。

这一区域最主要的特点就是，它既是孕育西方文明的摇篮，也是产生现代民族主义的土壤。由于这一特点，民族主义与西方文明的种种属性产生了十分自然的内在联系，并相互纠缠着进入了现代社会。正如盛洪所说，西方文明是一种比较具有进攻性、比较具有扩张性的文明。其原因是西方文明两种传统（两希传统）的互动在其内部形成了一种竞争结构，这种结构推动了西方近代的发展。正是西方文明的这种传统及其竞争结构形成了民族国家的竞争，而民族主义更是把这种竞争推向了一个极端。也就是说，民族国家的竞争，不仅是一种和平的竞争，也是一种通过暴力、战争的竞争。这是近代欧洲战乱不已的一个重要原因。这种竞争带来了很多负面的东西，如巨大的人员死亡和财产损失。当然，它也带来了对西方来讲所谓正面的东西，比如它刺激了西方国家对武器的改进，这在很大程度上又刺激了科学技术的发展，而技术的发展又导致了包括市场制度、政府制度和企业制度在内的近代制度的形成。这种竞争日益激烈，最后无法在欧洲本土完全摆平，于是自然走向对外扩张，这实际上是把近代欧洲国家之间的竞争关系推向了全世界，也把欧洲国家之间的那种社会达尔文主义的规则推向了全世界。这可能是西方文化的特点。（盛洪，1999）

就此而言，西方文明具有强烈的竞争和扩张意识是不争的事实，而其对世界的影响是在欧洲的竞争具有了全球规模的效应即其现代化进程启动以后，因此，欧洲对世界的冲击本质上是一种现代化的冲击。所以，要解读欧洲的民族主义，就必须考察其在欧洲现代化进程中的作用。

二

无论从哪一个方面来看，现代化最基本的内涵仍然与工业化有关，因为很难想象有一种没有工业化的现代化（也许一些小国除外），或者说，现代文明会建立在一种没有工业革命的基础之上。工业化进程在各国的情况是不同的，但人们依然不能否认各国工业化有其共同的特点，那就是它以惊人的速度改变着生产方法和生活方式的技术和组织。人们普遍认为，工业化是能使世界上一些贫穷落后地区转变成先进国家的主要手段，也是走向增长（这里的增长可理解为人均收入的增加）和发展的关键。要发展，就必须走工业化的道路。这也是欧洲给世界提供的历史经验，正是在欧洲地区，人类率先迎来了工业文明的浪潮。

工业化需要一个平台，但这个平台只能建立在民族国家的基础上，因此，工业化对民族主义的影响是深远的。工业的增长要求广泛的社会流动性与结构上的同质性，个人拥有的独立迁移能力与文化语言的标准性。这样的要求只能在一个由政府控制的大范围的公共教育体系、能创造出市场竞争机制、具有同质的公民群体的共同体中才可能完成。（Smith，1998：15—16）大规模的工业化对现代国家的职能提出了强烈的需求，没有一个代表本民族利益的政府，工业化的启动将十分困难。但这种工业化与民族国家交织在一起的发展不可能是平衡的。一些国家和地区发展的速度更快，质量更高，从而更具有优势。那么，在通常的情况下，它们不会同意其他地区的人们无偿地分享其发展的成果。于是，原本在文化上一体的欧洲，必然要求先在观念、随后在政治上的“分家”。

这种新的观念就是主权。主权的永恒性表现在它是一项客观的职位，不会成为任职者的私有财产。博丹写道，“一个人或某些人在某个特定的时期内拥有赋予他们的绝对权力，过了期限他们只不过是个体的臣属”，“主权存在于人民之中，主权的行使是委托给执政官，人们可以将他称为最高的官长，但不是真正的主权者”。（博丹，2003：1）

主权是神圣不可侵犯的。但主权毕竟只是一种观念，要使主权真正发挥作用，它必须寻找落实的“单位”。1648年《威斯特伐利亚和约》的签订，标志着欧洲终于分裂成多个“主权国家”，主权寻找到了其生存的实体。它也表明，“主权作为对某个领土上的至高无上的权力是一种政治事实，一方面标志着领地王侯对于皇帝和教皇的普遍权威的胜利，另一方面标志着领地王侯对于封建贵族的政治独立向往的胜利”（摩根索，1995：388）。这意味着在一个君主国的范围内，君主们既在对外方面取得了自身的独立地位，又对内控制了分裂的势力。因此，主权国家的出现，是欧洲大家庭渴求一种新的利益分配模式的产物。欧洲依然是一个精神概念的共同体，但政治经济的结算单位却已经不同，在中世纪孕育出的独立君主国成为这种结算的基本单位。现代民族主义，就此在欧洲产生。事实上，英语“国家主权”（national sovereignty）一词，其中就含有民族的界定，它本身就是从独立的民族国家建立而逐步形成的观念。（杨泽伟，2006：13）从现代第一个工业化国家英国考察，16 世纪早期开始，民族主义作为一种独特的社会意识已经在英格兰出现。（Greenfeld，2001：2）同任何一种利益分配所引发的冲突一样，最基本的问题是界定利益分配的单位。主权观念的正式出现并且被欧洲各个原有的君主国普遍接受，标志着中世纪在基督教世界中占据统治地位的“普世主权”观念已经被打破。在这个意义上，也可以将欧洲的民族主义理解为在现代化的过程中，打破欧洲观念共同体“大锅饭”的一种举措。

从欧洲近代的历史进程看，欧洲民族主义与民族国家所要解决的主要问题，是在地理大发现以后，欧洲不同的区域在这一历史提供的机遇中如何分享全球化的成果。正是这一利益的驱动，使原本在基督教的旗帜下至少在文化上统一的欧洲，最终在现代化的进程启动后发生了分裂。

葡萄牙和西班牙在欧洲率先建立起民族国家。在欧洲现代化进程中，它们不仅起步早，而且是开创先河、树立新风的国家。它们率先发起具有现代启动意义的远洋探险和地理大发现活动，并在这抢先一步的活动中获得了巨大的利益。但随着地理大发现和海外扩张战略的启动和成功推进，葡萄牙和西班牙的注意力和战略重心迅速地由国内转向了国外。由于内部的现代化制度建设滞后，它们未能将海外流入的黄金转化为新型经济发展的资本，所以，这两个国家虽然抢先一步，却未能完成工业革命的任务、成为继续引领欧洲经济发展的火车头。而稳步建立在独立主权国家基础上的英国，由于在中世纪已经逐步发展并完善了相应的法规和制度，对个人权利给予了应有的保护，所以在制度化的建设上最为成功，也因此率先开始了工业化的进程。经过18世纪中期到19世纪中期的工业革命，英国成为世界上第一个从农业占优势转变为工业占优势的国家，实现了从手工业工场制向产业工厂制的转变。社会生产力有了巨大的发展，机器大生产占了显著的优势，并建立了强大的纺织业、冶金业、采矿业；机器制造业已具有相当的规模，能够为工业各部门提供所需要的机器设备。全国铁路网的建成和蒸汽船的应用，加强了国内外的联系，拓宽了海内外市场，英国成为世界上资本主义工业最先进的国家。在国民生产总值中，其农业从1801年占国民生产总值的34%下降到1851年的21%，并且此后一直呈下降趋势，到1907年仅占国民生产总值的6%；工业则从1801年的28%上升到1851年的34%以上，到1881年达到最高，为43%；贸易和交通则呈持续上升的势头，从1801年的16%上升到1851年的19%、1907年的28%。1851年，其工业和贸易及运输加起来占国民生产总值的一半以上。（Mathias，1983：223）就业人口的分布情况与此也是一致的。1851年的调查表明，全国就业人口中，第一产业（包括农业、林业、渔业）的占不到22%，工业的约占43%，贸易和交通的占将近16%。（Deane and Cole，1967：142）这种剧变发生在1688年的光荣革命半个世纪之后，它多少证明，具有现代意义的英国民族国家对推动英国的经济发展功不可没。

法国的情况也大体如此。路易十四的种种措施，使法国在近代初期一度成为欧洲大陆最强大的国家，但也由于法国君主国过于强大，在推动法国发展的同时，给它进一步的发展造成了隐患，最终是法国的绝对主义君主国未能及时转轨而引发了1789年的大革命。在经历了一代人的战乱后，法国虽然战败，但总算获得了一个独立发展的机遇。1825年英国解除了机器出口禁令，为法国工业化创造了有利条件。尽管1816—1817年和1827—1830年间法国经济出现严重衰退，但在19世纪20年代还是有许多经济复苏的迹象，亨德森观察到这个时期在机械化方面有了引人瞩目的进展。（Henderson，1968：96）和英国一样，法国的纺织工业是较早采用机器的部门，当然其技术与设备主要是从英国引进的。在冶铁部门，1818 年开始仿效英国用焦炭冶炼生铁和熟铁，到 1825 年法国生铁产量中已有三分之一是用焦炭冶炼的。

1830—1848 年的七月王朝被称为资产阶级的王朝，实行了一系列类似英国同期的政策：降低税收，减少政府开支，保护私人企业，宣扬英国式的自助精神。不过，降低关税的努力遭遇了失败。1842 年，政府通过法令来保证铁路公司最低利润，鼓励私人投资于铁路建设。铁路建设既便利了交通，又带动了与此相关的冶金业和采煤业的发展。这个时期，法国经济增长较快，机器推广的速度加快，尽管其速度远不如同期的英国，但大多数学者认为法国工业革命终于开始了。煤的产量增长了两倍，生铁的产量翻了一番，焦炭冶铁得到进一步推广，阿尔萨斯地区出现了规模很大的机械化棉纺大工厂。工业集中现象开始出现，工人日益集中，工厂制进一步推广，建立了一些可以同英国和德国竞争的大工厂。

在这种强有力的扩张经济政策的刺激下，法国的工业革命在 19 世纪 50 年代达到高潮。虽然从 50 年代末其经济增长势头受阻，但整个第二帝国时期仍是法国 19 世纪经济发展的黄金时期。铁路建设突飞猛进，全国通车路线长度从 1850 年的 2915 公里上升到 1860 年的 9167 公里，1870 年进而达到 15544 公里。（奇波拉，1991：339）同时，铁路公司由分散的 30 多个公司合并为六大公司。铁路建设的迅速发展极大地改善了法国交通状况，促进了全国统一市场的形成，从而为农产品的商品化、农村人口流入城市提供了便利，促进了这个时期突飞猛进的城市化。铁路建设还为冶金业、采煤业的发展提供了极大的刺激作用，几乎起了它在德国和美国那样的经济增长的发动机的作用。钢铁工业、冶金工业、煤炭开采等资本密集型的工业代替纺织工业成为工业增长的先导部门。钢铁工业日益集中，淘汰了木炭冶铁炉，到 1868 年 40% 的法国铁产量是由两个巨大的厂家生产的。这些资本密集型工业年平均增长率达到 3%—6%，钢铁工业年平均增长率超过 10%，有色金属业的年增长率甚至接近 20%。在工业进步、交通改善的刺激下，法国农业打破了几个世纪的徘徊局面，第一次出现了农业改良的活动。在度过 1846—1849 年的农业危机之后，北部和东部地区开始普遍使用化肥、灌溉机械、收割机和新式铧犁。1852—1862 年间，法国农产品产量年平均增长 3.2%，法国从此消灭了饥荒。十分明显，法国的现代民族国家建设所耗的时日比英国要长得多，也部分地影响了法国的经济发展，但它在工业化过程中的作用依然是巨大的，并最终将法国推入了世界工业化国家的行列之中。

德国更是给人留下了深刻的印象。长期的分裂的确对德国的经济发展起了很坏的阻碍作用，使其民族经济无法在统一国家的强力下顺利发展。但这种阻碍作用在德国统一后立即成为推动工业化的巨大动力，德国社会中所有要求工业化与都市化的力量迅速地占领了德国的政治舞台。例如，资本投资率在 1850 年前后估计只有 5%，但在 1850—1860 年间则增长为占国民生产总值的 9%，70 年代则为 12.5%。（Pollard，1990：44）

德国的工业化大跃进是随着 19 世纪四五十年代铁路网的修建和鲁尔地区发现巨大矿藏而开始的。铁路的修建，带动了钢铁工业、煤矿工业与机械工业的发展。德国的煤矿产量从 1820 年的 130 万吨增至 1850 年的 510 万吨，到 1913 年的 1.9 亿吨，加上 87 万吨的褐煤，几乎占了整个欧洲大陆煤产量的三分之二；生铁产量在 1826 年超过了 10 万吨，1867 年超过了 100 万吨，而到 1913 年超过了 1300 万吨；钢产量从 1870 年的 12.6 万吨增长为 1913 年的 1760 万吨。其生产组织的规模很大、很现代并具有很高的效率。例如，1900 年至少有 24 个鲁尔的煤矿的年产量超过了 50 万吨；1902 年，德国平均每个钢铁工厂的产量为 7.5 万吨，而英国仅为 4 万吨。（Pollard，1990：50）换言之，德国经济发展能够后来居上，统一后强大的民族国家起到了极为重要的推动作用。

不难看出，欧洲民族主义推动着民族国家的建设，而民族国家又推动着本国的工业发展。这一系列交织在一起的后果，是欧洲几个主要的大国先后实现了工业化。在这个意义上，欧洲民族主义是欧洲现代化不可缺少的原动力之一。

三

然而，民族国家的建立虽然对推动本国的现代化事业极为重要，其局限性也由此显露出来，那就是，这种工业化是由资本推动的，资本的扩展是无止境的，不同民族资本的利益又通常是相互冲突的。已有的欧洲民族国家不仅只保护本国利益，还往往将本民族的利益推向极致。换言之，欧洲民族国家经济利益的全球性与其政治疆域的地区性产生了结构性的矛盾。当一系列强国完成了对世界其余国家的控制和势力范围的分割，依然还是不能有效解决相互之间的利益冲突，对民族国家的崇拜又成为一种压倒性的非理性力量时，惨烈的世界大战就不可避免了。人类历史上仅有的两次世界大战均在欧洲爆发，显然不是一个偶然的现象。正如韦尔斯在谈到近代欧洲的国家主义和民族崇拜时所言：

> 它已经完全拜倒在这个奇异的国家的神话之前了。对这些握有主权的神祇，对“意大利”的统一，对“普鲁士”的霸权主义，对“法兰西”的光荣和“俄罗斯”的命运，欧洲好几代以来已经牺牲了可能的统一、和平、繁荣和千百万人的生命。（韦尔斯，1982：903）

毫无疑问，推动欧洲近代以来持续发展的民族主义迷思，已经遭遇了其发展的瓶颈。当经历了战争的浩劫之后，史学泰斗梅尼克（Friedrich Meinecke，1862—1954）曾发表举世闻名的巨著《近世西方的国家至上理念》（*Die Idee der Staatsräsonin der neueren Geschichte*）。该书旨在澄清一个问题：西方列强中到底谁是“国家至上主义”（raison d’etat，Staatsräson）的始作俑者？谁又是其最彻底的信奉者？梅尼克的答案是：“国家至上主义”乃近世西方各国的集体创造。作为一种观念，它首先由意大利人马基亚维利（Machiavelli）提出；而作为一种实践，则由法国人黎塞留（Richelieu）首次将其发挥得淋漓尽致；但作为一种信念，则没有人比英国人更成功地把它化为全民族的集体无意识，从而形成了每个英国人都会脱口而出的著名英国格言：“吾国说对就是对，吾国说错就是错。”梅尼克指出，英国人的这种信念不仅使它成为“国家至上主义”最彻底的信奉者，而且使它总是首先指责别人的“国家至上主义”，因为英国人的“国家至上主义”已经是一种集体无意识状态，根本不可能对此有自我意识了。所以，在1899年海牙会议上，只有英国元帅费舍（John Fisher）会如此赤裸裸地直言：“我只知道一条原理：强权就是公理（Might is right）。”事实上，马基亚维利早就指出，造就最强大国家的首要条件不在于造枪炮，而在于能够造就其国民的最强信仰，即深信吾国认为对的一定对，吾国认为错的一定错。（甘阳，1999）盛洪曾对此现象进行分析，指出在两群人之间的贸易中，如果有一方结成同盟，即经济学中所说的卡特尔，则显然会在谈判中占有优势（即所谓谈判强力），从而改变由自由贸易决定的财富分配，使之变得有利于结盟的一方；如果想在两群人之间改变初始的财富分配或资源占有，就要借助于武力。显然，采用民族主义文化从而更易结盟的一方会拥有更强大的武力，能更有效地使用武力。因为，在多人的社会中，武力的水平不仅取决于武力的技术水平，更取决于组织水平。更易结盟意味着更容易集中人群中的资源用于战争，更容易组织起有效率的、包含对付其他民族的职能的政府，更容易团结起来、同仇敌忾地将暴力施于另一群人。（盛洪，1996）即是说，民族主义中已经隐含着极为强烈的战争意识。

菲利普·克尔更一针见血地指出，“战争的基本起因”就是人类被分割成独立的主权国家，而在相互依赖的世界中，主权是没有理由存在的。他把美国宪法的制定当作建立联邦国家的先例。他说，世界上的一切民族既不是主权者，又不是自由的，因为他们唯一的权力是斗争，那不是自由。他们能够获得自由并成为主权者的唯一方法是分享他们的主权，创立一个组织，对自己负责，由此他们可以通过法律管理人类问题。20 世纪 30 年代，他又表示坚信 “经济民族主义” 这一国家主权的独特表达是国际经济困难的真正原因，并指出“只要我们依赖民族国家的主权，我们就绝不能逃避战争”（筱田英朗，2004：101—102）。

四

显然，在欧洲民族主义度过了自己的“黄金发展期”以后，极端的民族利己主义已经无法有效地避免惨烈的世界大战。20 世纪的两次世界大战的发生当然有很多原因，但在欧洲爆发的战争都与德国有关，由此证明解决“德国问题”与欧洲和平之间有着极为重要的联系。冷战后德国的分裂状况使德国人一直认为，德国的分裂是“非自然”的，在德国的土地上部署美国的核武器也是非自然的。（Ash，1994：7）但处于东西方冷战夹缝之中的联邦德国，为了生存下去，必须依靠以美国为首的西方集团。西德外交部长阿登纳明确指出：“我们的地理位置使我们处在生活理想完全对立的两个大国之间。如果我们不愿意被碾碎的话，我们必须不是倒向这方，就是倒向那方。”（周琪、王国明，1992：275）倒向西方不仅意味着听命于美国，也意味着必须与法国搞好关系。由于法国在政治上和军事上的“合法”优势，新的西欧整合只能以它为中心。所以，法国尽力鼓吹欧洲联合。这样，它一方面能将德国的复兴进程置于自己的控制之下，防止德国超过自己并充分利用德国宝贵的经济资源加快本国的现代化进程；又能借联合的西欧抬高自己的身价，增强自己在国际社会中的话语分量。随着时间的推移，德国的经济发展显出更强劲的势头，将法国抛在了后头。1973—1980 年间，德国马克的有效交换率增长了 50%，而法国法郎却减少了 15%。（Jackson，1992：137）在这样的情况下，密特朗上台后，只能加快欧洲一体化的进程，借此来提高法国在共同体中的地位。尤其是德国再次实现统一之后，法国更是主张加大市场和经济与货币联盟的进程，借此把两德统一的进程纳入欧洲一体化的进程，其目的是把人口超过其 41%、经济超过其 39% 的德国约束住。（Gordon，1995：33）而德国“牺牲”马克以换取欧元，也表明德国愿意以经济优势换取对欧洲一体化进程的主导权。这种状况表明，以经济发展为纽带，使合作中产生的利益引起进一步外溢，逐步达到政治整合是可能的。即便从一个极端的角度，这两个国家也都不具备战胜对手的能力。历史一再证明，欧洲强国的相互残杀只能确保“相互摧毁”。因此，贝格哈恩认为，从一战开始，欧洲就在进行“自杀”，这种暴力战争的“雪崩”，根据谨慎的估计，共埋葬了 7000 万至 8000 万条人命，并且把欧洲这个国际政治和世界经济的中心也埋在下边。（贝格哈恩，1999：1）然而，欧洲人并不希望继续“自杀”。二战后欧洲产生的日益广泛的欧洲联合思潮，以及欧盟的建立和逐步扩大，就是欧洲政治家和民众对历史反思的结果。实际上，欧洲历史上也有过长时期的和平，只要领导者的国家能够发挥作用、维持秩序就行，维也纳和会后的百年和平就是例证。为防止这样的灾难再次发生，欧洲的有识之士一直在寻找一个合适的化解机制。让·莫内早在 1943 年就在其提出的一份备忘录中指出，战后“如果各国重新在国家主权的基础上组成，就必然带来以求提高威望的政治与经济上的贸易保护主义，欧洲也就不会有和平”。（热尔贝，1989：44）如果欧洲各国不能组成一个联邦或欧洲实体，由它来组成一个经济统一体，欧洲的繁荣和社会进步就将是虚幻的，因为欧洲各国都具有很大的局限性，它们不能为其人民提供必要的繁荣，它们需要更大的市场。也就是说，欧洲各国可以通过统一的协商方式，以某种欧洲联合的组织形式来解决彼此之间的冲突。

事实上，欧洲联合的思想和主张一直存在，但以和平的方式实现这一目标的呼声并未受到各国当政者的重视。两次世界大战的惨烈给欧洲各国和各阶层的人士以深刻印象，从而也使得欧洲联合的思想有了一个坚实的社会基础。更重要的是，从现代化的角度来审视这段历史时，人们惊异地发现，在民族主义的冲突中，欧洲各国竟然已经大体上完成了现代化的任务，而且是通过民族国家的形式完成的。这不能不说是一个意料之外的收获。

如果将欧洲现代化初始阶段的民族主义视作如同“让一部分民族先富起来”的旗帜，现在，则是到了共同富裕的发展阶段了。换言之，已经处于现代化平台之上的欧洲，需要新的理念和政策。战后的欧洲国家既有这个愿望，又有实现这个愿望的物质和政治基础。[1] 于是，以前只是一种朦胧状态的欧洲联盟理想，在二战后开始变得现实起来，二战后欧洲联合的设想从欧共体开始到欧盟，逐步搭建起一个以欧洲名义生存的经济共荣圈。无论新的欧洲联盟是否可以克服民族主义带来的种种缺陷，它至少避免了原来各个民族主权国家相互争战的可怕局面。从二战后半个多世纪的进展看，社会形态同质、核心价值观一致的欧盟已经初步摆脱了原来民族国家冲突的噩梦，尽管这一民族融合的尝试不时有挫折，它的一系列制度构建也不断遭到人们的质疑，但它前进的势头却不可阻挡，而且其成员国随着时间的推移在不断增加。冷战结束后，一些前华约集团的东欧国家也加入了欧盟，这在舒曼最初提出其计划时肯定是无法想象的。一个最重要的后果是，很多西方共同的价值准则在欧洲一体化的进程中得到了体现并限制了原有民族国家的部分功能。正如新自由主义者所主张的，在全球化的态势下，民族国家将被迫自由化，竞争将会加剧，劳动力市场会更富有弹性，而政府的干预会受到更大的限制。（Wicker，1997：14—15）与此同时，公民所享有的权利则会不断地增加，而且一个欧洲国家其公民享有的权利会很快影响到其他欧洲国家。其中，以人权为导向的制度建设影响最大，因为人权与各国制度权利之间存在着差别，所以人们想方设法地使国际社会对各种人权宪章达成一致意见，如 1948 年联合国大会通过的《世界人权宣言》或 1953 年生效的《欧洲人权公约》。在这些宪章的所有

1
二战后盟国发动的非纳粹化运动，在客观上促使欧洲各主要大国彻底完成了其政治现代化的任务。

签约国中，没有哪两个国家的法律、社会、经济或政治制度安排完全相同；同时，不仅在所有签约国之间，而且在所有签约国的内部，常常存在着巨大的文化差异。即便如此，所有国家都以各自的方式声称，它们会满足某些特定的标准以保护基本的公民权，如公平审判的权利；政治权利，如选举权；以及某些社会权利，如一定程度的受教育权、卫生保健权和住房权。但是，就任何一个上述宪章签约国而言，如果置于其法律或习俗框架内的政策或制度权利被认为与人权相抵触，那么，在人权维护者们看来，即使这种违反了人权的政策或法律反映了当时人们的民主意志，也必须予以更改。比如说，英国就曾多次因其在北爱尔兰的审讯方法和拘留政策、体罚学生以及未能彻底包含妇女免受歧视的就业法案而被告上欧洲人权法庭。（Bellamy，2000：164）基于这样的原则，欧洲宪法和欧洲公民权的意义就非常明显了：不在于它从功能主义的角度给欧盟各国的公民提供了额外的权利，而在于欧洲各国的民族主义受到了一种新的引导——它们必须考虑这种共同的价值观念所确定的游戏规则。近来欧盟各国在欧盟宪法问题上取得的进展，可以看作这种政治共识的一种胜利。由于这样的进展，当我们回顾贡斯当在 200 年前的预测时，不禁感到有些惊讶，因为他认为：

> 由于启蒙思想的发展，就连欧洲分裂为众多国家也更像是一种表面现象，而不是真正的事实。过去，每一个民族形成一个孤立的大家庭，它是其他民族的天然敌人；今天，在不同名称与社会组织下生存的成千上万的人们，在本质上是相当同质的。他们已足够强大，不必畏惧蛮族的游民。他们也高度文明，以致认为战争是负担。他们的一致倾向是和平。（贡斯当，2005：36）

与贡斯当类似的是，1849 年 8 月法国作家雨果在巴黎和平大会的开幕词中，也想象了未来欧洲“将会来临的那一天”：

到那时……所有欧洲的民族，在保持各自独特品质和光荣个性的同时，将会紧密地融合在一个更高的整体之中，将形成一个欧洲的兄弟同盟……到那时，仅有的战场是展开贸易的市场以及开发思想的心灵。到那时，子弹和炸弹将被选票所取代、被各民族人民的普选投票所取代、被一个伟大主权议会的庄严裁判所取代。（刘擎，2008）

在历经了20世纪更为惨痛的战争创伤之后，欧洲的发展似乎走向了雨果所梦想的前景。或许，正如安东尼·史密斯所说，民族不仅是现代的，而且完全是现代的产品。它是现代性引发的一系列革命的后果，也必将随着现代化任务的完成而逐步消失。（Smith，1998：20—21）欧洲民族主义的迷思，或许会随着欧盟的出现和发展在岁月中随风而逝。

于是，我们看到了一个诡诈的历史现象：欧洲人打开了民族主义的潘多拉盒子并通过这种方式完成了自身的现代化任务，但当他们相互之间尽弃前嫌、共谋富裕、终于化解了欧洲民族主义的迷思之时，由这个潘多拉盒子引发的民族主义浪潮却依然在世界范围内保持着强劲的活力，成为若干热点地区动荡不安的根源。换言之，欧洲人打扫干净了自己的庭院，却把垃圾抛给了世界。当然，欧盟的模式对如何化解世界范围内的民族主义冲突毕竟提供了较为理想的样板，而世界其他民族是否能以欧盟的方式破解民族主义的迷思，则既要看这些民族能否顺利地完成自身的现代化任务，也要看它们是否拥有足够的智慧和组织能力了。

五

从全球的视野考察。首先，在一些经济发展水平不高的国家中，多民族国家内部很可能还会引起进一步的分裂，并引发一些冲突；但在多数现存国家内，民族问题虽然会继续存在，却不会再成为社会主要关注的问题。实际上，从 21 世纪的情况来看，要在原有的多民族国家内试图取得独立主权国家的民族主义运动，其能量已经大体上爆发出来，并且在世界各地的冲突中也已让世人感受到了它们的政治能量。如果这种政治能量以及一些其他的国际因素使其能够实现自己的目标、建立民族主权国家的话，那么我们在今天的世界政治地图上就应该可以看到它们的雏形；如果至今尚未见到这种雏形，这种民族主义能否进一步引起原有国家的分裂就是一件令人怀疑的事了。

其次，现有的多民族国家是否一定会继续分裂也是一个令人关注的问题。事实上，这些多民族国家“共同体”（即其疆界内）内部的长期发展能够逐步融合原有民族间的一些裂痕，使其即使要想分离，也十分困难。如苏联的解体，尽管一些地区高涨的民族主义情绪仍在引发一些冲突，但大部分独联体国家由于在过去长期发展中所具有的经济和社会方面的联系及其利益的一致性而不可能与俄罗斯完全脱钩；大家尽管在政治上都心照不宣，但在经济上尤其在能源和太空科研等方面却依然在加强合作。这就证明，在一个长期发展的共同体中，民族主义情绪所引起的分离行为已经受到了很多方面的制约，而不可能如同 19 世纪和 20 世纪中期那样，一些政治领袖可以以民族主义为旗帜而轻易地将群众动员起来了。

再次，经济发展需要一定的规模，这是经济学的理论和实践一再证明了的。“一般来说，技术方面的经济效果决定实际生产单位的规模……在技术的规模经济大的地方，典型的生产单位的规模也相应地较大。”（哈维，1985：103—104）随着新技术的发展，规模经济越来越成为一个国家制定经济发展政策时需要考虑的主要因素。甚至一些由于国土原因而影响规模经济的国家和地区，如新加坡等，都不得不将自己的大量资金转入跨国公司发展，以使其形成规模效应。而民族主义所引起的国家分裂，已经使很多原来较大的国家解体而分成了更小的国家，当其规模不适应经济的发展时，其分裂的势头将会受到遏制。从 20 世纪的实践看，大部分需要分裂并有能量分裂的多民族国家已经分裂到了它的基本底线，也就是说进一步的分裂已经直接危及了人们基本的经济利益，所以，在这些国家和地区，进一步分裂的余地已经很小。相反，由于经济发展的共同利益，一部分国家已经开始了新的组合。其实，欧洲在二战后的重新联合，在某种程度上证明了这一经济趋势是不可阻挡的。

欧洲民族国家的演进历史，总体上是一个从分裂重新走向融合的过程。在某种程度上，这些变化都还是发生在欧洲人自认为具有普遍性的某种博大的共同文化的范围内（这种共同的文化是理性、容忍、多元、文明等，当然，或许由于某种原因，欧洲人一般不强调其文化中基督教的底色）。在过去几百年欧洲民族主义与民族国家的发展过程中，有两种力量对其发展是至关重要的：一种是内在动力，它来自本民族的人民在民族国家的构建中能够获得更多的政治权益、经济福利与人身自由的强烈愿望，它是人们在现代社会追求自由和个人幸福的自发动力；另一种则是由外族压迫、歧视所产生的外在压力，这种压力往往也能加强一个民族的凝聚力和认同感，使人们更加渴求能够获得个人尊严和地位。总的来看，这两种力量都能激发人们的民族主义热情并成为推动民族国家建设的动力，但外在压力更容易导致极端的民族主义和种族主义，并成为掀起民族冲突的根源，欧洲各民族国家发展的历史已经证明了这一点。目前，欧盟宪法已经逐步成形，欧洲各个民族国家的一些功能也开始由欧盟这样一个更大的民族混合体替代，各个民族国家的主要功能受到抑制，一些重要的主权开始“让渡”，但其作为某国国民利益分配单位的作用还未完全改变。虽然其最终结局现在还不能完全肯定，但从一种更高的角度看，欧洲发展却有超出欧洲范围的意义，或许欧盟不过是以一种超级民族主义取代了过去的单一国家民族主义，或许它是从民族主义走向世界主义的一种过渡形式，无论如何，这一发展过程都是一种完全的创新。按照马克斯·韦伯的看法，民族国家是国家与民族的结合，它本身代表着政治的权利和文化的观念，两者的相互支撑构成了民族国家合法性的基础。（Wicker，1997：61）当然，除开合法性外，还有一个认同问题，即欧洲人从原有的民族认同转化为欧洲认同，这种认同不仅意味着原有的西欧国家之间要形成共同认同，还意味着原东欧国家与西欧国家之间的共同认同，这同样会遭遇各种挑战，而且不是一个短期能够解决的问题。（Guibernau，2011：116）

尽管有各种麻烦，但一些学者还是较为乐观的。他们认为，现代民族国家主要由六个制度化要素构成：①国家政权；②领土；③语言；④宗教；⑤历史；⑥礼仪与庆典。（Smith，1998：226—227）从目前的情况看，欧洲的一体化进程虽然进展迟缓，但只要欧盟还在，就能使各国之间的六种要素继续相互交叉，逐步形成你中有我、我中有你的局面，其实质是原有民族国家开始将更多的“政治权利”相互让渡，依旧保留下来的主要是“文化权利”。它显示出欧洲民族国家的功能在逐步弱化，逐渐向一个新共同体中的经济文化单位转化，将维护本区域内独特的生活方式作为自己的主要任务，而将防务、安全、社会发展等“一般性”的国家职能转交给欧洲的相应机构。所以，从这样的角度看，重要的不是欧盟能否真正成为一个超民族国家或是类似的组织，而是它在如何处理各种不同的民族国家关系上提供了一种新的思路。如果发展程度不同、经济收入有较大差距、语言文字也不一样的国家能够最终整合在一起，那么，至少证明在欧洲范围内，民族主义已经结束了在现代化初始阶段的使命，欧洲有可能在发展的历史阶段上跨越民族主义的台阶。如果土耳其这样的国家能够最终融入欧盟（现在看来还遥遥无期），那么，其意义就更是非同寻常，因为它显示的不仅是同一文化圈内各民族融合的可能性，而且是不同宗教文明范围内各民族存在着“和而不同”的可能性。尽管这一前景目前还存在着若干的不确定性，比如英国的脱欧，土耳其在地区安全上的某些出格的举动，甚至欧盟能否存在下去、会不会最终解体，等等，都是问题。但它毕竟展示给人们一种新的希望，那就是，欧盟进行了十分有益的探索——在这一区域的国家，通过欧盟的经济合作方式，无论它们有多少分歧，再考虑用战争的方式来解决分歧，至少是很难想象的事情。从这个角度出发，可以这样认为，欧盟内部的各个国家再次爆发大规模战争的可能性已经基本消除。欧洲内部的和平，如果不是受到外来因素的袭扰，是可以保证的。当然，在某种程度上，欧洲的和平前景能否得到保障并非欧洲自身的事情，因为如果欧洲能够在历经数百年战乱后构建一个稳定的和平框架，那么，这一事实将会证明，在一个永远充满矛盾的世界上，人类最终有可能在一种求同存异的原则上和谐共存。

参考文献

1. 中文

安德森，佩里，2001，《绝对主义国家的系谱》，刘北成、龚晓庄译，上海人民出版社。

贝格哈恩，福尔克尔·R.，1999，《自杀的欧洲：1914年6月28日，萨拉热窝》，中国城市出版社。

博丹，2003，《论主权》，中国政法大学出版社。

甘阳，1999，《从“世界大同”到民族国家》，《联合早报》4月8日。

贡斯当，邦雅曼，2005，《古代人的自由与现代人的自由》，阎克文、刘满贵译，上海人民出版社。

哈维，J.，1985，《现代经济学》，上海译文出版社。

卡纳，帕拉格，2008，《告别霸权》，转引自：https://www.aisixiang.com/data/17623.html。

刘擎，2008，《2007年西方知识界重要事件综述》，《学海》第2期。

摩根索，汉斯，1995，《国际纵横策论——争强权，求和平》，卢明华、时殷弘、林勇军译，上海译文出版社。

奇波拉主编，1991，《欧洲经济史》（第四卷下册），王铁生等译，商务印书馆。

热尔贝，皮埃尔，1989，《欧洲统一的历史与现实》，丁一凡、程小林、沈雁南译，中国社会科学出版社。

盛洪，1996，《从民族主义到天下主义》，《战略与管理》第1期。

盛洪，1999，《现代化就是现代人的创造力》，转引自：http://www.unirule.org.cn。

韦尔斯，赫·乔，1982，《世界史纲》，吴文藻等译，人民出版社。

筱田英朗，2004，《重新审视主权——从古典理论到全球时代》，戚渊译，商务印书馆。

杨泽伟，2006，《主权论——国际法上的主权问题及其发展趋势研究》，北京大学出版社。

周琪、王国明主编，1992，《战后西欧四大国外交（英、法、德、意）1945年—1988年》，中国人民公安大学出版社。

2. 外文

Ash, Timothy Garton. 1994. In the Europe's Name. London: Vintage.

Bellamy, Richard, 2000. Rethinking Liberalism. London: Pinter.

Deane, P. and W. A. Cole.1967. British Economic Growth, 1688–1957. Cambridge: Cambridge University Press.

Gellner, Ernest. 1983. Nations and Nationalism. New York: Cornell University Press.

Gordon, Philip H. 1995. France, Germany and the Western Alliance. Boulder: Westview Press.

Greenfeld, Liah. 2001. The Spirit of Capitalism, Nationalism and Economic Growth. Cambridge: Harvard University Press.

Guibernau, Montserrat. 2011. The Identity of Nations. Cambridge: Polity Press.

Henderson, W. O. 1968. The Industrial Revolution in Europe, Germany, France, Russia,1815–1914. Chicago: University of Chicago Press.

Jackson, Robert J. (ed.). 1992. Europe in Transition. New York: Praeger Publisher.

Kohn, Hans. 1961. Nationalism: Its Meaning and History. New York: Van Nostrand Reinhold Company.

Mathias, Peter. 1983. The First Industrial Nation. London: Routledge.

Modelski, George. 1972. Principles of World Politics. New York: The Free Press.

Pollard, Sidney. 1990. Typology of Industrialization. London: Taylor and Francis.

Smith, Anthony D. 1998. Nationalism and Modernism. London: Routledge.

Wicker, Hans-Rudolf (ed.). 1997. Rethinking Nationalism and Ethnicity. Oxford: Berg Editonal Office.

作者简介

陈晓律，南京大学历史学院教授、博士生导师，中国欧洲学会历史分会副会长，江苏省世界史学会荣誉会长，中国南海研究协同创新中心周边国家平台平台长。研究方向为世界近现代史、英国史。主要著作有《在传统与变革之间：英国文化模式溯源》（合著）、《英国福利制度的由来与发展》等。

英美两次大战后和平规划的分歧与结果

刘明周　胡玉娜

摘　要　英美在两次大战后都对和平进行了规划，一战后形成了以国际联盟为核心的凡尔赛体系，二战后形成了以安理会为核心的安全结构和以布雷顿森林体系为核心的经济结构。在英美两国重建和平秩序的过程中，国际格局、联盟关系、战略文化和决策者认知等因素深刻影响着国家对战后和平规划的设想。英美两国在战后的和平规划中既有纷争，也有合作；最终形成的和平安排既带有某国印记，也深刻反映了权势变化。

关键词　和平规划　国际秩序　英美分歧　权势转移

从国际关系史的发展看，建立国际秩序的重要节点通常出现于重大战争之后，如历史上关键性的转折点有1648年欧洲三十年战争结束、1714年西班牙王位继承战争结束、1815年拿破仑战争结束、1918年第一次世界大战结束和1945年第二次世界大战结束。当这些历史节点到来之时，旧的国际秩序被战争打破。由于各战败国在战争结束后十分虚弱，战胜国往往可以利用战后的有利处境提出建立国际秩序的新规则，从而主导重建战后新的国际秩序。然而，虽然战后重要时刻为战胜国塑造国际秩序提供了机遇，但大国政策的制定和实施仍受到多方因素影响。本文选取两次世界大战为例，分析英美两个主要战胜国在和平规划过程中的实践，探究英美战后国际秩序的不同战略构想，并将其与实际结果进行对比，试图寻求影响大国和平规划的共性因素与历史约束。

一　两次大战后英美和平规划的文献梳理

（1）战胜国在战后和平规划的一般性论述。由于战后的和平安排关涉战争这个重大问题，这样的研究在学者中有不少论述，其中影响最大的论述源自约翰·伊肯伯里。在其成名作《大战胜利之后：制度、战略约束与战后秩序重建》一书中，伊肯伯里认为战争导致国际上出现新的权力失衡，赢得战争胜利的新兴强国通常拥有物质性权力优势，在规划战后和平时通常有三种选择：①运用本国的实力去主导弱国和战败国。例如，战胜国可以对战败国进行严厉惩罚，要求其赔偿巨额战争赔款，也可以运用其权力优势在之后的政治经济交往过程中欺压他国。②抛弃他国，专注自身发展。战胜国出于主观动机和自身利益的考虑，既不想以战胜国的姿态谋求与本国实力地位相匹配的利益，也不愿同他国就战后安排达成协议，对于战后的新秩序听之任之。③运用本国强大的实力地位获得认可，并参与到一个彼此接受的战后秩序中。（伊肯伯里，2008：45）战胜国充分利用其在战争中取得的优势地位，参与制定符合本国长远利益且具有合法性的战后新规则。一般而言，战胜国既希望能够使战败国与弱国受制于战后秩序的制度框架，以约束这些国家未来可能采取的某些行为，同时战胜国又不愿受到战后制度和规则的约束。但是，如果想要成功建立由战败国等其他国家自愿加入和遵守的战后新秩序，战胜国就必须限制自身的自主权和行使权力的能力，从而降低战败国和弱国心理上存在的被主导或者被抛弃的风险。而如果战后国家间实力差距越大，战胜国就越有可能塑造对本国有利的秩序，其他国家也更容易被这一秩序所吸引，同样是因为这能降低其他国家被主导或被抛弃的可能性。正如一战结束后西方各国普遍采用民主制度，这为战后达成制度性协议提供了可能，伍德罗·威尔逊向西方世界阐述其关于战后和平的制度建议，欧洲国家的领导人并不担心被美国主导或者抛弃，因为它们的确寻求将美国拖入安全承诺之中。而在1945年二战结束后，美国拥有比1919年更为明显的实力优势，更有能力与其他国家达成制度性协议，因此实力的高度失衡导致欧洲各国担心被美国这一世界性强国所抛弃，从而迫切期愿同美国签署承诺和制度性协议。伊肯伯里在书中写道："实力最持久的国家是那些进行制度合作并通过制度使用其实力的国家。"（伊肯伯里，2008：17）美国在两次世界大战后对于战后秩序的政治运作就是对这句话的充分诠释。

（2）关于英美在两次世界大战后规划和平与重塑国际秩序的具体研究，主要可以分为理论研究和经验研究两大类。在理论研究方面，学者们重点探讨了英美两国在两次大战后如何运用自身构建的理论框架和相关国际关系理论来安排战后和平与重建国际秩序，主要分为现实主义理论和自由主义理论。现实主义理论认为，国家的对外目标是把国家利益置于核心地位，增强自身的安全和追求国家权力。[1]因此，英美两国在战后的政策制定上往往以自身的国家利益为中心，同时力求平衡各种国际力量。自由主义理论强调开展国际合作和国际机制的作用，认为通过建立国际规则和国际组织可以实现长远和平、开放自由的国际秩序。[2]一战后威尔逊的理想主义继承了19世纪自由国际主义的观点，并结合美国国家利益在战后的实际需要，[3]进一步丰富和发

1 倪世雄，2018，《当代西方国际关系理论》，复旦大学出版社，第39页；Smith，Michael. 1986. Realist Thought from Weber to Kissinger. Baton Rouge: Louisiana State University Press, pp.46–47; Hoffmann, Stanley. 1987. Janus and Minerva—Essays in Theory and Practice of International Politics. Boulder: Westview Press, p.5.

2 倪世雄，2018，《当代西方国际关系理论》，复旦大学出版社，第32页；王浩，2021，《从自由国际主义到现实制度主义：国内政治与二战后美国大国竞争战略变迁的逻辑》，《当代亚太》第4期；Wilson, Peter. 1998. The Myth of the First Great Debate. Review of International Studies, Vol.24; Wilson, Peter. 2003. The International Theory of Leonard Woolf: A Study of the Twentieth-Century Idealism. Hampshire: Palgrave.

3 杨卫东、李萌，2016，《约翰·伊肯伯里国际秩序思想及其评析》，《国际论坛》第3期；王晓德，1995，《梦想与现实：威尔逊"理想主义"外交研究》，中国社会科学出版社，第80页；王晓德，2007，《美国对外关系史散论》，中华书局，第484页。

展了自由国际主义理论。[1]

在经验研究方面，学者们则更关注英美两国在两次大战后针对规划和平与建立国际秩序所采取的实际行动和措施，包括英美两国如何通过外交手段、经济援助、军事干涉等方式来实现其战后国际利益。例如，英美两国在一战后积极参加巴黎和会，同意并推动美国威尔逊提出的国际联盟建议，[2]试图通过建立体系内的国际规则和开展国际合作来维持欧洲的和平与稳定。二战后，美国在政治上积极倡导建立联合国，同时通过建立北大西洋公约组织等军事同盟来加强西方国家的安全和军事合作。经济上，美国宣布实施马歇尔计划，帮助欧洲战后经济复兴，同时建立世界银行、国际货币基金组织和关贸总协定等，助力国际经济秩序的建立。此外，学者们还分析了英美两国在战后采取的行动所取得的实际效果，以及这些行动对全球政治格局和国际秩序产生的深远影响。例如，虽然一战后建立的国际联盟未能阻止二战爆发，但它为二战后联合国的建立提供了宝贵经验和教训。马歇尔计划不仅有效支持了欧洲经济复苏，同时也加强了美国在西方世界的国际影响力，促进了西方国家之间的经济政治合作，进一步巩固了美国在二战后全球的霸权地位，并确立了以美国为主导的国际新秩序。[3]

总的来说，相关理论研究和经验研究相辅相成，共同构筑并完善了英美两国在两次世界大战后关于和平与国际秩序的研究体系，这些研究不仅能帮助人们深入理解英美两国在战后国际体系中的历史背景和政治角色，也为分析当前国际秩序的动态变化提供了借鉴和参考。

1 周桂银，2020，《美国自由国际秩序之辨识——理论、实践与前景》，《美国问题研究》第 2 期；Ikenberry, John et al. 2009. The Crisis of American Foreign Policy: Wilsonianism in the Twenty-First Century. Princeton: Princeton University Press.

2 朱剑，2016，《存在两个伍德罗·威尔逊吗？威尔逊外交思想辨析》，《世界历史》第 3 期；徐蓝，2015，《国际联盟与第一次世界大战后的国际秩序》，《中国社会科学》第 7 期。

3 张贵洪，2015，《联合国与新型国际关系》，《当代世界与社会主义》第 5 期；唐彦林、王海波，2012，《美国主导下的国际秩序及其变革政策评析》，《太平洋学报》第 9 期；徐蓝，2015，《第二次世界大战史研究的新进展》，《历史研究》第 4 期。

这些研究的薄弱之处在于，相关研究主要是具体的案例研究，很少把这些相关规划进行对比分析，并将其与最终的和平安排关联起来，进而去揭示这种和平安排的共性因素与历史约束。这也正是本文开展研究的起点。

二　一战后英美和平规划的分歧与结果

（一）一战后的国际背景

一战爆发之初，乐观主义的人很少预见其悲惨结果。这场战争对旧的欧洲秩序造成致命冲击，欧洲大部分地区陷入了政治分裂和经济衰落，使得 1919 年后的国际社会呈现出极大的不确定性。1919 年的巴黎和会虽然有众多国家领导人参会，但话语权实际掌握在英、美、法三国领导人手中。由于大国领导人对大战的根源认识不同，对于国际政治的本质有其自身看法，战后和平会议的谈判困难重重。（霍尔斯蒂，2005：157）

英国出于传统均势政策的考虑，希望保持一个相对强大并在经济上能够自立的德国，不主张过度削弱德国。而法国则一直寻机收回失去的阿尔萨斯 – 洛林地区，希望恢复国家荣誉和领土完整，同时担心德国的快速崛起会破坏欧洲平衡，主张削弱并严惩德国。美国较晚参战，但凭其强大实力与新理念，特别是由于欧洲盟国迫切期望美国能够在战后介入欧洲事务、支持欧洲的经济复兴、稳定欧洲各国间的关系，故其在和平规划中占有重要地位。美国要求建立国际联盟，倾向于对德国实施较为温和的惩罚，以促进国际和解与稳定。（Ambrosius, 1987：34）影响和平安排的除战败国外，还有“俄国问题”。一战的持续进行和沙皇俄国政府的腐朽统治导致俄国人民不堪重负，国内革命运动开始抬头。1917 年 2 月，俄国发生革命，统治俄国 300 多年的罗曼诺夫王朝被推翻，资产阶级临时政府建立。由于临时政府未能解决俄国的战争、经济和土地等问题，1917 年 11 月 7 日（俄历 10 月 25 日），俄国发生了十月革命，建立起苏维埃政权。（刘德斌，

2003：204）世界上第一个社会主义国家的诞生，对英美等老牌资本主义国家来说形成了巨大威胁，在各国进行和平规划的巴黎和会上，“俄国问题”成为除“德国问题”外的第二大威胁。

（二）英国的和平规划

一战的整体性、持续性与破坏性使得饱受战乱之苦的各国民众都强烈渴望和平，世界和平运动快速发展。交战国的很多政治家都认为，过去的欧洲协调体系已经崩溃，应该建立一个常设性国际组织来防止战争爆发。（徐蓝，2015）1915 年 5 月，英国成立了“国际联盟协会”，主张建立这类常设国际组织。一些英国官员也同意这种主张。当时的英国首相赫伯特·阿斯奎斯和外交大臣爱德华·格雷除了在公开演说中支持这类主张，也通过秘密通信方式非正式鼓励“国际联盟协会”的行动来支持建立国际联盟的想法。（华尔脱斯，1964：23—24）1915 年 9 月，英国外交大臣格雷致信美国总统威尔逊的顾问豪斯上校，格雷在信中询问，“总统会提出建立一个国际联盟吗？如任何国家违反协定，或在有争端时定要诉诸武力解决的情况下，联盟将把各国联结在一起，共同抗之”（基辛格，1998：199—200）。此时美国尚未参战，英国首先向美国提出建立国际联盟的原因之一便是给美国一个合理的理由参战，以中立的立场来调节欧洲的冲突。美国的回信表明美国主张的国际联盟是要通过国际合作防止战争，以集体安全原则来维护战后的国际和平。英国首相劳合·乔治将三个条件视为永久和平的必要前提：①重新树立条约的神圣性；②基于自决权的领土安排；③创建一个国际组织。

但英国起初并不愿接受美国提出的集体安全原则，而是坚持以欧洲大国协调和均势原则来建立国际组织。到巴黎和会召开前夕，英国形成了建立国际联盟的文件，包括 1918 年 3 月 20 日提出的“费立摩尔报告”和 12 月 17 日公布的“塞西尔方案”。从这些文件可以看出，英国仍不主张集体安全，它所希望建立的是一个由大国讨论、协调与仲裁的国际机构，而这正是 19 世纪大国均势政策的遗产。（徐蓝，2015）英国坚持以均势政策维持战后和平，其核心思想是通过维持大国之间的力量平衡，防止任何一个国家过度强大而威胁到整个欧洲的安全。一战后英国面临复杂的国际环境，既要防止德国东山再起，又要防止法国过于强盛，还要防止苏俄“共产主义”的蔓延，因此英国在战后采取“扶德抑法”、排斥苏联的均势外交政策。1918 年 1 月，劳合·乔治发表声明，声称大英帝国并不为瓜分德国或摧毁德国的帝国宪法而战，认为德国接受民主制度会使得通过谈判达成和平更为容易。（伊肯伯里，2008：120）战后在对德问题上，英国领导人要求德国做出解除武装的明确保证和承诺推进协约国在战后德国边界的领土问题上达成协议。（伊肯伯里，2008：124）但在战后和平协议的落实过程中，出于对欧洲大陆均势的考虑，英国认为一个经济疲弱、政治动荡的德国将无法有效地平衡法国的力量，因此战后对德国转而采取宽容的政策，支持其经济复兴和政治稳定。例如在 1923 年鲁尔危机中，法国为强迫德国支付战争赔款而占领了德国鲁尔地区，英国向法国发出最后通牒式的声明，迫使法国用协商方式处理赔款问题。1925 年的《洛迦诺公约》更是剥夺了法国单边制裁德国的权力。1926 年，由英国控制的国际联盟吸纳德国为成员国，这标志着德国摆脱了战败国的身份，重新成为欧洲大国之一。

为了抵制苏联“共产主义”意识形态的扩散，英国最初对苏联采取了排斥甚至敌对的态度。1920 年，英国支持白俄军队反对红军，试图阻止共产主义在俄国的发展。20 世纪 20 年代由英国主持的一系列重要会议和条约都将苏联排斥在外。由于 1922 年苏德签订了《拉巴洛条约》，资本主义国家对苏俄的外交孤立被打破，英国于 1924 年被迫承认苏联，而由英法控制的国联直到 1934 年才接纳苏联为成员国。

总体而言，英国在一战后面临复杂的国内外环境，既希望与美国等大国共同建立国际联盟来维护国际和平，又不愿抛弃原有的均势平衡外交思想，在处理战后各大国问题上采取“扶德抑法”、排斥苏联的外交政策，以此维持欧洲大陆的协调与和平。

（三）美国的和平规划

拥有孤立主义外交传统的美国在战争前期采取中立立场。1915

年 9 月，英国外交大臣格雷向豪斯上校明确提到美国对战后国际秩序需要承担义务，但威尔逊仍没有参战打算。在次月的演说中，威尔逊认为美国要坚持自己的理想，不能被卷入任何争执之中。美国正在试图“坚持和平可能重建的基础”，和平只能建立在已被广泛接受的国际法和各国相互承担责任的基础上。（韩莉，2002：76）此时的威尔逊对于中立的态度和美国民众的舆论是一致的，但此时美国的中立已经变质。传统意义上的中立是指美国在政治上或军事上都不卷入欧洲事务，也不承担任何义务；但这时美国的中立是以调停者身份调节欧洲战争，豪斯就多次赴欧洲进行调解，这在事实上已经参与欧洲事务，只不过不参与军事和承担国际义务。在给格雷的回信中，威尔逊表示对格雷提到的国际组织很感兴趣。在格雷问到战后的调解方案是否与国联有关时，威尔逊明确表示美国的方案会与国际联盟联系在一起。（韩莉，2002：77）但由于此时的美国仍想以中立立场进行战后调解，且不愿承担过多的国际义务，因此英国对此反应冷淡。

随着美国日益卷入欧洲事务，美国对于集体安全与建立国际联盟的想法逐渐成熟。1916 年 5 月，威尔逊提出建立以集体安全为原则的国际联盟。1917 年 1 月 22 日，威尔逊在参议院发表了被称为“没有胜利者的和平”的演讲，其中多次提到“国际合作”“和平联盟”等，强调通过国际组织来维护和平。随着战争的持续进行，尤其是德国对美国商船的无限制潜艇战和 1917 年德国密谋瓜分美国的外交电报被截获（德国试图诱使墨西哥与美国开战），美国政府和民众对德国的态度日益敌对。1917 年 4 月，美国正式加入协约国并与之共同对抗同盟国，结束了美国一直坚持的中立立场。1918 年 1 月，威尔逊在参众两院联席会议上发表了“世界和平纲领”，即著名的“十四点计划”。威尔逊在其中特别强调为了大小国家都能相互保证政治独立和领土完整，必须成立一个具有特定盟约的普遍性的国际联盟，以集体安全为基石的国际联盟是达到永久和平的全部外交结构的基础。（齐世荣，1998：3—12）此外，威尔逊还提到公开外交、航海自由、消除贸易壁垒、裁减军备等原则。（齐世荣，1982）

深受理想主义思想影响的“十四点计划”成为威尔逊重塑国际秩序的基石，这种构想得到了不少欧洲交战国的认可，同时也符合欧洲民众对世界和平的祈愿。在威尔逊看来，美国作为一战后实力首屈一指的国家，应当承担起领导世界的责任，国际联盟便是美国领导世界、维持战后世界和平的工具。

（四）战后和平的实际架构

1919年1月12日，27个国家的代表齐聚巴黎，参加由英、美、法三国领导人牵头的和平会议，就战后的和平安排问题进行谈判，主要包括战争赔偿、德国解除武装、领土问题和建立国际联盟等问题。经过长达6个月的谈判，战胜国于1919年6月28日在巴黎的凡尔赛宫签署《凡尔赛和约》。

在德国问题上，英美的主张得到了某种程度的实现。战争结束前夕，协约国领导人就战后德国赔偿问题和领土、安全等问题进行了谈判。英国领导人受到国内舆论的压力，力争超越德国只为平民损失负责的条款，要求德国不仅要为协约国的民众负全责，也要为协约国政府的部分损失负责。面对这种要求，威尔逊要求协约国做出让步，同时做出妥协，同意德国为协约国参战军人及其家庭的损失负责。英国领导人要求德国做出解除武装的承诺，对德国实施严厉惩罚；美国则倾向于对德国采取较为温和的政策。由于英国威胁拒绝接受威尔逊的“十四点计划”，美国最终做出妥协。最后，《凡尔赛和约》中规定没收德国军备、占领莱茵河沿岸领土以及对战争中的平民损失进行赔偿的战后制度性协议。在殖民地问题上，各国关注的重点是如何处理德国在非洲、太平洋地区和远东的殖民地，并提出各自的领土要求。英国希望保留其占领的德国在非洲和太平洋地区的殖民地。威尔逊则要求遵循民族自决原则，确保这些领土得到公正处置，最终在国际联盟中设立托管体系以处理相应的殖民地问题。

和会讨论的另一核心内容是威尔逊提出的关于战后安全组织的建议，即建立包含所有参战国在内的国际联盟。经过激烈争论后形成的是组织松散的国际联盟，联盟不是正式的超国家组织，但有一系列设计明确的义务以及各种实施机制，实际上是一种大国协调的机制，该组织功能的发挥依靠主要国家的领导。（伊肯伯里，2008：133）这种性质的国际联盟是英美相互妥协的结果。从英国提出建立国际联盟的想法到战后国际联盟的最终建立历经5年之久，其间英美关于国际联盟的性质和职能分歧不断。由于英国政府的绝大多数官员认为组建国际联盟是引导美国介入欧洲事务的途径，战后制度将会确立美国对欧洲的具体承诺和保证，因此英国国内对国际联盟的支持声高涨，愿意支持威尔逊关于国际联盟的概念。

在威尔逊看来，国际联盟是维持战后国际秩序与世界和平的工具，它能将美国与欧洲统一到一个更为传统的安全秩序中。威尔逊构想的国际联盟是民主国家联合起来为解决冲突和相互安全提供机制，联盟内的成员国要相互承诺和平解决领土争端并共同反对违背这一原则的国家。（伊肯伯里，2008：132）整体来看，威尔逊对于国际联盟的构想有可取之处，但仍存在承诺模糊、约束性和强制力不足等缺点。威尔逊的构想赢得了欧洲国家的支持，绝大多数相关国家都被纳入了联盟之中，却没能赢得美国参议院的同意。参议院对外关系委员会主席亨利·洛奇虽然不反对美国参与欧洲事务，但坚决反对《国联盟约》第10条，认为美国过度承担国际义务可能使美国外交受到国联的限制。（Widenor，1980：326—327）其最终结果是共和党操纵参议院，以国际联盟有损美国国家利益为由，拒绝批准《凡尔赛和约》，也拒绝加入国际联盟。

虽然国际联盟于1920年1月10日正式建立，但由于国际联盟本身条约和机制的不完善，一战后战胜国通过国际联盟所建立的战后新秩序的效力是有限的，它并未能完成维护战后世界和平的任务，反而在客观上助长了法西斯国家的侵略，为二战的爆发埋下了隐患。

三　二战后英美和平规划的分歧与现实

（一）二战后的国际背景

国际联盟的缺陷使得其未能从根本上改变战后国际社会的无政府

状态，欧洲大国各行其是。德国对《凡尔赛和约》感到不满，英法为求本国稳定而采取绥靖政策，加上美国重返孤立主义，最终欧亚法西斯策源地出现并引发二战。（韩琦，2015）二战结束后，国际格局发生了巨大变化。美国通过二战更为强大，经济和军事实力在战后各国中遥遥领先。（Sherry，1995）1945 年，苏联和英国在经济实力上是最接近美国的对手，其经济规模约为美国的五分之一。[1] 随着战后苏联的恢复，经济上的实力失衡有所缓解。此外，由于苏联军事实力在战争中的展现和社会主义思潮的扩散，战后的国际秩序正以肉眼可见的方式走向意识形态对立。英国虽然在二战中处于战胜国一方，但战争中的巨大损耗使其国力大幅下降，削弱了英帝国塑造秩序的能力，无法重回一战后主导国际秩序的角色。英国开始寻求成为美国和苏联之间的第三极力量，试图在冷战中发挥独立作用。但由于实力受限，英国最终选择向美国靠拢，通过与美国结盟来维持其在欧洲和世界的国际地位和影响力。

二战的战胜国领导人还从 1919 年的和平安排中吸取教训，意识到不能等到战争结束再对战后世界做出和平安排。因此，当反法西斯同盟在 1942 年到 1943 年仍承担着巨大的军事压力时，美国、英国和苏联就已经开始规划战后国际秩序。1941 年 8 月，罗斯福和丘吉尔在会晤期间发表《大西洋宪章》，清楚地阐述了二战的目标和战后国际秩序重建所要遵循的基本原则。（霍尔斯蒂，2005：213）1943 年的德黑兰会议上，罗斯福和斯大林详细地讨论了关于战后建立国际组织和国际秩序的构想。1944 年，美、英、苏、中四国代表在华盛顿附近召开敦巴顿橡树园会议，就战后建立新的国际安全组织开展讨论。1945 年，以美、英、苏三大国为首的雅尔塔会议就处置德国问题、波兰问题、远东问题和建立联合国问题达成制度性协议，最终形成了雅尔塔体系。

（二）英国的战后和平规划

二战结束前夕，英国首相丘吉尔决定利用保守党领导战争的优势

1 1999. International Statistics Yearbook 1998. Washington D.C.: World Bank Group.

提前进行大选，但是大选结果出人意料，工党以绝对优势获得大选胜利，工党领袖艾德礼很快组成新一届内阁。（刘明周，2019：18）然而战后摆在英国政府面前的国内外形势却极为严峻。

经济上，英国不断遭受英镑危机和经济危机的困扰。英国虽然是反法西斯战争的战胜方，但战争耗尽了英国国库，国民财富减少了约四分之一，外债由 1939 年的 4.76 亿英镑增至 1945 年的 33.55 亿英镑。（彭树智，1994：11）早在 1941 年夏天，英国的经济智囊凯恩斯就赶赴华盛顿同美国开始战后经济规划的谈判。英美双方就《租借法案》第 7 条中存在的分歧进行谈判。美国希望通过经济援助确保英国生存，由此确保美国能够进入英联邦的经济市场。（伊肯伯里，2008：173）而凯恩斯及其同事都认为，这种观点不过是试图重建早已过时的自由贸易。凯恩斯称其为“赫尔先生的疯狂建议案”（Harrod，1951：512）。直到凯恩斯同美国财政部官员谈判关于战后货币秩序并确定一系列更易控制的问题后，双方才达成妥协。凯恩斯开始就扩张性货币秩序同美国达成协议，这可以使货币秩序在保持体系开放的同时防止出现经济萧条。凯恩斯甚至进一步提出由超国家承担调动信贷修正失调这一新的国际货币义务的条款。不难看出，英国试图以凯恩斯主义经济理念为战后经济秩序提供框架。

政治上，二战结束时，英国作为世界三巨头之一出现在国际社会中，坚信能在政治上与美苏竞争。经济上的困境并没有使艾德礼政府放弃英国的大国地位，维持英国在政治上的三强地位是艾德礼政府一以贯之的目标。实际上，二战硝烟未散之时，艾德礼就致信美国总统杜鲁门，在信中提到英美的合作应该继续下去，因为世界的持久和平最终取决于英美的广泛合作。贝文作为艾德礼政府的外交大臣，同艾德礼和丘吉尔一样对大英帝国难以释怀。在 1945 年 5 月党的预选大会上，他清楚地表达了英国作为全球大国必须要承担的国际义务。（刘明周，2019：23）此后他多次公开声称，英国不能接受其不是一个大国的事实，也不能接受英国不再继续扮演大国角色的论调。（Martin et al.，1997：1）以贝文为首的英国外交决策层试图重新划分世界势力范围，将世界划分为“三个门罗主义”，整体形成英、美、苏三足鼎立的局面，从而实现英国维持世界大国地位的目标。此外，贝文等人试图通过构建以英国为主导的“第三种力量”来扩大英国的影响力，力图取得与美苏同等地位。艾德礼政府时期的英国在海外维持着大量驻军，原德国、意大利、法国、荷兰等国的殖民地都在英国的控制之下，其中以苏伊士运河为核心的中东殖民地是英国的防务重点。（刘明周，2019：26）虽然英国面临殖民地民族主义者的压力，但仍尽力维持着对这些地区的控制。

但由于战后英国难以独自完成经济复苏以及对抗苏联的任务，英国大国地位的目标实现就严重依赖于美国的帮助。因此，英国在战后和平安排上的观念基本同美国保持一致。双方作为资本主义世界的大国共同对抗社会主义的苏联，就战后国际经济秩序达成基本框架。英国意图通过与美国建立同盟关系来达到本国的战略目标。

（三）美国的战后和平规划

二战极大地唤醒了美国领导战后世界、建立国际新秩序的决心。起初，美国在战争期间援助英国和苏联的政策遭到了国内孤立主义势力的阻挠，但日本偷袭珍珠港宣告了美国孤立主义的破产，威尔逊的自由国际主义思想重新获得了巨大影响。（王立新，2015）再加上美国在战争结束后拥有世界上无与伦比的实力和地位，成为领导反法西斯同盟国的主要领导者，拥有建立战后和平的合法性和能力。

制定战后秩序的大部分美国官员都是威尔逊主义者，他们反对由实力政治、实力均衡和势力范围构成的国际旧秩序，认为可以通过建立国际规则和促进大国团结来构建国际新秩序。（霍尔斯蒂，2005：214）在经济领域，这些威尔逊主义者已经超越了威尔逊的思想。在美国国务卿赫尔看来，经济大萧条是二战爆发的主要原因，要想实现未来世界的和平，就必须实现国际经济的繁荣。他认为，自由贸易与和平密切关联，而高关税、贸易壁垒和不公平的经济竞争则会带来战争。如果贸易流通更加自由，所有国家人民的生活水平就会提高，孕育战争的经济萧条的可能性就会降低，就有更多的机会实现持久和平。（霍尔斯蒂，2005：216）因此，美国考虑战后国际经济秩序的最基本信念是，导致世界萧条和将世界分裂为相互竞争集团的、封闭而专制的地区分隔应被彻底打破，代之以开放、无歧视的世界经济体系。（伊肯伯里，2008：158）1941 年 8 月美英起草的《大西洋宪章》，强调了自由贸易、国家在平等基础上获得原料、在经济领域进行经济合作以提高劳工标准、经济水平和社会福利。（Churchill，1950：385—400）美国希望以此来使英国不再通过战争来获取领土和坚持经济帝国主义，并将欧洲国家锁定在一个开放的、接受管理的战后经济秩序内。共和党外交政策专家约翰·杜勒斯赞成《大西洋宪章》及其战后世界的侧重点，主张“没有帝国主义的增长”，辅之以“致力于普遍福利的国际机构”，并在每一个国家建立确保经济逐步开放的常规程序。（Dulles，1942）1944 年大选中，民主党战后外交政策委员会重申对“稳定的、相互依赖的世界”的承诺，呼吁美国战后要与其他国家合作，防止军事侵略、扩大国际贸易、确保货币稳定和经济稳定。（Williams，1998：98—100）因此，美国对战后国际经济新秩序的态度始终是建立自由贸易的多边体系。

在政治领域，美国开始支持安全共同体的主张。一战后国际联盟的失败使许多美国人认识到，在北大西洋地区建立安全共同体是至关重要的。克拉伦斯·斯特莱特的著作《让我们现在团结起来：关于民主国家间联盟的建议案》就认为，随着国际联盟的失败，西方民主国家变得不堪一击，要建立北大西洋民主国家的联盟。（Streit，1939）1941 年的《大西洋宪章》中也有此类表述。1943 年 8 月，罗斯福曾向丘吉尔提到，战后应建立以美、英、苏、中四国为中心的国际和平组织。（王绳祖，1995：491）德黑兰会议后，罗斯福再次强调，战后继续保持盟国的团结与合作，要建立一个战后安全体系，其中美国、英国、苏联、中国形成一个拥有压倒性力量的联盟。这些大国将组成一个执行委员会，通过合作对付和平的威胁。（克雷格等，2004：134）“四警察”概念在国务卿科德尔·赫尔的努力下最终变为后来的联合国安全理事会体制。根据赫尔的计划，每个国家的安全将由国际托管者即四大国来保障，四大国在战后国际社会中扮演国际警察和法官的角色。1944 年 6 月，美英联军在诺曼底登陆后，战事取得重大进展。罗斯福加速推进战后秩序安排，主张在联盟合作的基础上建立美国占主导地位的国际组织。（王立新，2015：313）1945 年的雅尔塔会议和波茨坦会议上，盟国领导人就领土、德国的处理、战后国际和平组织等问题进行谈判，力图通过大国合作来维护战后世界和平。

（四）和平的最终架构

二战极大地加速了作为传统力量的欧洲的衰落和美苏两大国的崛起。战后世界形成了两大制度性安排，即由反法西斯同盟建立的以雅尔塔体系为代表的国际政治秩序和布雷顿森林体系的“三驾马车”，即以国际货币基金组织、世界银行和关贸总协定为代表的战后国际经济秩序。（沙伊贝等，1983：517—518）随着美苏关系的恶化，战后均势、核威慑、政治和意识形态竞争等导致战后世界形成了以美国为首的资本主义阵营和以苏联为首的社会主义阵营的对抗局面。

战后的金融和贸易领域混乱不堪。以美国为首的政治家认识到，只有加强国际合作和自由贸易，世界经济才能繁荣发展。美国凭借强大的经济实力和国际地位，领导各国就金融、投资和贸易等领域重塑国际经济新秩序。在金融领域，美国提出要重建国际货币制度，维持汇率稳定和国际收支平衡；在投资领域，新秩序鼓励通过对外投资、筹措资金等方式来复兴战后的国家经济；在贸易领域，通过扭转高关税贸易保护和歧视性贸易政策来实现国际贸易的自由化。（徐蓝，2023）1944 年 7 月，在美国的提议下，美英等 44 个国家的代表在美国新罕布什尔州布雷顿森林镇召开了著名的布雷顿森林会议，宣布成立国际货币基金组织和国际复兴开发银行（世界银行的前身），确立了美元对国际货币体系的主导权。紧接着，美国积极提议建立国际贸易组织，着手推动签订关税及贸易总协定。1947 年美、英、法等 23 个国家在日内瓦签订关贸总协定，1948 年 1 月 1 日开始生效。（刘光溪，1998）这一协定旨在降低关税，减少贸易壁垒，消除国际贸易中的差别待遇，促进国际贸易自由化。国际货币基金组织、国际复兴开发银行和关贸总协定共同构成了战后国际经济新秩序的主要内容。

联合国（特别是安理会）是战后维护和平的国际政治新秩序的产物。1945 年 10 月 24 日，《联合国宪章》经美、苏、英、法、中在内的大多数国家批准后正式生效，联合国正式成立。相较于一战后成立的国际联盟，联合国具有更高的普遍性和权威性。（韩真，1995）《联合国宪章》确立的维护和平、制止侵略的集体安全机制更为可行与完善，而在实践过程中确立的联合国维和行动也落到实处，为缓和地区冲突、维护国际和平做出贡献。此外，联合国的裁军和军备管制原则以及“大国一致”原则对维护战后世界和平均有效用。

随着美苏关系恶化，美国还抛开联合国进行了新的安全设计。1947 年 3 月，杜鲁门总统在美国国会发表著名演说，他告诉美国人民，一个决定命运的时刻到来了，世界各民族必须在两种生活方式中做出选择，而如果美国的领导失败，那将会威胁世界和平。（Gaddis，1974：386—392）这一演说标志着美苏冷战的正式开始。1947 年 7 月，美国提出马歇尔计划，为西欧国家提供经济援助，帮助其复苏战后经济，从而削弱共产主义的影响。1949 年，美国拉拢加拿大等西方国家成立北大西洋公约组织。与之相对应，1955 年，苏联和东欧七国成立华沙条约组织。

二战后，实际上形成了美国主导的战后和平安排。世界形成了以布雷顿森林体系为代表的国际经济秩序和以联合国为代表的国际政治秩序，以及美国主导的北大西洋公约组织。由于美国相对优越的实力和地位，及其在二战期间坚定了重塑战后秩序的决心，英国等国家出于对自身地位的维护，愿意在美国的领导下参与战后和平规划，并在两大阵营对抗形成时选择站在美国一边。

四　制约大国和平规划的因素分析

大国在参与相应的和平规划时，绝非任意为之，各种因素的轻重缓急、国内外的复杂局势都会对其施以制约。既往的相关研究认为，这些制约因素主要体现在以下五个方面：①国内政治是影响国家和平规划的关键性因素。政府制定的政策通常反映了国内各政治力量的平衡，包括政党、利益集团和公众舆论等。②经济因素是影响国家和平规划的重要因素之一。战争往往会重新划分战后的经济格局，战胜国通常会通过战争赔款、贸易优惠等途径来巩固其经济地位。③安全利益是国家在制定政策过程中不可或缺的因素。由于世界性战争造成的严重损失，参战国人民往往渴望和平、厌恶战争，国家也需要从战争伤害中恢复，因此，战后各国通常会谋求建立国际安全机制，以防止未来发生大规模战争。④国际格局对国家和平规划有重要影响。战争重塑的国家力量对比会赋予某些国家有利条件，也会对某些国家施以极大制约。⑤意识形态是影响国家和平规划的一个重要因素。不同的意识形态往往会导致不同的国家观念和政策选择。此外，也有不少学者强调领导人的认知对国家和平规划的决定性作用。这些相关研究确实对我们理解问题有诸多启示，但这种启示是零散的。本文认为，制约大国和平规划的因素可以从肯尼思·沃尔兹的层次分析法入手。就此而言，主要是三个层次，即体系层次、国家层次、决策者层次，而体系层次又可以区分为国际格局与联盟关系，因而就是四种因素。

（一）国际格局

国际格局的变化通常会推动国际秩序变革（刘建飞，2015），对大国重建和平秩序有着深远影响。在不同的历史时期，国际格局通过影响大国之间的力量对比、相互关系来对国际秩序的构建产生作用，这一过程往往伴随着大国间的冲突和权力转移。在两次大战前后，国际上的多极格局和两极格局深刻影响着英美两国的相关实践。

一战时期的国际格局主要是多极格局，欧洲国家在国际格局中占据主导地位。一方面，作为欧洲的领导国之一，英国长期奉行“均势”战略，旨在通过海上霸权维护其全球帝国地位和贸易利益。通过维护欧洲大陆各国之间的力量平衡，防止任何一个国家成为霸权国家。（陶樾，1980）这种主导局面有利于英国的和平规划。另一方面，英帝国逐渐衰落的现实迫使英国重新评估其全球战略，开始寻求与其他大国尤其是美国的合作，以维护其国际地位，美国的某些因素也在新的和平规划中占据了重要地位。美国在一战前长期奉行孤立主义政策，专注于西半球的事务，通过门罗主义来维护其在美洲的影响力。一战促成美国从孤立主义转向更加积极的国际参与，扩大与英国在政治、经济与军事等方面的共同利益，实现欧洲事务的英美“共治”。（宋微，2015）二战结束后，以欧洲均势为中心的国际旧格局让位于以美苏两极争霸的国际新格局，欧洲霸权的基础遭到破坏。（斯塔夫里阿诺斯，1992：781）新的巨大实力差距赋予美国塑造世界政治前所未有的地位。作为主导战后国际秩序重塑、规划战后和平制度性协议的领导者，美国拥有绝对的控制性权力。而英国无论是二战期间还是二战结束后，都试图维持大国地位，但由于战后实力不济，不得不依赖美国的经济和军事援助，接受美国的领导地位（钱宇明，2022），并逐渐转向更加注重欧洲和大西洋地区的安全合作。这种局势变革在和平规划中都有明显体现。

（二）联盟关系

联盟关系是大国和平规划中不可忽视的因素。自近代国际体系诞生以来，国家间形成联盟关系是大国谋求生存、安全和发展的重要政治手段。（朱听昌、晋军，2003）通过建立和维护联盟关系，大国能够增强自身的安全保障，提高国际影响力，并在战后和平安排与其他国际事务获取更多支持。

两次世界大战期间，英国与美国逐渐形成了一种“特殊关系”，即建立英美战时联盟，共同抵抗法西斯国家的侵略战争。二战结束后，英国无论是在经济上还是在军事上，都与美国和苏联两个大国拉开了差距。由于二战后的国际权势分布和美苏之间的结构性矛盾，两极格局日益形成，英国无法像过去那样在多极格局中作壁上观或随意改变阵营以自由行事（梁军，2009），英国必须在美苏间做出选择。随着苏联与美国关系的逐渐紧张，英国选择站在美国一边共同对抗苏联，英美联盟关系最终形成。

英美联盟关系的存在，使得两国能够在国际事务中进行广泛合作，共同构建战后的和平安排。军事上，英美联盟对战后安全体系的建立至关重要，英美积极合作，共建北大西洋公约组织，允许对方在海外建立军事基地，在核武器与导弹技术方面进行合作等（张顺洪，1998），以此来保障自身以及欧洲的安全；政治上，双方领导人会晤频繁，英美联盟共同推动建立联合国，以维护战后世界和平；经济上，英美之间的联盟关系促进了战后国际经济秩序的重塑，合作建立了世界银行和国际货币基金组织等国际组织机构，为欧洲经济复兴和发展提供平台。总之，英美特殊关系的萌芽与发展在重塑国际秩序方面也是有明显体现的。

（三）国家的战略文化

广义的战略文化是指根深蒂固的信仰、世界观和对世界的共同期望。（Kupchan，1994：27—29）国家的战略文化能影响国家感知、适应体系刺激和物质实力的结构性转变。在战略文化的影响下，国家的战略精英形成了某种战略偏好和处理对外关系的行为模式。这种不同的战略文化影响着各国战后不同的和平规划。

英国的战略文化深受其悠久的历史、独特的民族性格、经验主义以及帝国情结等因素的影响。英国历史上长期奉行均势政策，旨在维持欧洲大陆各国之间的力量平衡，防止任何一个国家成为欧洲霸主，从而维护英帝国在欧洲的国家利益和国际地位。一战后，均势仍然是英国许多外交官坚持的一项重要原则（Roi et al.，2001），“扶德抑法”政策、德国赔款问题和《洛迦诺公约》均为一战后英国和平规划中均势战略文化的例证。两次世界大战期间，英国仍然在欧洲和世界其他地区奉行均势传统，对德、意、日法西斯国家实行绥靖政策，试图继续维持欧洲大陆均势和英国既得利益，最终未能及时阻止法西斯势力蔓延。二战结束后，由于英国国力衰弱、苏联崛起和欧洲分裂，丘吉尔提出“三环外交”，旨在紧跟美国战后和平安排理念，遏制苏联，以延续和确保英国的大国地位，但均势思想并未消失，仍然若隐若现。

美国的历史传统使其对均势思想不感兴趣，在凡尔赛和会上，威尔逊提出集体安全的观念，主张建立某种国际秩序或机制，克服“国际无政府状态”，维护世界和平。（任晓，1998）国际联盟便是集体安全观念的重要体现。由于国际联盟缺乏有效的执行机制和成员国间的矛盾等问题，这一国际组织并未能阻止二战爆发。即便如此，美国对集体安全的追求并未停止，二战后美国在吸取国际联盟教训的基础上进一步完善集体安全的实践，推动成立联合国，来维护国际和平与安全。（史哲，1998）

（四）决策者的认知

决策者认知是指决策者对所处环境的威胁认知和对本国国际角色的定位认知（刁大明等，2023），既包括决策者面对国际环境变化产生的感受与判断，也包括对本国在国际社会中的定位理解。而不同国家的决策者拥有不同个性、经历和价值观，这些因素都会影响其对国际形势的判断和决策。

凡尔赛和会上的英国政治家都是维多利亚时代的政治家，传统在他们身上有明显体现，这种思想是英国继续追求均势实践的重要原因。丘吉尔也带有这种印记，并制约着二战后的和平规划。作为英国历史上著名的首相和军事家，丘吉尔具有丰富的从政经历和独到的战略见解与领导能力，深受英国传统思想的影响，坚定维持英国的大国地位。二战期间，丘吉尔以坚定的反共立场和对苏联的戒心而著称；在二战后的“铁幕演说”中，他强调西方国家要团结起来防范苏联的威胁。此外，丘吉尔坚持同美国建立特殊关系，设计“三环外交”，试图利用英美联合的力量共同主导世界。（王章辉，1980）虽然种种政策未能阻止英帝国的衰落，但整体上仍维护了英国的国家利益。艾德礼不仅是一位政治家，也是深谋远虑的社会改革者，致力于推动社会公正和平等。（倪学德，2005）艾德礼政府成立后，英国外交政策仍然主要沿袭了英国传统的现实主义思想，但较少受到自由主义理念的干涉。（倪学德，2008）因此，艾德礼政府在处理战后国际关系与和平规划中，倾向于以维护国家利益为出发点，采取联美抗苏和非殖民化的外交政策，利用美国的实力优势推动建立有利于英国的欧洲秩序。

威尔逊总统在早先并没有受到现实政治的洗礼，但在理论方面新意频出，这促使其推出民族自决、集体安全与国际联盟等新的和平规划。富兰克林·罗斯福总统亲历了美国由弱到强，最后取代英国成为世界强国的过程。理想主义和现实主义在罗斯福的政治理念中互相交织。由于罗斯福在任期间正值“大萧条”时期，资本主义遭遇严重的经济危机，罗斯福意识到政府干预经济和经济合作的必要性，于是在战后主导建立布雷顿森林体系和关贸总协定来促进国际自由贸易和国家间经济合作。罗斯福构想的战后安全秩序是大国主导下的集体安全体系，这分明就是一种混合物。（赵志辉，2008）他一方面提出多边主义和国际合作理念来维护战后和平与促进国际合作；另一方面极力推行美国主导下的安理会，强调美、苏、英、中的大国协调作用。杜鲁门总统身上的情感色彩很浓，在其和平规划认知中，意识形态因素十分重要，他上任不久便推出“杜鲁门主义”（王芝，1993），用非黑即白的眼光去看待世界，强调通过遏制政策来阻止苏联的扩张，确立美国的全球霸权地位。（赵菊玲，1986）

五　结语

自民族国家产生以来，大国在国际秩序的构建过程中发挥着关键性作用。在两次世界大战后的和平规划中，英美两国存在重大分歧，但英美两国基于复杂原因仍然有妥协与合作，最终共同重塑了战后国际秩序。英美间的分歧与合作不仅塑造了战后新的国际秩序，也对未来的国际关系发展具有极大意义。在这一过程中，英美两国对国际秩序的不同构想及其实践结果反映了国际关系中的战略竞争与权力转移。英国战后的和平规划始终没能放弃传统战略思想，即维持英帝国的全球大国地位，在欧陆推行均势战略。然而经历两次大战后的英国实力渐弱，无力实现其中意的和平规划，不得不更多依赖美国以维持大国的表象，其和平规划也日益向美国靠拢。而美国则不断崛起，在二战后成为全球霸权国，并确立起领导世界的决心。正如伊肯伯里所言，霸权国的和平安排有的能维持久远，有的则如昙花一现，其关键在于领导国在进行秩序建设时能否通过制度化方式约束自身权力。（伊肯伯里，2008）这也正是我们观察和平规划长效性的重要视角。

参考文献

1. 中文

刁大明、刘颖哲，2023，《体系压力、决策者认知与澳大利亚作为中美第三方的战略选择》，《同济大学学报（社会科学版）》第2期。

韩莉，2002，《新外交·旧世界：伍德罗·威尔逊与国际联盟》，同心出版社。

韩琦，2015，《“战争与和平：二战及战后世界的变动”会议综述》，《社会科学战线》第12期。

韩真，1995，《联合国与战后世界和平》，《世界经济与政治》第10期。

霍尔斯蒂，卡列维，2005,《和平与战争：1648—1989年的武装冲突与国际秩序》，王浦劬等译，北京大学出版社。

华尔脱斯，1964，《国际联盟史》（上卷），汉敖、宁京译，商务印书馆。

基辛格，亨利，1998，《大外交》，顾淑馨、林添贵译，海南出版社。

克雷格，戈登、亚历山大·乔治等，2004，《武力与治国方略——我们时代的外交问题》，时殷弘等译，商务印书馆。

梁军，2009，《结构变迁下的选择与互动：战后英美联盟的构建》，《中山大学学报（社会科学版）》第4期。

刘德斌，2003，《国际关系史》，高等教育出版社。

刘光溪，1998，《中国与“经济联合国”——从复关到“入世”》，中国对外经济贸易出版社。

刘建飞，2015，《国际格局演进与国际秩序重塑》，《当代世界与社会主义》第5期。

刘明周，2019，《英帝国史》（第八卷），江苏人民出版社。

倪学德，2005，《克莱门特·艾德礼论英国社会主义》，《当代世界与社会主义》第5期。

倪学德，2008，《论战后初期英国工党艾德礼政府的外交政策》，《学海》第3期。

彭树智，1994，《世界史：现代史编》（下卷），高等教育出版社。

齐世荣，1982，《论 1917 年底至 1918 年初真假和平的斗争》（上），《世界历史》第 1 期。

齐世荣，1998，《世界通史资料选辑·现代部分》，商务印书馆。

钱宇明，2022，《二战期间英国对战后世界秩序的构想与实践》，《湖北社会科学》第 9 期。

任晓，1998，《从集体安全到合作安全》，《世界经济与政治》第 4 期。

沙伊贝，H.N.、H.G. 瓦特、H.V. 福克纳等，1983,《近百年美国经济史》，彭松建等译，中国社会科学出版社。

史哲，1998,《冷战后联合国对集体安全的保障》,《国际政治研究》第 1 期。

斯塔夫里阿诺斯，1992,《全球通史：1500 年以后的世界》，吴象婴、梁赤民译，上海社会科学院出版社。

宋微，2015，《美国对英战略与霸权转移》，《美国研究》第 4 期。

陶樾，1980，《两次大战期间英国的外交政策与欧洲均势》，《世界历史》第 3 期。

王立新，2015，《踌躇的霸权：美国获得世界领导地位的曲折历程》，《美国研究》第 1 期。

王立新，2015，《踌躇的霸权：美国崛起后的身份困惑与秩序追求（1913—1945）》，中国社会科学出版社。

王绳祖主编，1995，《国际关系史》（第六卷），世界知识出版社。

王章辉，1980，《试论丘吉尔在第二次世界大战中的作用》，《世界历史》第 6 期。

王芝，1993，《略论“杜鲁门主义”在战后美国对外政策中的地位与作用》，《外交学院学报》第 3 期。

徐蓝，2003，《试论第二次世界大战后国际秩序的建立与发展》，《世界历史》第 6 期。

徐蓝，2015，《国际联盟与第一次世界大战后的国际秩序》，《中国社会科学》第 7 期。

伊肯伯里，约翰，2008,《大战胜利之后：制度、战略约束与战后秩序重建》，门洪华译，北京大学出版社。

张顺洪，1998，《论战后英美国际战略伙伴关系》，《世界历史》第 6 期。

赵菊玲，1986，《试评杜鲁门主义》，《历史教学》第 3 期。

赵志辉，2008，《富兰克林·罗斯福的集体安全思想新解》，《求是学刊》第 6 期。

朱听昌、晋军，2003，《英美特殊关系和日美联盟关系的理论分析与比较研究》，《国际论坛》第 3 期。

2. 外文

Ambrosius, Lloyd E. 1987. Woodrow Wilson and the American Diplomatic Tradition: The Treaty Fight in Perspective. Cambridge: Cambridge University Press.

Churchill, Winston. 1950. The Grand Alliance. Boston: Houghton Mifflin.

Dulles, John Foster. 1942. Peace Without Platitudes. Fortune, 25.

Gaddis, John Lewis. 1974. Was the Truman Doctrine a Real Turning Point? Foreign Affairs, 52.

Harrod, R. F. 1951. The Life of John Maynard Keynes. London: Macmillan.

Kupchan, Charles. 1994. The Vulnerability of Empire. New York: Cornell University Press.

Martin, Laurence and John Garnett. 1997. British Foreign Policy, Challenges and Choices for the Twenty-First Century. London: Royal Institute for International Affairs.

Roi, M.L. and B.J.C. Mckercher. 2001. "Ideal" and "Punch Bag": Conflicting Views of the Balance of Power and Their Influence on Interwar British Foreign Policy. Diplomacy and Statecraft, 12.

Sherry, Michael S. 1995. In the Shadow of War: The United States Since the 1930s. New Haven: Yale University Press.

Streit, Clarence K. 1939. Union Now: The Proposal for Inter–Democracy Federal Union. New York: Harper and Brothers.

Widenor, William C. 1980. Henry Cabot Lodge and the Search for an American Foreign Policy. Berkeley: University of California Press.

Williams, Andrew. 1998. Failed Imagination? New Orders of the Twentieth Century. Manchester: Manchester University Press.

作者简介

刘明周，华中师范大学政治与国际关系学院教授，博士生导师。

胡玉娜，华中师范大学政治与国际关系学院硕士研究生。

理解恐怖主义缘起的社会经济逻辑

——基于跨国面板数据（1984—2016年）的实证研究[1]

李知睿　陈　波

摘　要　以"9·11"事件为代表的恐怖主义袭击对全球地缘安全与发展格局重构影响颇深。文章基于1984—2016年全球恐怖主义数据库，选取恐怖主义"动荡弧"地带国家为样本集，采用零膨胀负二项模型实证研究恐怖主义生成的社会经济动因，并进一步对国内、跨国恐怖主义的生成逻辑展开比较论析，认为人均GDP、净收入不平等、教育等重要经济变量分别沿"经济剥夺""社会经济变革""经济一体化"等逻辑进路"驱动"着"动荡弧"国家的恐怖主义形成；民主度、内部冲突、宗教分化等重要社会变量分别沿"政治体制""政治不稳定""文明冲突""政治一体化"等逻辑进路"驱动"着"动荡弧"国家恐怖主义的形成；净收入不平等、教育、内部冲突、宗教分化等重要经济、社会动因不同程度上在"动荡弧"国家的国内、跨国恐怖主义形成中起到正向"刺激"作用或间接执行"反恐"效能。

关键词　"动荡弧"国家　恐怖主义　经济动因　社会动因　零膨胀负二项模型

1 本文是国家社会科学基金一般项目"美国对华战略竞争的财经运筹和动员研究"（21BGJ075）、中国博士后科学基金第73批面上资助项目"'一带一路'我国海外能源投资政治风险预警系统研究"（2023M734076）的研究成果。本文初稿曾在第二届国际政治理论与方法前沿青年论坛上宣读，感谢徐进、周建仁、漆海霞等学者及匿名评审专家对本文提出的宝贵意见。

一 问题的缘起

18世纪末掀起的法国大革命，不仅拉开了欧洲资产阶级革命的序幕，而且缔造了残酷无比的罗伯斯庇尔专政。（王逸舟等，2010：2）“恐怖主义”（terrorism）一词由此诞生。虽然该词由来已久，但直至20世纪60年代后这种暴力行径的社会经济危害才逐渐显现。随着现代交通、通信技术的快速革新，当今世界恐怖主义的基本内涵、实施动机和袭击目标等都在不断变化，日益呈现出各式恐怖主义活动交织并存，地缘政治渗透向地缘经济渗透动态演进的地缘安全风险新格局。（姬文刚，2022：140—151，199；李知睿，2021：137—171）面对由恐怖主义引发的一系列公共安全问题，如何设计切实有效的反恐行动（Counter-Terrorism Efforts）方案以缓解恐怖活动对社会经济的负面影响（李兵、颜晓晨，2018：183—197），已成为各国决策层与学术界不能回避的安全与发展难题。

何谓恐怖主义？恐怖主义问题缘何而生？常规会认为，对上述问题的解答应来自政治学、法学、犯罪学等领域的学术成果。实际上，运用经济学方法研究人类社会发展中的政治或法学问题已有悠久历史。其中，来自马克思和恩格斯对历史发展的经济学阐释就是一个典范。英国经济学家罗纳德·科斯（Ronald Coase）与美国经济学家加里·贝克尔（Gary Becker）在先后获得1991年和1992年诺贝尔经济学奖之后，将经济学的分析领域逐渐由市场行为引向非市场行为，经济学俨然成为一门可在各种约束机制下研究（个人）行为选择的学科。

“9·11”特大恐怖袭击作为全球恐怖主义发展历程中的分水岭事件，至今仍梦魇般萦绕在人们心间。因为复杂的历史和现实原因，恐怖主义是影响当今世界尤其是“动荡弧”地带国家（简称“动荡弧”国家）[1]和平发展的重要因素。（赵

1 通过分析全球恐怖袭击事件的时空分布情况，发现恐怖主义活动集中分布在以“北非—西亚—中亚—南亚—东南亚”等（次）区域构成的恐怖主义“动荡弧”地带。由此可见，“动荡弧”地带国家是当今世界恐怖主义活跃的地区之一，恐怖分子通过恐怖行动肆意扩大除直接受害者（Direct Victims）之外的间接目击者（Indirect Witnesses）范围，从而使人人感到自危。参见：陈波等，2010，《国防经济学前沿专题》，经济科学出版社，第178页。

敏燕等，2016：689—696）深入探究恐怖主义缘起的决定因素，对于缓和“动荡弧”国家内部面临的非传统安全风险、有效打击各式恐怖主义活动具有重要参考价值。（王涛、鲍家政，2019：114—139）深化对恐怖主义动因的认知是国际社会有效制定（中长期）反恐行动方案时的主要依据，更是深度治理恐怖主义问题的关键性基础。（沈晓晨，2021：32—56，157—158）因此，“恐怖主义溯源”成为时下恐怖主义问题研究的重心，也是近年来学界的一个研究热点。

大量恐怖主义溯源的研究认为，恐怖主义是一种包含了政治、冲突等社会因素的复杂现象，具体受到如政治压迫、羸弱政府、宗教分化和内外部冲突行为等社会动因的“刺激”。然而，这些研究普遍忽视了（恶劣的）经济因素在恐怖主义“孕育”过程中的潜在逻辑，以至于将政治、宗教、冲突等社会因素视为比经济因素更为重要的逻辑变量。（王垚、年猛，2022：72—87）循着这样的研究进路，过往文献提供的政策启示更多倾向于通过改善地方文化与政治体制环境来打击恐怖主义，然而这种改造是利用恐怖主义作为实现社会政治目标的基础性手段，而非为了促进社会经济的改革与发展。

威廉·兰德斯（William Landes）于1978年首次将经济学实证研究的原理和方法引入对反恐行动效力的分析（Landes，1978：1—31），为开创当代“恐怖主义经济学”（Economics of Terrorism）做出了重要贡献。托德·桑德勒（Todd Sandler）指出，尽管对恐怖主义经济学的研究可以追溯至1978年兰德斯所做的开创性工作，但有关该主题的重要研究成果直到2001年都是零星的。21世纪以来，从经济学视角出发，运用经济学方法研究恐怖主义问题的理论与实证文献呈“井喷式”增长，已成为当前由国际政治经济学（IPE）、世界经济学、冲突与和平研究（Conflict and Peace Studies）等多学科构成的交叉研究领域中的热点问题之一。

当前，经济动因在恐怖主义生成中的作用被较大程度地忽视和低估，从而不利于全面把握恐怖主义的形成机理，以及各国决策层有效制定反恐行动方案。文章采用零膨胀负二项（Zero-Inflated Negative

Binomial，ZINB）模型，以恐怖主义“动荡弧”地带国家为考察对象，[1]实证检验1984—2016年各国宏观社会经济环境对（潜在的）恐怖主义活动生成的影响机理，主要的不同与创新之处有三：①纵观国内外有关恐怖主义溯源的文献，尚未发现有将恐怖主义“动荡弧”地带国家作为考察样本的专门研究，对该地区展开集中式分析预期能获得更具一般性的理论发现，能一定程度上弥补过往研究的缺失；②参考经济学“机会成本”相关理论，文章试图将恐怖主义的生成视为恐怖分子（或组织）在多重社会经济因素考量下最终做出袭击决定的行为选择问题，重点考察经济因素（兼顾重要社会因素）在诱发“动荡弧”国家恐怖主义活动中的潜在逻辑；③过往有关恐怖主义动因的经验研究重点集中在一般意义的恐怖主义和跨国恐怖主义的动因论析上，随着近年来包含国内恐怖主义信息的数据库逐渐向研究人员开放，文章进一步就“动荡弧”国家国内、跨国恐怖主义生成的社会经济逻辑进行比较研究，以期拓展在恐怖主义溯源理解上的新空间。

1 受篇幅所限，恐怖主义“动荡弧”地带的国家名单不在文中详细列明。

二　相关文献回顾

（一）恐怖主义的界定

当把有关恐怖主义的数据、研究命题、发展趋势及其他信息放在一起考虑时，如何清晰地界定恐怖主义显得尤为重要。恐怖主义在基于不同的研究侧面时常常反映出不同的内涵和意旨。

恐怖分子进行恐怖活动，造成人们的恐怖心理，有一定的目的与动机。作为一种暴力行径，首先应对它进行政治与非政治的区分。一般来说，如果恐怖分子的行为是出于某种反社会心理，所要实现的目的是个人报复或是勒索赎金（Ransom）等，那就属非政治行为。如果恐怖分子的打击对象是一个国家的政府，或是一个种族、一个民族，或是一个教派，目的是迫使受伤害者做原本不会做的事，诸如改变政治态度或对内、对外政策（都永浩、左岫仙，2017：9—14；宫玉涛，

2016：92—105，156），那么这种行为就属于政治行为。

人们通常认为，恐怖主义属于政治性的恐怖活动。（武兵科，2023：90—126；尧超，2016：248—249）然而，并不是所有具有政治性的恐怖活动都可被定性为恐怖主义，因为“主义”应是指一种系统的、持续的和有组织的行为。在这个意义上，恐怖主义实际上是与“恐怖的体系”（a system of terror）相对应的。在这里，“system”有“制度”“组织”“主义”等含义。因此，孤立、偶然的行动，即便带有政治性，也不是恐怖主义，充其量只能算作恐怖活动。（王逸舟等，2010：6）

美国国务院于2000年4月公布的报告《全球恐怖主义模式——1999年》中指出，“恐怖主义”一词意指亚国家集团或秘密代理人攻击非战斗人员的蓄谋的、具有政治动机的暴力行为，这种行为通常是为了影响公众。（United States Department of State，2000）这一定义与恩德斯（Walter Enders）、桑德勒对恐怖主义的界定较为类似。他们认为，恐怖主义是指个人或次国家集团有预谋地使用或威胁使用暴力袭击非战斗人员，通过恐吓除直接受害者之外的广大群众以达到政治、经济、宗教或意识形态目的。（Enders，2012：3）

荷兰学者亚历克斯·施密德（Alex P. Schmid）在其1988年出版的《政治恐怖主义》中考察了109种有关恐怖主义的不同界定（见表1），对它们所强调的不同因素进行了研究。施密德列出的要素比较多，对恐怖主义进行界定时是否需要考虑这么多的因素是一个值得讨论的问题。施密德认为：“恐怖主义是（半）秘密的个人、集团或国家行为者，出于特殊的、犯罪的或政治的原因，通过反复的暴力行为引致焦虑的办法。与暗杀相比，它实施暴力的直接目标并不是它的主要目标。暴力的直接牺牲者通常是任意选择的目标（机会目标），或者是从目标人群中挑选出来的具有代表性或象征性的目标，这些目标成了信息的‘孵化器’。在恐怖分子（或组织）、受到危害的牺牲者和主要目标之间，以恐吓和暴力为基础传达信息的过程，是要操纵主要目标（例如，群众），使之成为恐怖的目标、要求的目标或注意的目标，而这些取决于它的主要追求是胁迫、强制还是宣称。”（Schmid et al.，1988：28）

表 1　有关恐怖主义的 109 种界定中各种要素的占比[1]

序号	要素	百分比
1	暴力	83.5%
2	政治性	65%
3	对恐惧感的强调	51%
4	恐吓	47%
5	（心理的）影响与预期的反作用	41.5%
6	牺牲品——与目标的差别	37.5%
7	有目的、有计划、有系统和有组织的行动	32%
8	战斗方法，战略与策略	30.5%
9	超常规，破坏公认的准则，不受人道主义约束	30%
10	强制、敲诈与劝诱服从	28%
11	公开性方面	21.5%
12	任意的、非个人的、偶然的特性，不分青红皂白	21%
13	平民、非战斗人员、中立者、局外人成为牺牲品	17.5%
14	胁迫	17%
15	强调牺牲品的无辜性	15.5%
16	作恶者为集团、运动、组织	14%
17	象征性方面，向他人示威	13.5%
18	暴力发生的难以预测性	9%
19	秘密、隐蔽性	9%
20	反复性，暴力的系列与运动特性	7%
21	犯罪性	6%
22	对第三方的要求	4%

1

施密德考察的 109 种有关恐怖主义的不同界定中，可能分别涉及表 1 中给出的 22 项要素中的一项或多项，其中一些要素在更多的界定版本中被反复提及，存在重复统计情况，故各要素占比之和超过 100%。资料来源：Schmid, Alex P. et al.1988. Political Terrorism: A New Guide to Actors, Authors, Concepts, Data Bases, Theories, and Literature. New Brunswick: Transaction Books. pp.5–6。

作为一个概念的界定，施密德的阐述过于复杂。实际上，通过进一步概括与归纳上述关于恐怖主义的界定发现，任何现代的恐怖主义定义都有两个基本要素：暴力的存在或威胁，以及政治、经济、宗教或意识形态动机。美国兰德公司（RAND）和预防恐怖主义纪念学会（Memorial Institute for the Prevention of Terrorism，MIPT）提供的全球恐怖主义事件数据库（RAND Database of Worldwide Terrorism Incidents，RDWTI）对两类重要的恐怖主义活动做出了定义，[1] 认为国内恐怖主义是一国的国民对纯粹的国内目标实施打击事件，而跨国恐怖主义是恐怖分子跨越国界开展目标袭击活动、选择与外国有联系的国内目标进行打击或者通过攻击国际航班上的乘客与机组人员甚至袭击航空器（设备）而制造国际恐怖事件。

也有学者指出，恐怖主义存在极其复杂的情况，因此任何界定都不可能涵盖有史以来的全部恐怖主义。（Mishra，1999：1）为尽量减少因恐怖主义界定差异产生的干扰，文章使用恩德斯和桑德勒对恐怖主义的定义。[2]

（二）恐怖主义动因的理论研究进展

恐怖主义经济学的核心命题是借助经济学原理和方法寻找恐怖主义生成的逻辑进路。为了回答该命题，首先必须引出一个经济学视角下的理论分析框架，这是任何有关恐怖主义经济学分析的基础与前提；其次再考虑在何种层面上分析何种恐怖主义。

一种有关恐怖主义的经济方面的观点认为，恐怖分子是理性的。鉴于恐怖分子对于“刺激”因素的反应、狭隘的个人利益以及他们自身的理性期望，他们或多或少会趋向“理性经济人”（Homo Economicus）。（Caplan，2006：91—107； 石伟、贾凤翔，2011：1378—1386）作为理性经济人，他们会在考虑与自身行动相关的收益

1 The RAND Terrorism Chronology and the RAND-MIPT Terrorism Incident Database（RDWTI 的前身），http://www.tkb.org/RandSummary.jsp? page=method; The RAND Database of Worldwide Terrorism Incidents (Incident Data Updated December 31, 2009), https://www.rand.org/nsrd/projects/terrorism-incidents.html.

2 全文对恐怖主义的理解与研究口径，借鉴恩德斯和桑德勒于2012年出版的经典论著《恐怖主义的政治经济学（第2版）》中对恐怖主义的界定。

与成本的同时，最大限度地发挥恐怖活动的边际效用。（Sandler and Enders，2004：301—316）恐怖主义的收益来自恐怖主义战略目标的实现，而恐怖主义的成本则与资源的使用及实施暴恐行动的机会成本等有关。（Frey and Luechinger，2004：509—515；崔虎、宋美玲，2009：49—51，59）

一般认为，诸如贫困或某些不利的社会经济情况会通过恐怖分子对实施暴力的“成本—收益”关系的权衡衍生出暴力。在这里，一个关键的问题是，经济因素或社会因素是不是恐怖主义生成的重要源头？诚然，探寻恐怖主义缘起的社会经济动因对于今后的反恐行动具有重要指导意义。有些学者认为社会因素比经济因素对恐怖主义的影响更明显（Krueger，2018：53—104；Krueger and Laitin，2008：148—173），但他们研究得出的结论却不那么确凿，有时甚至自相矛盾。换言之，这些经验研究为不同思想流派的学者们提供了理论支持，他们在各自研究中强调了某些经济或社会因素在诱发恐怖主义时的相对重要性。下文将依次回顾当前恐怖主义经济学的七大传统思想流派的核心观点。

1.“经济剥夺”论

一些学者认为，恐怖主义源自“相对的”经济剥夺（例如，贫困、国家内部不平等和缺乏经济发展机会等）。当个人认为其在经济发展（或分配）过程中的期望与现实间存在较大差距时，暴力随即产生。恶劣的经济发展环境使人们内心愈发沮丧，反过来进一步加大暴力行动产生的可能性。在经济（普遍）匮乏的形势下，恐怖组织发现招募内心遭遇过生活挫折的人或者是从支持者那里获得资金都变得更加容易。此外，非暴力经济活动的减少也降低了暴力活动的机会成本，从而壮大了恐怖组织的队伍。（Gurr，1970：8；张杰等，2015：73—78，80）

2.“社会经济变革”论

另一些学者强调了社会经济变革对长期社会经济状况的影响，认为恐怖主义产生于现代化进程中，现代化给社会经济发展带来了不同形式的“社会压力”。例如，经济变革、新观念和新的生活方式，这些变化可能会助长与经济、人口或社会压力相关的“不满”情绪。（Robison，Crenshaw，and Jenkins，2006；谢磊，2021：115—133，137）另外，恐怖组织会利用先进的通信手段（例如，互联网、电视和社交平台等）向外界有效传播他们的态度。（Krieger and Meierrieks，2011：3—27）

3.“政治体制”论

政治和制度秩序被认为与滋生恐怖主义有关。学术界内部对何种政治体制能较好地应对恐怖主义，观点不一。具体的政权类型、政府力量（例如，军事力量）、政府政策或意识形态归属，都可能影响恐怖分子的“计算”。（Kirk，1983：41—52；Kurrild-Klitgaard，Justesen，and Klemmensen，2006：289—315；Shahbaz，2013：496—506；马翠廉、赵纯凯，2021：11—20）

4.“政治不稳定”论

政治转型和政治不稳定亦被视为“孕育”恐怖主义的源头之一。政治革命无论长期内政治环境如何变化，短期内都会对恐怖主义起到重要影响。政治体制的变化营造了“政治真空”，恐怖组织据此推进他们的政治目标和议程。通常，一个恐怖组织不太可能遭遇来自比较软弱的政府（又称“羸弱政府”）的挑战，这就使得实施恐怖主义成为一项比较“便宜的投资”，这些“羸弱政府”所在的国家常常被描述为当地恐怖组织的“避难所”（Rotberg，2002：85—96），成为培育恐怖主义活动的“沃土”。（Campos and Gassebner，2013：27—47；Kis-Katos，Liebert，and Schulze，2011：17—36；齐赵园、徐佳欣，2023：48—65，156—157）

5.“文明冲突”论

塞缪尔·亨廷顿（Samuel P. Huntington）认为，暴力是文明冲突的后果之一，当群体表现出不同的“身份”（例如，不同宗教或种族）时，将导致一个国家内部的不同族群之间或按照文明路线组织下的不同国家群体之间爆发更多冲突。（亨廷顿，2013：161）对恐怖组织来说，获取针对敌对组织支持的成本应该更低，特别是当恐怖组织建立在强调其“身份至上”（即代表“被组织选中的人”）的意识形态上时。这种世界观消除了道德约束，增强了组织的凝聚力，从而使恐怖主义成本更低、效率更高。（Bernholz，2006：221—231；柳恒超，2009：64—67）

6.“经济政治一体化”论

经济政治一体化与恐怖主义也具有重要关联。（方珏，2018：137—142）一方面，恐怖主义根植于社会经济变革的观点已经上升到全球化层面。恐怖主义被穷人和被剥夺了（政治）权利的人当作政治工具，成为其表达内心情绪的一种具有成本效益的手段。另一方面，经济全球化也可能对恐怖主义产生特定影响。（Mirza and Verdier，2008：179—194；彭睿、彭宗超，2023：114—146，171）

此外，国际政治也可能进入恐怖分子的考量范畴。外交政策、联盟结构和外国占领等因素有可能招致恐怖主义。（Bergesen and Lizardo，2004：38—52；Pattwell，Mitman，and Douglas，2015：1120—1139）在全球化的时代，恐怖主义更容易爆发（Asongu and Biekpe，2018：86—97；Khan and Estrada，2017：1811—1819；曾向红，2017：178—199，209），加之当前全球发展各种不确定性因素增加，恐怖主义成为表达和执行激进观点的有效手段。

7.“时空传染”论

“传染性”（contagion）某种程度上也可能是恐怖主义滋生的原因。恐怖主义在时间和空间维度上表现出强烈的“自我激励”特征。（Python，Illian，and Jones-Todd et al.，2019：323—344；王武林等，2021：92—100）一个国家内部过去发生的恐怖主义会在未来衍生出新的恐怖主义（即时间传染）。如果一个国家内部发生恐怖主义，往往会因地缘空间的邻近而“传染”给其周边国家（即空间传染）。此外，恐怖组织间还可能通过合作降低成本（例如，分享袭击的技术与诀窍）或增加回报（例如，通过采取集体行动）。（Midlarsky，Crenshaw，and Yoshida，1980：262—298；欧朝敏、郑建明，2020：89—96）

（三）恐怖主义动因的实证研究进展

1. 微观个人层面

一些研究试图通过分析个人行为来获取有关恐怖主义动因的经

验证据。例如，通过对潜在的或被俘的恐怖分子进行采访。虽然微观研究有利于从个人层面理解恐怖行为的生成（Bueno de Mesquita，2005：515—530；Krueger，2018a：53—104；严帅，2014：47—53，64），但将微观研究结论一般化并推广至宏观层面是比较困难的。不过，这些微观层面结论为后续的宏观层面研究提供了有参考价值的“微观基础”。

2. 典型国家层面

宏观层面恐怖主义动因的实证研究，始于对典型国家的案例分析。多数情况下，经济与政治发展水平低下、种族冲突频发能部分解释恐怖主义的滋生（Feridun，2016：41—48；Samaranayake，1999：110—122；苏闻宇，2018：20—25；魏家齐，2018：56—63，50），但这些结论并不适用于泛化。这可能是典型案例分析的一个主要缺陷，但这些结论可用于在被研究的典型国家内部做政策解决方案的复制与推广。

3. 特定区域层面

与案例分析类似，特定区域层面研究亦能为被研究地区提供专门化解释，但依然无法给出恐怖主义动因的一般性回答。例如，詹姆斯·皮亚查研究发现，政治体制和其他政治因素对中东地区恐怖主义的产生具有重要影响，至少在中东地区，社会（政治）因素的作用比经济因素更为显著。（Piazza，2007：521—539）

4. 大型跨国数据样本层面

（1）跨国恐怖主义。跨国恐怖主义通常牵涉两个（或以上）国家，即恐怖组织的成员来自不同国家或本土恐怖组织有意针对外国人或目标。研究跨国恐怖主义的产生应当以恐怖分子来源国的情况为出发点，而不论这些恐怖分子的最终袭击目标。

弗雷塔格等考察了跨国恐怖主义生成的社会经济动因，发现缓慢的经济增长和糟糕的制度环境降低了恐怖主义的机会成本，即增加了人们实施恐怖行动的概率。（Freytag，Krüger，and Meierriek，2011：5—16）阿扎姆等人的研究提到“经济剥夺”对跨国恐怖主义在全球范围内蔓延的关键作用。（Azam and Delacroix，2006：330—344；Blomberg and Hess，2008：83—115；Lai，2007：297—310）

科金斯与皮亚查都指出，政治不稳定和羸弱政府可能是导致一个国家吸引更多跨国恐怖势力流入的潜在因素。（Coggins，2015：455—483；Piazza，2008：469—488）有学者发现，经济一体化程度的提高可能降低跨国恐怖主义风险。

（2）国内恐怖主义。与跨国恐怖主义定义不同，国内恐怖主义仅仅局限在肇事者对其所属国家内的受害者和广大群众实施直接或间接暴恐袭击。当前，有关国内恐怖主义动因的文献数量相比跨国恐怖主义依然稀缺。

托马斯·格里斯等采用Hsiao-Granger方法检验了7个西欧国家的经济增长与国内恐怖主义的因果关联，发现经济绩效在刺激国内恐怖主义生成时起到十分关键的作用。（Gries，Krieger，and Meierrieks，2011：493—508）基斯－卡托斯等通过构建计量经济模型，考察了全球159个国家在1970—2007年间国内恐怖主义形成的影响因素，发现国内恐怖主义活动会随着人均GDP的提升而增加。（Kis-Katos，Liebert，and Schulze，2011：17—36）这一结论与经典的“经济剥夺”论观点相左。然而，格里斯和卡托斯等的研究忽视了样本国家间实际经济发展水平的差异，查尔斯·鲍默尔和马克·道布进一步实证分析了不同经济发展水平与国内恐怖主义的因果关系，并观察到二者间呈显著的“倒U”型关系。（Boehmer and Daube，2013：359—368）

不平等（例如，收入分配不均）与国内恐怖主义间的密切联系亦是政治学家、经济学家们关注的经典议题。蒂姆·克里格和丹尼尔·梅耶里克斯选取113个国家（地区）在1984—2012年间的面板数据进行了实证检验，发现收入不平等与国内恐怖主义之间呈高度正相关，其深层原因可能源自收入不平等的“制度缺位”（例如，腐败、法制不健全等）效应。（Krieger and Meierrieks，2019：125—136）

有学者致力于探讨社会因素是否更多引致了国内恐怖主义。

（Bandyopadhyay and Younas，2011：171—175）也有学者尝试将文明因素（例如，宗教冲突）与国内恐怖主义的产生联系起来。（Haddad and Khashan，2002：812—828）

（四）文献述评

近年，有关恐怖主义社会经济动因领域的研究已取得长足发展，研究内容和方法日趋完善，但依然存在一些局限和不足：①从定性来看，过往关于恐怖主义动因的理论研究已初步达成共识，大多数理论分析都是建立在恐怖分子是“理性经济人”这一基本经济学假设之上（保守假设属于“有限理性”范畴），认为恐怖分子会在充分考量与自身行动相关的“成本—收益”关系的同时，最大限度地发挥恐怖活动的边际效用。②尽管现有实证研究对（不同类型）恐怖主义影响因素的识别有积极的作用，但截至目前，研究者们依然未能提供一套相对客观、稳健、成体系的模型建构标准。多数研究者在恐怖主义溯源的实证模型设定中对经济变量和社会变量选取的主观性较大，且未给出变量选取的详细依据，对于入选变量的技术处理标准也没有提供清晰的说明（Rapoport，2004：46—73；Robison，Crenshaw，and Jenkins，2006：2009—2026），对于变量间存在“双向因果”的内生性同样未能阐明其内在逻辑和组合适用性。③囿于数据的可获得性，过往的实证研究更多基于跨国恐怖主义起源与目标选择（或袭击模式）的数据，虽然也有一些学者以国内恐怖主义成因作为研究对象且取得了一定进展，但依然不够详尽。近年来，含有国内恐怖主义信息的部分跨国数据库（例如，GTD 数据库）逐渐向研究人员开放，为比较分析上述两类恐怖主义生成逻辑的差异奠定了一定的数据基础。

三、模型设定与数据说明

（一）计量模型设定

理想情况下，为更细致、全面地理解恐怖主义缘起的社会经济逻辑，应从宏观（国家 / 区域）与微观（个人）两个层面来分别考察这一问题。鉴于微观（个人）层面的恐怖主义（包括个人致力于成为恐怖分子或支持、追随恐怖主义势力）特征信息难以直接观察到，一手数据获取困难，故文章使用宏观层面数据，即以恐怖主义与各社会经济变量的“国家—年份”数据进行实证研究。笔者认为，经济、社会等宏观层面的国家特征变量反映了活跃的恐怖分子、支持（或反对）恐怖主义活动的外部环境因素的“激励结构”机制，它们至少以某种不完全方式代表着实施恐怖主义的机会成本。需要特别注意的是，宏观社会经济变量与恐怖主义生成有关是文章分析的一个十分重要的前提假设，因为现实中可观测到的恐怖主义信息不仅取决于活跃的恐怖分子对机会成本的考虑，还取决于支持（或反对）恐怖主义的外部环境因素，这些外界因素尤其会对一国经济发展、政治体制以及政权稳定等因素的变化表现出敏感性。

综上，借鉴弗雷塔格、基斯－卡托斯等的做法，将基准模型设定如下：

$$\begin{aligned}Terror_{it}=&\beta_0+\beta_i+\beta_t+\beta_1 Ln(PGDP_{it})+\beta_2 Ln\left[(PGDP_{it})^2\right]\\&+\beta_3 Ln(Net\ income\ inequality_{it})+\beta_4 Ln(Education_{it})+\beta_5 Democracy_{it}\\&+\beta_6(Democracy_{it})^2+\beta_7 Ln(Internal\ conflict_{it})\\&+\beta_8 Rel.fractionalization_i+\beta X'+\varepsilon_{it}\end{aligned} \tag{1}$$

（二）变量与数据说明

1. 被解释变量

本文以恐怖主义“动荡弧”国家在1984—2016年间的各式恐怖主义事件数量来表示地区各国各年度的恐怖主义总体水平。为方便研究，将其称之为“动荡弧”地带各国各年度的“恐怖袭击总频次”。相关数据源自美国马里兰大学START团队编制的GTD数据库，[1] 该数据库包含国内和跨国恐怖主义的信息。文章将对国内、跨国恐怖主义的社会经济动因做进一

1 需要注意的是，由于GTD数据库的数据收集者在搬运原始资料时将1993年的资料全部遗失，作者在作基本统计概述和计量回归分析时均考虑到这一情况。通过插值补缺发现，是否包含1993年的遗失缺漏数据对本文估计结果影响不大，故后续计量回归分析中不再就这一问题赘述。

步比较分析。

2. 经济变量

（1）实际人均 GDP 及其平方项。人均 GDP 的数据获取自 PENN World Table 9.0（PWT_9）。

（2）净收入不平等。一般研究通过引入基尼系数衡量收入不平等，该系数反映的是市场机制下的“垂直”收入分配不均。基尼系数的数据来自标准化的世界收入不平等数据库（The Standardized World Income Inequality Database，SWIID）。（Solt，2009：231—242；刘硕等，2020：18—22）收入不平等指标为 SWIID 数据库中提取的净收入基尼系数，即考虑引入经税收和其他形式的再分配后净剩下的、持续存在的不平等程度，取值范围从 0（完全平等）到 100（完全不平等），引入该指标一定程度减少了与人均 GDP 之间的共线性干扰。

（3）教育。阿兰·克鲁格和吉特卡·马列科娃、穆罕默德·塔希尔对教育因素采用了不同的衡量指标（Krueger and Malečková，2003：119—144；Tahir，2020：1—16），前者采用一国平均受教育年限，后者采用基于受教育年限和教育回报编制的人力资本指数。文章采用后一种教育衡量方式，人力资本指数的数据获取自 PWT_9。

（4）消费水平。消费水平指标由一国消费额占实际 GDP 的比重来表示，可以从消费的视角间接反映一国的经济发展状况。消费水平的数据获取自 PWT_9。

（5）贸易开放度。贸易开放度指标由一国的进出口额占实际 GDP 的比重来表示，可以从贸易开放程度的视角间接反映一国的社会经济状况。贸易开放度的数据获取自 PWT_9。

（6）投资水平。投资水平指标由一国的各类投资额占实际 GDP 的比重来表示，可以从投资的视角间接反映一国的社会经济状况。投资水平的数据获取自 PWT_9。

（7）人口规模。人口规模的数据获取自 PWT_9。

3. 社会变量

（1）民主度及其平方项。民主度的数据获取自 Polity IV 数据库。

（2）政权稳定性。政权稳定性的衡量标准是自新生政权变更以来的年份数，数据获取自 Polity IV 数据库。

（3）政府规模。政府规模的数据获取自 PWT_9。

（4）内部冲突。内部冲突的数据获取自国家风险国际指南数据库（The International Country Risk Guide，ICRG），数据得分取值范围为 0—12，得分越高意味着政府越少受到内战困扰。

（5）宗教分化。宗教分化的数据获取自詹姆斯·费伦和大卫·莱廷一文中提供的原始数据网站。[1]

（6）外部冲突。外部冲突的数据获取自 ICRG 数据库，数据得分取值范围为 0—12，得分越高意味着政府越少受到来自外部的非暴力压迫（例如，外交施压、撤销援助、领土纠纷等）和暴力压迫（例如，边境冲突）。

（7）军事支出。军事支出的数据获取自斯德哥尔摩国际和平研究所（SIPRI）编制的军费支出数据库（Military Expenditure Database，MFD）。

1 原始数据网站地址：https://dataverse.harvard.edu/dataset.xhtml?persistentId=hdl:1902.1/15494。

四 模型的估计结果与分析

通常，如果被解释变量是离散的而非连续型变量，就不宜使用最小二乘法（OLS）估计。由表 2 可知，恐怖袭击总频次的方差明显大于均值，是一个“过度分散”的计数变量，故采用负二项模型对恐怖主义的社会经济动因进行实证检验。借鉴弗雷塔格、基斯－卡托斯等的做法，采用固定效应负二项模型对式（1）作基准回归。这种估计方法的好处在于，可以有效解决未被观测到但又影响各国的恐怖主义以及支持（或反对）恐怖主义的外部环境因素所带来的估计偏误。此外，所有的基准回归设定中都加入了年份固定效应，以解决不随国家变化但随时间变化的遗漏变量问题，从而确保结果为无偏估计。式（1）中所有时变性变量均采取滞后1期处理，尽量减少“双向因果”对模型的内生性干扰，基准回归结果见表3。

表2　主要变量描述性统计

变量名	单位	观测值	均值	标准差	最小值	最大值
$Terr\_num_{it}$	次	2145	42.775	212.555	0	3934
$Terr\_domes_{it}$	次	2145	11.753	61.345	0	1154
$Terr\_trans_{it}$	次	2145	6.189	47.432	0	1224
$PGDP_{it}$	美元	1969	14245.880	18347.220	591.417	1.5e+05
$(PGDP_{it})^2$	美元	1969	5.4e+08	1.8e+09	349774	2.4e+10
$Net\ income\ inequality_{it}$		1348	34.762	6.384	17.500	50.500
$Education_{it}$	年	1654	2.447	0.623	1.035	3.809
$Democracy_{it}$		1756	0.782	7.508	−10	10
$(Democracy_{it})^2$		1736	57.603	46.714	0	100
$Internal\ conflict_{it}$		1501	8.769	2.423	0	12
$Rel.fractionalization_i$		1287	0.332	0.174	0.039	0.753
$Consumption_{it}$		1969	0.568	0.182	0.026	1.870
$Trade\ openness_{it}$		2145	0.104	0.134	0	1.830
$Investment_{it}$		1969	0.220	0.102	−0.002	0.710
$Population\ size_{it}$		1969	63.927	210.463	0.183	1403.500
$Government\ size_{it}$		1969	0.227	0.106	0.032	1.774
$Regime\ stability_{it}$	年	1810	19.604	19.649	0	97
$External\ conflict_{it}$		1483	9.337	2.118	0	12
$Military\ spending_{it}$	%	1591	0.035	0.043	3.7e−06	1.173

表3结果显示，“动荡弧”国家的经济发展状况与恐怖主义活动的出现密切相关。既有研究表明，恐怖主义可能（部分地）源于（恶劣的）经济发展状况，表3中的部分结果与过往研究结论不太一致，这很可能与采用一般意义的恐怖主义指标有关。以往多数经验研究更多关注跨国恐怖主义动因，且片面专注于政治、宗教等社会变量对恐怖主义生成的影响。

表 3　恐怖主义社会经济动因的基准回归结果

解释变量	被解释变量 $Terr\_num_{it}$				
	模型 1	模型 2	模型 3	模型 4	模型 5
$Ln(PGDP_{i(t-1)})$	0.233***	0.275***	0.271***	0.230***	0.110
	(2.69)	(3.25)	(3.21)	(2.67)	(1.15)
$Ln[(PGDP_{i(t-1)})^2]$	−0.158***	−0.047	−0.178***	−0.159***	−0.156***
	(−3.78)	(−0.92)	(−4.31)	(−3.83)	(−3.56)
$Ln(Net\ income\ inequality_{i(t-1)})$	0.442***	0.167	0.481***	0.427**	0.595***
	(2.51)	(0.94)	(2.89)	(2.56)	(3.56)
$Ln(Education_{i(t-1)})$	−2.004***	−2.637***	−2.030***	−2.078***	−1.945***
	(−4.02)	(−5.24)	(−4.23)	(−4.23)	(−4.28)
$Democracy_{i(t-1)}$	−0.038***	−0.018	−0.042***	−0.036***	−0.031***
	(−2.86)	(−1.40)	(−3.28)	(−2.79)	(−2.95)
$(Democracy_{i(t-1)})^2$	0.004***	0.003***	0.004***	0.003***	0.003***
	(4.97)	(4.18)	(5.09)	(4.94)	(4.30)
$Ln(Internal\ conflict_{i(t-1)})$	0.031	−0.227	0.208	−0.049	0.299
	(0.15)	(−1.10)	(0.96)	(−0.23)	(1.15)
$Rel.fractionalization_i$	−0.825	−0.884	−0.867	−0.810	−0.901
	(−1.23)	(−1.37)	(−1.33)	(−1.21)	(−1.42)
$Terr\_num_{i(t-1)}$	0.001***				
	(5.33)				
$Ln(Consumption_{i(t-1)})$		0.952***			
		(3.73)			
$Ln(Trade\ openness_{i(t-1)})$			0.122***		
			(2.67)		
$Ln(Investment_{i(t-1)})$				−0.116	
				(−1.36)	
$Population\ size_{i(t-1)}$					0.003***
					(5.12)
年份固定效应	是	是	是	是	是
Vuong 检验 [ZINB vs NB]	z=0.78	z=0.01	z=1.61*	z=0.40	z=2.20**
Log likelihood 值	−1550.151	−1543.614	−1546.756	−1549.772	−1524.828
观测值	506	506	506	506	506

注：解释变量下方括号中为 z 值，*、**、*** 分别代表在 10%、5% 和 1% 的水平上显著，所有模型都采用了 Bootstrap 稳健标准误。

（一）基准模型结论及分析

1. 重要经济变量

重点关注的经济因素中，人均 GDP 的平方项系数在 1% 的水平上显著为负，与恐怖主义之间呈“倒 U”型关系。人均 GDP 的一次项对恐怖主义正效应显著，说明人均 GDP 对恐怖主义产生正向“刺激”需要到达一定门槛标准。当人均 GDP 较低时，其对恐怖主义的影响主要通过“经济剥夺”路径实现。随着人均 GDP 的增加，个人参与恐怖袭击的意愿逐渐降低，处于该收入阶段，个人从非暴力的日常经济生活中获取的物质回馈大大超过“消费”恐怖主义这一非市场化“交易品”所收获的精神回馈。人均 GDP 的增加从侧面反映出一国有能力投入更多非生产性资金用于实施反恐行动，预计恐怖袭击数量将会减少。（Mitra，Pham，and Bandyopadhyay，2018；陈继勇、李知睿、廖湘岳，2020：30—45，135—136）

净收入不平等指标从相对数量上描述收入群体的结构性特征如何诱发恐怖主义。模型 1—5 的结果显示，净收入不平等对恐怖主义具有显著正效应，符合理论预期。与过往研究不同，由模型 1—5 的结果可知，随着“动荡弧”地带各国教育投入及回报增加，恐怖袭击频次显著减少，一定程度上与人均 GDP 提升后的“反恐效力”具有同理之处。直观上看，人均 GDP 越高通常与较高的教育投入和回报正相关，其中不仅包含就业机会的改善、收入水平的提升，也包含受教育的精神回馈，教育让“动荡弧”国家中的越来越多民众认识到恐怖主义这类非法、非人道主义行为的社会危害性，从而令恐怖主义对他们的“吸引力”逐渐减弱。

2. 其他经济变量

为进一步完善恐怖主义生成的经济动因分析，对应模型 1—5 中的重要经济因素的特征，文章补充分析了另外几项可能与重要经济因素共同对恐怖主义生成具有影响的经济变量。模型 2、3 中，消费水平和贸易开放度对恐怖主义的估计系数与理论预期不一致，这可能与恐怖袭击总频次包含各式恐怖主义事件的信息有关。模型 4 中，投资水平的系数方向与理论预期一致，表明一国投资水平越高，爆发恐怖主义的概率越低，然而这一负效应尚不显著。模型 5 中，人口规模对恐怖主义的影响符合多数经验研究的共识，即人口规模越大，因人口压力所引发的资源分配不均、种族或宗教冲突加剧、流离失所人口飙升等社会经济问题都将催生更多恐怖主义活动。（Burgoon，2006：176—203；Choi and Piazza，2016a：37—63；Choi and Piazza，2016b：1008—1040）

3. 社会变量

过往经验研究通常聚焦政体、冲突、宗教、军事等社会变量对恐怖主义生成的影响，但是相关结论仍存争议。除了重点分析恐怖主义经济动因的作用机理，上述社会变量均作为控制变量引入基准模型。

模型 1—5 中，民主度与恐怖主义之间呈显著“U”型关系，民主度的一次项对恐怖主义的负效应在 1% 的水平上显著，民主度的平方项对恐怖主义的影响在 1% 的水平上显著为正。

内部冲突对恐怖主义的影响在模型 1—5 中未获一致结论，这可能与恐怖袭击总频次包含各式恐怖主义事件的信息有关。

4. “时间传染”特性

Li（2006）曾在研究中将恐怖主义分为可预期的恐怖主义（即发生在“具有恐怖袭击历史”的国家）和不可预期的恐怖主义（即发生在“几乎没有恐怖袭击历史”的国家）。过去发生的恐怖主义（即具有“恐怖袭击的历史”）可能影响到当前的恐怖主义（Berrebi and Ostwald，2015：63—82；陈继勇、李知睿、廖湘岳，2020：30—45，135—136；邓世成等，2021：111—121；李知睿，2020：109—128），表明恐怖主义形成存在一定的路径依赖，符合恐怖主义的“时间传染”理论。在模型 1 中引入被解释变量的滞后 1 期，其估计系数显著为正，印证了恐怖主义的“时间传染”论。此外，加入被解释变量滞后 1 期进一步缓解了模型的内生性问题，估计精度提高。

（二）稳健性检验

1. 被解释变量的计数分布特征

根据前述分析，恐怖袭击总频次作为一个具有过度分散特征的计数变量（见表 4），采用负二项模型是恐怖主义溯源实证研究的标准范式。表 3 提供了模型 1—5“是否应使用 ZINB 模型”的 Vuong 检验结果。其中，模型 3、模型 5 拒绝了“应使用标准 NB 模型”的原假设，认为应采用 ZINB 模型。因此，后续将使用 ZINB 模型作稳健性检验，以期比较标准 NB 模型和 ZINB 模型在具体问题分析时的相对优劣性。

表 4　恐怖袭击总频次的计数分布特征表

统计量	样本区域						
	全样本	东亚和东南亚	南亚	中亚	西亚	独联体	中东欧
均值	42.775	28.578	156.966	1.636	67.013	8.450	0.693
标准差	212.555	88.345	354.819	5.300	320.473	72.241	2.585
方差	45179.600	7804.842	1.26e+05	28.086	1.03e+05	5218.823	6.680
偏度	10.008	4.880	3.600	5.291	8.434	10.938	10.053
峰度	131.835	30.415	16.994	33.020	84.445	124.229	135.094
观测值	2145	396	264	165	528	231	528
零值占比	55%	68%	25%	69%	44%	64%	76%
过度分散	是	是	是	是	是	是	是

2. ZINB 模型结论及分析

为确保基准回归的稳健性，采用 ZINB 模型对基准方程重新估计，回归结果如表 5 所示。总体来看，采用 ZINB 模型估计并未改变基准回归的一般性结论。人均 GDP 及其平方项与恐怖主义之间的“倒 U”型关系在 1% 的水平上保持稳健。教育投入与回报提升可有效减少恐怖袭击数量。消费水平和贸易开放度的提升，使得恐怖袭击对民众的“吸引力”显著降低。系数方向改变可能与之前样本中存在大量零恐怖袭击观测值，以及恐怖袭击总频次包含各式恐怖主义事件的信息等原因有关。人口规模对恐怖主义的正影响依旧显著。民主度、内部冲突、宗教分化等社会变量对恐怖主义生成的影响依旧保持稳健。

表 5　经济变量的 ZINB 回归结果

解释变量	被解释变量 $Terr\_num_{it}$				
	模型 1	模型 2	模型 3	模型 4	模型 5
$Ln(PGDP_{i(t-1)})$	1.661***	1.758***	1.615***	1.774***	1.612***
	(10.95)	(11.62)	(12.14)	(13.25)	(13.38)
$Ln[(PGDP_{i(t-1)})^2]$	−0.492***	−0.638***	−0.456***	−0.507***	−0.396***
	(−9.25)	(−8.48)	(−9.41)	(−10.94)	(−9.60)
$Democracy_{i(t-1)}$	−0.110***	−0.116***	−0.131***	−0.106***	−0.131***
	(−7.31)	(−8.16)	(−9.12)	(−7.32)	(−9.45)
$(Democracy_{i(t-1)})^2$	0.011*	0.012***	0.012***	0.011***	0.009***
	(3.26)	(4.13)	(4.52)	(4.30)	(6.87)
$Terr\_num_{i(t-1)}$	0.001				
	(1.06)				
$Ln(Consumption_{i(t-1)})$		−1.243**			
		(−2.33)			
$Ln(Trade\ openness_{i(t-1)})$			−0.409***		
			(−4.47)		
$Ln(Investment_{i(t-1)})$				0.499***	
				(5.64)	
$Population\ size_{i(t-1)}$					0.002***
					(11.83)
年份固定效应	是	是	是	是	是
Log likelihood 值	−1949.045	−1938.930	−1930.761	−1935.000	−1899.046
观测值	623	617	617	617	617

注：解释变量下方括号中为 z 值，*、**、*** 分别代表在 10%、5% 和 1% 的水平上显著，所有模型都采用了聚类稳健标准误。

与基准回归不同，模型 3—5 中，净收入不平等至少在 10% 的水平上显著抑制了恐怖主义的生成。恐怖主义的“时间传染”特性未获得显著性经验证据，这可能与恐怖袭击总频次包含各式恐怖主义事件的信息有关。

关于标准 NB 模型和 ZINB 模型的优劣性比较，学术界对此尚未给出明晰、绝对的判断依据。表 3 和表 5 中对模型设定的联合显著性检验显示，在使用 ZINB 模型之后，（准）对数似然函数的绝对值明显增大，主要解释变量的系数方向及显著性与基准回归保持一致，表明 ZINB 模型估计具有较好稳健性。因此，ZINB 模型与样本数据更为匹配，在后续分析中将沿用该实证策略。

表 6 考察了政体、冲突、军事等经典的社会变量对恐怖主义产生的影响。模型 1 引入了与人口规模相对应的政府规模变量，发现政府规模对恐怖主义活动的正效应在 5% 的水平上显著。模型 2 引入了用来刻画政体特征的另一方面变量——政权稳定性，发现当前政权存续的时期越长，对恐怖主义生成越具有抑制作用，但估计系数不显著，可能与使用恐怖袭击总频次作为被解释变量有关。模型 3 引入了与内部冲突相对应的外部冲突变量。恐怖主义属于冲突情境下众多派生形式中的一种，此处最为关心的问题便是内、外部冲突在诱发恐怖主义时的差异性机理。研究发现，隐藏在总量指标估计背后的是内、外部冲突对恐怖主义截然不同的边际效应。内部冲突助长了恐怖主义，而外部冲突则抑制了恐怖主义。模型 4 引入了用来刻画反恐行动的代理变量——军事支出，军事支出与恐怖主义在 10% 的水平上显著负相关。

表 6　社会变量的 ZINB 回归结果

解释变量	被解释变量 $Terr\_num_{it}$			
	模型 1	模型 2	模型 3	模型 4
$Ln(PGDP_{i(t-1)})$	1.685***	1.577***	1.878***	2.241***
	（11.02）	（10.98）	（13.09）	（13.60）
$Ln[(PGDP_{i(t-1)})^2]$	−0.524***	−0.481***	−0.509***	−0.710***
	（−9.93）	（−9.16）	（−9.62）	（−13.38）
$Ln(Net\ income\ inequality_{i(t-1)})$	−0.258	−0.221	−0.375**	−0.553***
	（−1.27）	（−1.18）	（−2.08）	（−3.11）
$Ln(Education_{i(t-1)})$	−7.856***	−8.017***	−8.453***	−8.065***
	（−17.30）	（−16.85）	（−16.64）	（−15.27）

续表

解释变量	被解释变量 Terr_num$_{it}$			
	模型 1	模型 2	模型 3	模型 4
$Democracy_{i(t-1)}$	−0.101***	−0.106***	−0.089***	−0.035**
	（−6.97）	（−6.98）	（−5.30）	（−2.39）
$(Democracy_{i(t-1)})^2$	0.010***	0.010***	0.009***	0.003***
	（3.50）	（4.21）	（4.41）	（2.86）
$Ln(Internal\ conflict_{i(t-1)})$	0.468	0.987***	1.744***	1.018**
	（1.21）	（2.93）	（4.60）	（2.32）
$Rel.fractionalization_i$	−2.661***	−3.500***	−2.812***	−1.930**
	（−3.29）	（−4.47）	（−3.98）	（−2.44）
$Government\ size_{i(t-1)}$	2.963**			
	（2.22）			
$Ln(Regime\ stability_{i(t-1)})$		−0.046		
		（−1.22）		
$Ln(External\ conflict_{i(t-1)})$			−1.766***	
			（−4.53）	
$Military\ spending_{i(t-1)}$				−9.915*
				（−1.69）
年份固定效应	是	是	是	是
Log pseudolikelihood 值	−1947.430	−1928.509	−1896.059	−1685.453
观测值	623	603	599	573

注：解释变量下方括号中为 z 值，*、**、*** 分别代表在 10%、5% 和 1% 的水平上显著，所有模型都采用了聚类稳健标准误。

（三）进一步分析

表 3、表 5、表 6 给出了一般意义上“动荡弧”国家恐怖主义缘起的社会经济逻辑解释，总体上反映了恐怖主义对社会经济变量的不同敏感度。过往经验研究大多集中于追溯跨国恐怖主义动因，而发生频率更高的国内恐怖主义获得学术界关注的程度远不及跨国恐怖主

义。随着含有国内恐怖主义信息的数据库逐渐向研究人员开放，尤其是 GTD 数据库，这一数据库的独特功能使得对两类恐怖主义动因的比较研究成为可能。

1. 国内、跨国恐怖主义的经济动因比较

鉴于表 5 和表 6 中某些缺乏统计显著性的变量估计值可能与使用一般意义的恐怖袭击总频次指标有关，表 7 对恐怖主义进行了广义大类划分，进一步就国内、跨国恐怖主义的经济动因进行比较研究。模型 1—5 为国内恐怖主义经济动因的回归结果，模型 6—10 为跨国恐怖主义经济动因的回归结果。

（1）重要经济变量对国内、跨国恐怖主义的影响与表 5 基本保持一致。不同的研究发现有以下两方面：①模型 5 中,净收入不平等在 1% 的显著性水平上助长了国内恐怖袭击的数量；模型 6—10 中，净收入不平等对跨国恐怖袭击表现出正效应，但估计系数较小且缺乏显著性，从而表明净收入不平等可能并非跨国恐怖主义生成的重要经济动因之一，但对国内恐怖主义而言可能恰恰相反。②教育对国内恐怖主义的负效应大约是跨国恐怖主义的两倍，从而表明教育因素对国内恐怖主义的抑制效果要明显超过跨国恐怖主义。

（2）其他经济变量对国内、跨国恐怖主义的影响差异不大，与表 5 基本保持一致。贸易开放度的提升显著减少了实施国内、跨国恐怖主义对民众的“魅力”，国内恐怖主义受贸易开放效应的影响较跨国恐怖主义更明显。消费水平、投资水平的提升至少在 5% 的水平上显著增加了国内恐怖袭击的数量，但在跨国恐怖袭击情境下上述变量影响并不显著。人口规模增加了国内、跨国恐怖袭击的数量，前者受影响程度略高于后者。

（3）国内、跨国恐怖主义的发生均遵循“时间传染”的路径依赖规律,“恐怖袭击的历史”效应在国内恐怖主义的情境中表现得更明显。

表 7　国内、跨国恐怖主义的经济动因回归结果

解释变量	被解释变量									
	$Terr\_domes_{it}$					$Terr\_trans_{it}$				
	模型 1	模型 2	模型 3	模型 4	模型 5	模型 6	模型 7	模型 8	模型 9	模型 10
$Ln(PGDP_{i(t-1)})$	1.906***	1.899***	1.841***	2.187***	2.202***	1.287***	1.335***	1.338***	1.347***	1.253***
	（8.47）	（8.32）	（8.91）	（9.80）	（8.56）	（8.88）	（9.16）	（9.70）	（9.43）	（10.80）
$Ln[(PGDP_{i(t-1)})^2]$	−0.779***	−0.662***	−0.830***	−0.855***	−0.935***	−0.565***	−0.547***	−0.543***	−0.588***	−0.480***
	（−7.23）	（−5.01）	（−7.77）	（−9.38）	（−6.23）	（−9.20）	（−7.19）	（−8.89）	（−9.74）	（−7.85）
$Ln(Net\ income\ inequality_{i(t-1)})$	0.030	−0.119	0.120	0.297	1.081***	0.026	0.083	−0.098	0.180	0.199
	（0.09）	（−0.38）	（0.47）	（1.23）	（2.77）	（0.11）	（0.38）	（−0.44）	（0.92）	（0.96）
$Ln(Education_{i(t-1)})$	−11.740***	−11.760***	−11.230***	−12.950***	−11.520***	−6.213***	−6.637***	−6.374***	−6.756***	−5.613***
	（−13.08）	（−11.79）	（−13.17）	（−14.26）	（−12.84）	（−11.11）	（−11.46）	（−12.57）	（−10.66）	（−11.43）
$Democracy_{i(t-1)}$	−0.069**	−0.041	−0.091***	−0.063**	−0.151***	−0.143***	−0.131***	−0.149***	−0.134***	−0.159***
	（−2.41）	（−1.62）	（−3.29）	（−2.51）	（−3.69）	（−8.35）	（−7.21）	（−9.00）	（−7.88）	（−9.06）
$(Democracy_{i(t-1)})^2$	0.024***	0.019***	0.021***	0.018***	0.016***	0.012***	0.011***	0.011***	0.011***	0.011***
	（3.03）	（3.34）	（4.91）	（4.45）	（3.95）	（6.15）	（8.83）	（10.67）	（9.66）	（12.60）
$Ln(Internal\ conflict_{i(t-1)})$	2.458***	1.985***	1.479***	2.693***	1.273***	−0.051	−0.173	−0.650	0.050	−0.726**
	（5.31）	（4.32）	（3.18）	（6.47）	（3.58）	（−0.15）	（−0.49）	（−1.61）	（0.13）	（−2.20）

续表

解释变量	被解释变量									
	$Terr\_domes_{it}$					$Terr\_trans_{it}$				
	模型 1	模型 2	模型 3	模型 4	模型 5	模型 6	模型 7	模型 8	模型 9	模型 10
$Rel.fractionalization_i$	−5.672***	−4.497**	−4.326***	−6.270***	−6.007***	−0.960	−0.956	−1.086	−1.233	−0.895
	（−3.08）	（−2.03）	（−2.73）	（−3.84）	（−4.50）	（−1.11）	（−1.11）	（−1.38）	（−1.38）	（−1.16）
$Terr\_num_{i(t-1)}$	0.001**					0.001*				
	（2.06）					（1.93）				
$Ln(Consumption_{i(t-1)})$		1.890**					0.537			
		（2.40）					（0.98）			
$Ln(Trade\ openness_{i(t-1)})$			−0.550***					−0.240***		
			（−3.91）					（−2.85）		
$Ln(Investment_{i(t-1)})$				0.702***					0.129	
				（3.49）					（0.98）	
$Population\ size_{i(t-1)}$					0.003***					0.002***
					（7.48）					（8.26）
年份固定效应	是	是	是	是	是	是	是	是	是	是
Log pseudolikelihood 值	−1098.344	−1092.435	−1087.841	−1092.060	−1060.562	−1153.163	−1147.805	−1144.754	−1147.890	−1122.350
观测值	623	617	617	617	617	623	617	617	617	617

注：解释变量下方括号中为 z 值，*、**、*** 分别代表在 10%、5% 和 1% 的水平上显著，所有模型都采用了聚类稳健标准误。

2. 国内、跨国恐怖主义的社会动因比较

表 8 重点对国内、跨国恐怖主义的社会动因进行了比较研究。模型 1—4 为国内恐怖主义社会动因的回归结果，模型 5—8 为跨国恐怖主义社会动因的回归结果。

重要社会变量对国内、跨国恐怖主义的估计系数与表 6 的基本结论大体近似，不同的研究发现有以下两方面：①模型 1—4 中，内部冲突推动“制造”更多国内恐怖主义；而在模型 5—8 中，内部冲突不一定引致更多跨国恐怖主义，反而可能对其产生显著的抑制作用。近年，有关冲突对恐怖主义影响的话题在学术界内争议已久，众多文献的研究结论在估计系数符号、大小和显著性方面差异明显。因此，对于这一研究结果依然需要客观、谨慎看待。②模型 1—4 中，宗教分化显著抑制了国内恐怖主义，这可能与“动荡弧”国家内部宗教分化总体程度偏低有关；模型 5—8 中，几乎未发现宗教分化对跨国恐怖主义具有显著影响。进一步分析政府规模、政权稳定、外部冲突与军事支出等其他社会变量对国内、跨国恐怖主义的差异性影响。模型 1 和 5 中，发现政府规模对国内、跨国恐怖主义的正效应均在 1% 的水平上显著；模型 2 和 6 中，发现执政当局的存续时期越长，国内政治环境就越稳定，越有利于抑制恐怖主义活动，尤其是抑制跨国恐怖主义活动。模型 3 和 7 中，外部冲突对国内、跨国恐怖主义呈现出截然不同的边际效应，跨国恐怖分子（或组织）在一国面临外部冲突时，可能因忌惮于目标国内部军事戒严管理、人员流动限制等安全管控形势日趋严格，前往目标国实施恐怖袭击的动机大幅减弱，而国内恐怖主义则可能受到外部势力的干扰或渗透，只是这种干扰或渗透效应尚不显著；模型 4 和 8 中，军事支出对国内、跨国恐怖主义的边际效应为负且缺乏显著性，需各国联手打击暴恐行动。

表 8　国内、跨国恐怖主义的社会动因回归结果

解释变量	被解释变量							
	$Terr\_domes_{it}$				$Terr\_trans_{it}$			
	模型 1	模型 2	模型 3	模型 4	模型 5	模型 6	模型 7	模型 8
$Ln(PGDP_{i(t-1)})$	2.209***	1.782***	2.125***	3.130***	1.379***	1.240***	1.364***	1.884***
	（7.84）	（6.61）	（8.57）	（6.96）	（9.74）	（8.28）	（5.31）	（9.59）
$Ln[(PGDP_{i(t-1)})^2]$	−1.063***	−0.765***	−0.890***	−1.439***	−0.630***	−0.554***	−0.596***	−0.818***
	（−6.41）	（−5.97）	（−8.32）	（−8.00）	（−9.31）	（−8.91）	（−7.58）	（−9.92）
$Ln(Net\ income\ inequality_{i(t-1)})$	1.072**	0.481*	0.234	0.549	0.371	0.246	0.052	−0.147
	（2.52）	（1.90）	（0.90）	（1.49）	（1.57）	（1.27）	（0.21）	（−0.61）
$Ln(Education_{i(t-1)})$	−13.050***	−12.180***	−12.840***	−12.150***	−6.558***	−6.718***	−6.833***	−6.945***
	（−13.76）	（−12.85）	（−14.55）	（−6.94）	（−12.34）	（−10.70）	（−8.48）	（−10.84）
$Democracy_{i(t-1)}$	−0.064**	−0.050*	−0.059*	0.013	−0.119***	−0.125***	−0.097***	−0.055***
	（−2.16）	（−1.78）	（−1.95）	（0.45）	（−7.38）	（−7.13）	（−3.81）	（−2.74）
$(Democracy_{i(t-1)})^2$	0.024***	0.019***	0.020***	−0.002	0.011***	0.011***	0.010***	0.006***
	（2.97）	（3.13）	（3.19）	（−1.00）	（4.33）	（11.10）	（9.11）	（5.49）
$Ln(Internal\ conflict_{i(t-1)})$	1.610***	2.779***	2.130***	3.153***	−0.891***	0.062	0.777**	0.073
	（3.92）	（5.38）	（4.70）	（5.69）	（−2.73）	（0.19）	（1.96）	（0.15）

续表

解释变量	被解释变量							
	$Terr\_domes_{it}$				$Terr\_trans_{it}$			
	模型 1	模型 2	模型 3	模型 4	模型 5	模型 6	模型 7	模型 8
Rel.fractionalization$_{i}$	−4.903***	−6.458***	−5.005***	−4.020**	−0.458	−1.460*	−0.538	0.331
	(−2.72)	(−3.12)	(−3.03)	(−2.21)	(−0.57)	(−1.68)	(−0.66)	(0.40)
Government size$_{i(t-1)}$	10.790***				9.258***			
	(4.08)				(6.08)			
Ln(Regime stability$_{i(t-1)}$*)*		−0.020				−0.085*		
		(−0.38)				(−1.87)		
Ln(External conflict$_{i(t-1)}$*)*			0.217				−1.928***	
			(0.40)				(−3.10)	
Military spending$_{i(t-1)}$				−2.993				−7.733
				(−0.15)				(−1.25)
年份固定效应	是	是	是	是	是	是	是	是
Log pseudolikelihood 值	−1091.812	−1090.500	−1075.285	−909.358	−1138.933	−1142.549	−1111.060	−984.022
观测值	623	603	599	573	623	603	599	573

注：解释变量下方括号中为 z 值，*、**、*** 分别代表在 10%、5% 和 1% 的水平上显著，所有模型都采用了聚类稳健标准误。

五　结论

文章借鉴弗雷塔格、基斯－卡托斯等的做法，运用零膨胀负二项模型实证研究了1984—2016年间“动荡弧”国家的恐怖主义肆虐的社会经济动因，主要结论如下。

（1）重要经济动因与“动荡弧”国家的恐怖主义活动增加（或减少）密切相关，支持恐怖主义溯源的“经济剥夺”论、“社会经济变革”论、“经济一体化”论等传统流派观点。人均GDP与“动荡弧”国家的恐怖袭击之间表现为显著的“倒U”型关系，个人投身恐怖主义的意愿随参加恐怖袭击的机会成本增加而逐渐减弱；“动荡弧”国家的人民（尤其是中低收入群体）实际感受到的“真实”不平等程度越深，越能激发恐怖主义；“动荡弧”国家的教育投入及回报越高，各国民众更能认识到恐怖主义行为的社会危害性，从而削弱其参与恐怖袭击的“原动力”。

（2）重要社会动因对“动荡弧”国家的恐怖主义生成的影响同样不可小觑，支持恐怖主义溯源的“政治体制”论、“政治不稳定”论、“文明冲突”论、“政治一体化”论等传统流派观点。“动荡弧”国家的（西方式）民主水平与恐怖主义之间表现为显著的“U”型关系；“动荡弧”国家内部爆发武装冲突期间预计会滋生更多恐怖主义活动；“动荡弧”地带各国总体较低的国内宗教分化程度与恐怖主义之间显著负相关。

（3）经济、社会因素对“动荡弧”地带各国国内、跨国恐怖主义生成的影响各异，不同程度地支持了恐怖主义动因的七大传统流派观点。净收入不平等更多表现出对“动荡弧”地带各国国内恐怖主义活动的正向“刺激”；教育在带给“动荡弧”国家物质与精神“回馈”之际间接执行了部分“反恐效能”，相对更为强有力地抑制了国内恐怖主义的生成；“动荡弧”地带各国内部发生武装冲突时更易遭受国内恐怖主义的侵袭，相反跨国恐怖主义活动趋于式微；“动荡弧”国家总体较低的宗教分化降低了国内恐怖主义肆虐的概率，却可能构成跨国恐怖主义缘起的重要动机；其他经济、社会因素对“动荡弧”国家两类恐怖主义活动的影响相差无几。

参考文献

1. 中文

陈波等，2010，《国防经济学前沿专题》，经济科学出版社。

陈继勇、李知睿、廖湘岳，2020，《恐怖袭击、反恐行动与贸易效率：袭击目标异质性的视角》，《世界经济研究》第4期。

崔虎、宋美玲，2009，《从经济视角看国际恐怖主义》，《国际关系学院学报》第4期。

邓世成等，2021，《全球恐怖袭击事件量化分级及反恐态势预测——基于投影寻踪和灰色新陈代谢模型》，《科技导报》第18期。

都永浩、左岫仙，2017，《恐怖主义与民族、宗教问题关系研究》，《中南民族大学学报（人文社会科学版）》第3期。

方珏，2018，《历史唯物主义视阈下的恐怖主义问题研究》，《马克思主义与现实》第3期。

宫玉涛，2016，《"一带一路"场域中恐怖主义与民族宗教关系辨析》，《国际关系研究》第1期。

亨廷顿，塞缪尔，2013，《文明的冲突》，周琪等译，新华出版社。

姬文刚，2022，《非对称相互依存下中东欧地缘政治与地缘经济关系的演绎分析》，《国外社会科学》第6期。

李兵、颜晓晨，2018，《中国与"一带一路"沿线国家双边贸易的新比较优势——公共安全的视角》，《经济研究》第1期。

李知睿，2020，《高质量对外开放的影响因素——基于"中巴经济走廊"经贸合作安全与效益关系的思考》，《宏观质量研究》第6期。

李知睿，2021，《经济分析视角下恐怖主义问题溯源：文献述评与展望》，《世界政治研究》第3期。

刘硕、李雨聪、郭伟锋，2020，《基于GTD数据库的"一带一路"沿线恐怖袭击目标特征研究》，《情报杂志》第7期。

柳恒超，2009，《恐怖主义根源的心理学分析》，《东岳论丛》第3期。

马翠廉、赵纯凯，2021，《政治体制、经济发展与恐怖主义：来自上合组织的证据》，《中国软科学》第1期。

欧朝敏、郑建明，2020，《全球恐怖组织合作特征分析——基于社会网络分析的视角》，《湖北警官学院学报》第1期。

彭睿、彭宗超，2023，《全球化何以影响恐怖主义——基于全球恐怖主义指数的实证分析》，《世界经济与政治》第6期。

齐赵园、徐佳欣，2023，《价值累加理论视角下萨赫勒恐怖主义问题探析——以尼日尔蒂拉贝里地区为例》，《中国非洲学刊》第2期。

沈晓晨，2021，《当代西方恐怖主义威胁认知与治理目标和路径》，《国际安全研究》第 4 期。

石伟、贾凤翔，2011，《自杀性恐怖主义的心理学述评》，《心理科学进展》第 9 期。

苏闻宇，2018，《“一带一路”倡议下中国—土耳其安全风险防范研究》，《世界宗教文化》第 1 期。

王涛、鲍家政，2019，《恐怖主义动荡弧：基于体系视角的解读》，《西亚非洲》第 1 期。

王武林等，2021，《2000—2018 年全球恐怖袭击事件危害评价及时空演变研究》，《人文地理》第 5 期。

王垚、年猛，2022，《社会稳定与经济增长——基于恐怖主义活动对中国经济影响的分析》，《中国经济问题》第 5 期。

王逸舟等，2010，《恐怖主义溯源——中国人的视角（修订版）》，社会科学文献出版社。

魏家齐，2018，《吉尔吉斯斯坦恐怖袭击的经济因素分析及对中国的启示》，《情报杂志》第 8 期。

武兵科，2023，《国际体系变迁、理性国家建设与恐怖主义浪潮的兴衰》，《国际观察》第 1 期。

谢磊，2021，《人工智能时代的恐怖主义：挑战与应对》，《和平与发展》第 2 期。

严帅，2014，《“独狼”恐怖主义现象及其治理探析》，《现代国际关系》第 5 期。

尧超，2016，《浅析界定恐怖主义的四个核心要素》，《人民论坛》第 14 期。

曾向红，2017，《恐怖主义的全球治理：机制及其评估》，《中国社会科学》第 12 期。

张杰、张洋、徐辉，2015，《冷战结束后拉美恐怖主义探析》，《拉丁美洲研究》第 4 期。

赵敏燕等，2016，《“一带一路”沿线国家安全形势评估及对策》，《中国科学院院刊》第 6 期。

2. 外文

Asongu, S. and N. Biekpe. 2018. Globalization and Terror in Africa.International Economics, 156.

Azam, J. P. and A. Delacroix. 2006. Aid and the Delegated Fight Against Terrorism. Review of Development Economics, 10(2).

Bandyopadhyay, S. and J. Younas. 2011. Poverty, Political Freedom, and the Roots of Terrorism in Developing Countries: An Empirical Assessment. Economics Letters, 112(2).

Bergesen, A. J. and O. Lizardo. 2004. International Terrorism and the World-System. Sociological Theory, 22(1).

Bernholz, P. 2006. International Political System, Supreme Values and Terrorism. Public Choice, 128(1–2).

Berrebi, C. and J. Ostwald. 2015. Terrorism and Fertility: Evidence for a Causal Influence of Terrorism on Fertility. Oxford Economic Papers, 67(1).

Blomberg, S. B. and G. D. Hess. 2008. From (No) Butter to Guns? Understanding the Economic Role in Transnational Terrorism. In: P. Keefer and N. Loayza (eds.). Terrorism, Economic Development, and Political Openness. Cambridge: Cambridge University Press.

Boehmer, C. and M. Daube. 2013. The Curvilinear Effects of Economic Development on Domestic Terrorism. Peace Economics, Peace Science and Public Policy, 19(3).

Bueno de Mesquita, E. 2005. The Quality of Terror. American Journal of Political Science, 49(3).

Burgoon, B. 2006. On Welfare and Terror: Social Welfare Policies and Political-Economic Roots of Terrorism. Journal of Conflict Resolution, 50(2).

Campos, N. F. and M. Gassebner, 2013. International Terrorism, Domestic Political Instability and the Escalation Effect. Economics & Politics, 25(1).

Caplan, B. 2006. Terrorism: The Relevance of the Rational Choice Model. Public Choice, 128(1–2).

Choi, S. W. and J. A. Piazza. 2016a. Ethnic Groups, Political Exclusion and Domestic Terrorism. Defence and Peace Economics, 27(1).

Choi, S. W. and J. A. Piazza. 2016b. Internally Displaced Populations and Suicide Terrorism. Journal of Conflict Resolution, 60(6).

Coggins, B. L. 2015. Does State Failure Cause Terrorism? An Empirical Analysis (1999–2008). Journal of Conflict Resolution, 59(3).

Enders, W. and T. Sandler. 2012. The Political Economy of Terrorism. Cambridge: Cambridge University Press.

Fearon, J. D. and D. D. Laitin. 2003. Ethnicity, Insurgency, and Civil War. American Political Science Review, 97(1).

Feridun, M. 2016. Impact of Education and Poverty on Terrorism in Turkey: An Empirical Investigation. Applied Research in Quality of Life, 11(1).

Frey, B. S. and S. Luechinger. 2004. Decentralization as a Disincentive for Terror. European Journal of Political Economy, 20(2).

Freytag, A., J. J. Krüger, and D. Meierriek et al. 2011. The Origins of Terrorism Cross-Country Estimates on Socio-Economic Determinants of Terrorism. European Journal of Political Economy, 27(S1).

Gries, T., T. Krieger, and D. Meierriek et al. 2011. Causal Linkages Between

Domestic Terrorism and Economic Growth. Defence and Peace Economics, 22(5).

Gurr, T. 1970. Why Men Rebel. Princeton: Princeton University Press.

Haddad, S. and H. Khashan. 2002. Islam and Terrorism: Lebanese Muslim Views on September 11. Journal of Conflict Resolution, 46(6).

Khan, A. and M. R. Estrada. 2017. Globalization and Terrorism: An Overview. Quality & Quantity, 51(4).

Kirk, R. M. 1983. Political Terrorism and the Size of Government: A Positive Institutional Analysis of Violent Political Activity. Public Choice, 40(1).

Kis-Katos, K., H. Liebert, and G. Schulze. 2011. On the Origin of Domestic and International Terrorism. European Journal of Political Economy, 27(S1).

Krieger, T. and D. Meierrieks. 2011. What Causes Terrorism? Public Choice, 147(1–2).

Krieger, T. and D. Meierrieks. 2019. Income Inequality, Redistribution and Domestic Terrorism. World Development, 116(1).

Krueger, A. B. and D. D. Laitin. 2008. Kto Kogo? A Cross-Country Study of the Origins and Targets of Terrorism. In: P. Keefer and N. Loayza (eds.). Terrorism, Economic Development, and Political Openness. Cambridge: Cambridge University Press.

Krueger, A. B. and J. Malečková. 2003. Education, Poverty and Terrorism: Is There a Causal Connection? Journal of Economic Perspectives, 17(4).

Krueger, A. B. 2018. What Makes a Terrorist: Economics and the Roots of Terrorism. Princeton: Princeton University Press.

Kurrild-Klitgaard, P., M. K. Justesen, and P. Klemmensen. 2006. The Political Economy of Freedom, Democracy and Transnational Terrorism. Public Choice, 128(1–2).

Lai, B. 2007. Draining the Swamp: An Empirical Examination of the Production of International Terrorism, 1968–1998. Conflict Management and Peace Science, 24(4).

Landes, W. M. 1978. An Economic Study of US Aircraft Hijackings: 1961–1976. Journal of Law and Economics, 21(1).

Li, Q. 2006. Political Violence and Foreign Direct Investment. In: M. Fratianni and A. M. Rugman (eds.). Regional Economic Integration. Oxford: Elsevier.

Midlarsky, M., M. Crenshaw, and F. Yoshida. 1980. Why Violence Spreads: The Contagion of International Terrorism. International Studies Quarterly, 24(2).

Mirza, D. T. and T. Verdier. 2008. International Trade, Security and Transnational Terrorism: Theory and a Survey of Empirics. Journal of Comparative Economics, 36(2).

Mishra, H. B. 1999. Terrorism: Threat to Peace and Harmony. Delhi: Authors Press.

Mitra, D. C., C. S. Pham, and S. Bandyopadhyay. 2018. Terrorism and International Air Travel: A Gravity Approach. World Economy, 41(11).

Pattwell, A., T. Mitman, and P. Douglas. 2015. Terrorism as Failed Political Communication. International Journal of Communication, 9(1).

Piazza, J. A. 2007. Draining the Swamp: Democracy Promotion, State Failure, and Terrorism in 19 Middle Eastern Countries. Studies in Conflict & Terrorism, 30(6).

Piazza, J. A. 2008. Incubators of Terror: Do Failed and Failing States Promote Transnational Terrorism? International Studies Quarterly, 52(3).

Python, A., J. B. Illian, and C. M. Jones-Todd et al. 2019. A Bayesian Approach to Modelling Subnational Spatial Dynamics of Worldwide Non-State Terrorism, 2010–2016. Journal of the Royal Statistical Society Series A: Statistics in Society, 182(1).

RAND Corporation (Current). RAND Database of Worldwide Terrorism Incidents. Retrieved December 31, 2009, from RAND Terrorism Chronology (1968–1997) and RAND®–MIPT Terrorism Incident Database(1998–2009). Accessed February 11, 2024, from https://www.rand.org/nsrd/projects/terrorism–incidents.html.

Rapoport, D. C. 2004. Modern Terror: The Four Waves. In: A. Cronin and J. Ludes (eds.). Attacking Terrorism: Elements of a Grand Strategy. Washington D. C.: Georgetown University Press.

Robison, K. K., E. M. Crenshaw, and J. C. Jenkins. 2006. Ideologies of Violence: The Social Origins of Islamist and Leftist Transnational Terrorism. Social Forces, 84(4).

Rotberg, R. I. 2002. The New Nature of Nation-State Failure. The Washington Quarterly, 25(3).

Samaranayake, G. 1999. Patterns of Political Violence and Response of the Government in Sri Lanka, 1971–1996. Terrorism and Political Violence, 11(1).

Sandler, T. and W. Enders. 2004. An Economic Perspective on Transnational Terrorism. European Journal of Political Economy, 20(2).

Schmid, Alex P. et al. 1988. Political Terrorism: A New Guide to Actors, Authors, Concepts, Data Bases, Theories, and Literature. New Brunswick: Transaction Books.

Schneider, F., T. Brück, and D. Meierrieks, 2010a. The Economics of Terrorism and Counter-Terrorism: A Survey (Part I). Economics of Security Working Paper

Series, No.3011. Munich: Center for Economic Studies and Ifo Institute.

Schneider, F., T. Brück, and D. Meierrieks. 2010b. The Economics of Terrorism and Counter-Terrorism: A Survey (Part Ⅱ). Economics of Security Working Paper Series, No.3012. Munich: Center for Economic Studies and Ifo Institute.

Shahbaz, M. 2013. Linkages Between Inflation, Economic Growth and Terrorism in Pakistan. Economic Modelling, 32(3).

Solt, F. 2009. Standardizing the World Income Inequality Database. Social Science Quarterly, 90(2).

Tahir, M. 2020. Terrorism and Its Determinants: Panel Data Evidence from 94 Countries. Applied Research in Quality of Life, 15(1).

United States Department of State. 2000. Patterns of Global Terrorism: 1999, https://1997-2001.state.gov/global/terrorism/1999report/patterns.pdf.

作者简介

李知睿，中央财经大学国防经济与管理研究院应用经济学博士后、助理研究员，研究领域为国家安全经济、和平经济、冲突管理等。

陈波，中央财经大学国防经济与管理研究院院长、教授，国防经济学科博士生导师、应用经济学博士后合作导师，北京市高精尖学科学术带头人，长期从事国防经济、国际安全、国防教育等方面的科研、教学和管理工作。

南京城墙作为警示性文化遗产的和平建设与价值利用

刘 斌 白 爽

摘 要 文化遗产是和平建设的重要载体。联合国教科文组织世界遗产委员会特别在世界文化遗产中设立了"警示性文化遗产"这一类别，其目的在于谴责战争罪行，促使人类从历史中汲取教训，共同构建一个和平与繁荣的世界。二战期间，南京城墙不仅是中国军队保卫首都、抗击日本法西斯侵略的重要战场，还是南京大屠杀事件的见证者，因此在中华民族抗战史和人类文明进程中具有重要的警示意义。1992 年以来，"和平建设"这一理念得到了联合国的广泛推广。持久和平与可持续发展已成为联合国力推的全球议程，得到了众多国际组织的积极参与和支持。在这一过程中，文化遗产保护被视为建设和平与实现可持续发展的重要因素。南京作为中国首座国际和平城市，致力于向世界传递中国人民追求和平的美好愿景。战争历史的记忆与传播应当与人类和平的现状和未来紧密相连。充分认识和阐释南京城墙二战警示性文化遗产的多元价值，推广具有中国特色的和平教育，以积极和平创新南京城墙可持续发展，将对实现全球持久和平发挥独特作用。

关键词 南京城墙 警示性文化遗产 和平建设 积极和平

始建于元末明初的南京城墙文化遗产具有全球性的多元文化价值，是全人类共同的宝贵财富。作为冷兵器时代具有城防功能的军事遗产，二战期间的南京城墙是中国军队保卫首都、抗击日本法西斯侵略的重要战场以及南京大屠杀事件的见证者。南京城墙及其周边地区至今保存着大量相关的战争遗址，既承载着人类沉重的战争创伤记忆，也见证了世界反法西斯战争的胜利。南京是一座饱经战争创伤的城市，在 2017 年成为中国第一座国际和平城市。南京城墙理应阐释及传播警示性文化遗产的和平价值，在南京国际和平城市建设与实现全球持久和平中发挥独特作用。

一　和平建设：从概念建构到文化遗产的嵌入

“和平建设”（peace building）理论出现于 20 世纪 70 年代，现代和平研究开创者约翰·加尔通（Johan Galtung）教授探索人类和平道路的思想与理论影响深远。[1] 联合国作为世界最大的国际组织，在其成立时就将“维护国际和平与安全”列为其主要目的之一。联合国教科文组织也将“战争起源于人之思想，故务需于人之思想中筑起保卫和平之屏障”郑重地写入教科文组织《组织法》以宣告其和平使命。1992 年，联合国秘书长布特罗斯·加利发表关于预防性外交、建立和平、维持和平以及缔造和平的《和平纲领》，首次在国际和平与安全领域使用“建设和平”这一重要概念，密切了和平与发展之间的联系（UN，1992）。随后，联合国进一步强调“和平与安全”“发展”“人权”作为联合国系统三大支柱及其之间的相互联系与相互推动作用。1999 年 10 月 6 日联合国大会通过了《和平文化宣言》《和平文化行动纲领》这两份重要文件，延续并发展了联合国教科文组织《组织法》中所秉持的弘扬

1　1991 年《广岛和平声明》中关于和平的阐述：“和平当然不仅仅是消除战争。实现和平同样也意味着消除饥饿、贫困、暴力、对人权的威胁、难民问题、全球环境污染以及许多其他对和平的威胁，并且它还意味着创造了一种人们能够过上富足有意义生活的环境。”其源自约翰·加尔通教授提出的和平概念，参见：瑞格比，安德鲁，2004，《和平、暴力与正义：和平研究的核心概念》，《学海》第 3 期。

和平与非暴力文化理念。2000 年“联合国和平行动小组”报告提出了一个综合性“和平建设”的概念，并将“和平建设”正式纳入联合国和平行动。2005 年联合国成立“建设和平委员会”（Peacebuilding Commission），其目标是提出综合性的冲突后建设和平与恢复战略，汇集所有相关行动者和整合资源。至此，“和平建设”完成了从概念建构到机构建设，成为联合国和平议程与联合国发展议程相互结合的初步成果。

2015 年联合国成立 70 周年之际，联合国的和平与发展工作迎来重要转型，持久和平与可持续发展成为联合国推动并有众多国际组织积极参与的全球议程。同年，联合国 193 个会员国一致通过题为《改变我们的世界——2030 年可持续发展议程》（Transforming our World：The 2030 Agenda for Sustainable Development）的文件。该议程是为人类、地球与繁荣制订的行动计划。它还旨在加强世界和平与自由（联合国，2015）。这份纲领性文件提出了要在未来 15 年内实现的 17 项可持续发展目标和 169 项具体目标，以综合方式彻底解决社会、经济和环境三个维度的发展问题，目的在于转向全球化可持续发展道路。该议程也是联合国全面践行和平文化的最新表述，它将持久和平作为实现人类可持续发展的重要保障，强调文化遗产保护是建设和平与未来可持续发展的重要因素。它成为国际发展议程与和平议程相衔接的新起点，其承诺体现了人类怀揣对和平家园的美好愿景，这是一个具有普世价值、推动变革和追求人类美好未来的完整愿景。

全球性的文化遗产保护事业在促进文明交流互鉴、消除贫困、建设和平、促进可持续发展等方面，对实现联合国 2030 年可持续发展议程具有重要贡献。文化处于冲突的第一线，往往是敌对行动的受害者。对遗产的破坏，助长了人们之间的暴力、仇恨和复仇，削弱了和平的基础，阻碍了战后的和解。联合国教科文组织前总干事伊琳娜·博科娃指出，“保护文化不受冲突侵害的最佳办法就是充分发挥文化的作用，来阻止冲突的发生，使文化成为和平建设的重要支柱”，“一些文化遗址有着突出的普世价值——它们属于全人类，因而必须受到全人类的保护。说得明白些，我们不只是在谈论石头和建筑。我们讨论的是价值、身份认同和归属感。破坏文化会给社会带来长久的伤害，会夺走社会的集体记忆宝库以及珍贵的经济和社会财富。正因如此，保护文化遗产一直是教科文组织自成立以来的核心使命”。（博科娃，2012）“世界遗产”作为联合国教科文组织的旗舰项目，是指被联合国教科文组织和世界遗产委员会确认的人类罕见的、目前无法替代的财富，是全人类公认的具有突出意义和普遍价值的文物古迹及自然景观。世界遗产保护事业跨越国家界限，始终在追寻人类普遍的价值观。联合国教科文组织通过强调“遗产与后冲突”（Heritage and Post-Conflict），将保护“世界遗产”的使命与后冲突时代的和平建设联系起来（Chadwick，2014：83）：

> 随着世界的发展，我们近几年目睹了对文化遗产的更多破坏，因为遗产可以成为首要的攻击目标，特别是在国家内部冲突中，原因包括其象征意义、身份认同、侵略、误解和排斥。在过去的十来年里，联合国教科文组织在许多不同的公共和民间合作伙伴的协助下，在国际协调保护受到冲突破坏或威胁的遗产的复杂行动方面都发挥了令人瞩目的领导作用（UNESCO，2022）。

中国作为一个文化大国，历来重视与联合国教科文组织的合作。自1985年成为《保护世界文化和自然遗产公约》缔约国以来，中国政府始终是联合国教科文组织“世界遗产项目”的坚定支持者、维护者和积极参与者，中国致力于促进和谐与多样性，尊重不同文化和价值观，以及通过传播知识和文化建设和平的理念。中国是联合国教科文组织的重要成员，不仅因为中国是教科文组织的创始国之一，而且因为教科文组织同中国的合作经过不断发展扩大，已经涵盖教科文组织职责所涉及的各个领域，在发展教育事业、保护文化遗产等领域，中国所取得的成绩有目共睹。（新华网，2014）2014年，习近平主席在联合国教科文组织总部进行了历史性访问并发表重要演讲，全面深刻地阐述了文明交流互鉴的理念，充分体现了中国政府高度重视联合国教科文组织通过教育、文化和科学“于人之思想中构建和平”的巨大作用，其中传递的文明包容的理念对世界和平与稳定影响深远。中国长期致力于推广世界遗产保护理念，积极改善遗产保护状况，努力提升遗产展示和服务社会的能力与水平，推动了遗产的可持续保护与发展。

二 “警示性文化遗产”概念的提出及实践

“一切基于遗产价值”是当今国际社会对文化遗产保护的共识。二战后，人们愈发认识到战争对人类的巨大危害以及和平的弥足珍贵，具有特定文化意义的战争遗产为国际社会所关注与重视，人们开始基于对战争遗产价值的认知开展保护利用工作。

20 世纪 70 年代，联合国教科文组织开始关注战争遗产的保护。在联合国教科文组织世界遗产分类体系中，物质文化遗产主要被划分为“纪念碑 / 文物（monuments）”“遗址（sites）”和“建筑群（groups of buildings）”三大类。

“纪念性遗产”具有时空范围的广泛性和价值内涵的包容性，主要是指历史上重要人物使用过的或与重要历史事件相关的、经过历史检验与文化积淀并完成了代际传承的物件和场所。这些物件和场所承载了特定地域、特定文化乃至全人类的集体记忆，在世人心中具有相对的永恒性、标志性和神圣性。“纪念性遗产”具有以下两方面要素：一是形成社会群体长期集体记忆的人和事，二是附着这些历史记忆的物件和场所。“纪念性遗产”通过物质性的构建和精神的延续，来达到回忆历史和传承文化的目的。“纪念性遗产”具有启示、激励和教化作用，有益于人类社会未来的可持续发展（孙华，2014）。

广义上的“纪念性遗产”不仅包括战争遗迹，还包含与人类历史上重大历史事件相关的物质遗存。这类遗产在世界遗产名录中数量不少。与代表科学或艺术价值的世界遗产不同，“纪念性遗产”的主要内涵体现为其历史象征性。遗产本体可能没有多少艺术性或审美要素，甚至可能是残缺不全的，但隐含在普通外表背后的是塑造人类集体记忆的重要力量。特别是当冲突或不容忍的情况发生时，文化遗产就越被作为集体记忆的象征（UNESCO，2022），成为暴力伤害、破坏的对象。

在“纪念性遗产”中，有一类表现的是人类历史上黑暗、丑陋的一面。在当今世界遗产领域，众多与战争有关的遗址被称为“记忆遗址”（sites of memory）。其出自法国历史学家皮埃尔·诺拉（Pierre Nora）关于“记忆场所”的经典概念，特指那些展现“战争记忆”的遗址，也特指那些可能令记忆者产生“冲突”的记忆，涉及体现人类历史上残酷的一面，学术界也称之为“警世性遗产”（difficult heritage）。在“记忆场所”理论中，诺拉认为，真正承载鲜活记忆的“环境”已经不复存在，今天的人们只能通过残存下来的某些物质载体去装载和塑造回忆。[1]

随着世界各国政府对和平与发展问题的高度关注，国际社会逐渐接受并认可对二战警示性文化遗产的保存与保护。联合国教科文组织世界遗产委员会设立了“警示性文化遗产名录”，以铭记那些有过惨痛历史、应当永久保留的文化遗存，以“特殊遗产”的名义警示世界“要和平，不要战争”。在二战“三大惨案”[2]遗址中，波兰奥斯维辛集中营与日本广岛和平纪念公园先后被列为“警示性文化遗产”，成为具有世界影响力的纪念场地。

1979年，波兰奥斯维辛集中营被联合国教科文组织列入“世界遗产名录”，并被评为世界上第一个“警示性文化遗产”。奥斯维辛集中营是人类历史上德国纳粹政权对犹太人实施种族灭绝政策的确凿证据，是大屠杀、种族主义和野蛮行径的历史烙印，承载和见证了德国纳粹大屠杀的黑暗历史记忆。波兰长期致力于奥斯维辛集中营旧址的保护，使其遗址得以比较完整的保留并

1 中国古迹遗址保护协会，2018，《世界遗产大会的学术解读：记忆遗址》，6月27日。

2 中国南京大屠杀与波兰奥斯维辛集中营惨案、日本广岛原子弹爆炸被称为二战“三大惨案”。

最终成为全人类共同拥有的世界文化遗产（朱成山，2014）。

波兰政府对奥斯维辛集中营旧址的保护起步很早。1945 年，在二战后的第一次国会上，波兰政府通过立法手段正式把包括奥斯维辛集中营在内的五个集中营遗址以国家博物馆的形式加以保护，旨在加强波兰人的爱国精神。1947 年，波兰开始奥斯维辛集中营审判，波兰国会又将奥斯维辛集中营旧址辟为殉难者纪念馆，成为波兰国家博物馆。1963—1965 年，德国继波兰之后在法兰克福审判奥斯维辛集中营的相关人员，将奥斯维辛集中营纳粹大屠杀罪行公之于众，进一步向世界彰显其警示性意义。2005 年 1 月 27 日，正值奥斯维辛集中营解放 60 周年之际，在联合国大会特别会议上，时任联合国秘书长科菲·安南郑重发言："我们不应忘记过去，应当铭记、反思历史并从中汲取教训。"

2007 年，联合国教科文组织将世界文化遗产"奥斯维辛集中营"正式更名为"纳粹德国奥斯维辛—比克瑙集中营（1940—1945）"。奥斯维辛集中营成为"人类对历史苦难和人性的重新认识"的一个代名词，是欧洲各国反思二战历史、呼吁人们坚守文明底线、警惕历史悲剧重演的警示性标志。联合国教科文组织世界遗产委员会对奥斯维辛集中营的评语是"奥斯维辛是纳粹德国犯下滔天罪行的历史见证"，"它是德国纳粹政权对犹太人蓄意种族灭绝和其他无数人死亡的纪念碑，它为有史以来对人类犯下的最严重罪行之一提供了无可辩驳的证据，也是对极端意识形态和剥夺人类尊严的许多威胁和悲惨后果提出警告的标志"。

日本广岛和平纪念公园同样作为警示性原爆遗址，致力于向世界发出废除核武器的呼声，表达实现世界永久和平的愿望。二战结束后，广岛着手城市重建。1949 年 8 月 6 日，广岛市公布了《广岛和平纪念城市建设法》（步平，2011：301）。法案的第一条就是将广岛确立为"和平纪念城市，象征着人们对持久和平的真切追求"。广岛和平城市建设的主要工作是在爆炸中心附近修建广岛和平纪念公园，其标志性的建筑为原子弹爆炸圆顶屋（Genbaku Dome）。原子弹投下的瞬间，这座由捷克设计师设计的欧式建筑瞬间倒塌一半，馆内物件几乎全部烧毁，馆内人员无一生还。战争结束后，广岛市议会决定永久保留这座圆顶屋，告诫人们战争的残酷，并将其作为这场灾难的一个标志性象征。

广岛市还自发创建了“和平市长会议”（Mayors for Peace）组织，其宗旨是唤起全球市民废除核武器的意识，为实现世界的永久和平做出贡献。1982 年，日本广岛、长崎的市长在联合国参加裁军大会时宣布成立“为全部放弃核武器促进城市团结计划”，号召世界各地的城市联合起来为彻底销毁核武器而共同努力，成立了全球性的非政府组织“和平市长会议”。该组织以广岛市及长崎市为中心，1991 年成为联合国经济及社会理事会的非政府组织，截至目前，共有 166 个国家和地区的 8363 个城市加盟（Mayors for Peace News Flash，2024）。

1996 年，联合国教科文组织将广岛和平纪念公园列入“世界遗产名录”。每年的 8 月 6 日，广岛和平纪念公园都会举行和平活动，呼吁消除核武器，表达祈愿和平的心声。广岛和平纪念新馆主要展示核爆幸存者的生活史和精神变化的事例，定期举办和平讲座、研究会和报告会，向参观者宣传和平思想。2010 年 8 月 6 日，共有 74 国的代表出席日本广岛和平纪念公园第 65 个“原子弹爆炸纪念日”纪念仪式，联合国秘书长潘基文发表《我为和平而来》的致辞，称和平是其一生的使命，“实现没有核武器是我们的梦想，为了我们的孩子，也为了之后所有的人，都能自由、安全、和平地生活”，他向世界呼吁“和平的世界是触手可及的，借大家的手就有实现的可能”。（潘基文，2010）2015 年 8 月 6 日，日本广岛核爆 70 周年之际，全球 100 个国家和欧盟的代表参加了在广岛和平纪念公园举行的和平纪念仪式——原子弹爆炸遇难者悼念暨和平祈愿仪式，参加国家数量之多创历史之最。2023 年，广岛和平纪念公园与美国夏威夷州的珍珠港国家纪念公园签署“姐妹公园”协定，内容包括公园的维护、教育目的的经验共享、面向年轻一代的课程合作等方面的协议。广岛和平纪念公园“将承受过去的悲伤，超越憎恨，为和平与和解发挥桥梁作用”。

美国珍珠港国家纪念公园力图增进太平洋战争当事者之间的相互理解与和平，这与广岛和平纪念公园的目的相通。然而，广岛侧重于展示“受害者”记忆，强化本民族的被害者意识，模糊甚至忽视加害者角色（刘成、白爽，2018），这不仅未能充分发挥其文化遗产的警示作用，也限制了其建设和平的长远效果。

综上所述，我们不能低估文化遗产在和平建设上的社会影响力和文化潜能。警示性文化遗产在多个领域，如战争反思与纪念、城市重建或修复、文化和解与复原力等，均展现出不可替代的作用及价值。借助警示性文化遗产的力量，这些行动必须基于历史的真相和正确的引导，才能实现建设和平的意义。同时，文化遗产所基于的城市历史环境也是一个复杂而变化的系统，因此任何通过遗产试图进行复兴和重建的努力都需要利益相关者的协同作用及对价值变化的定期评估（Hisari et al.，2022）。

三　南京城墙作为二战警示性文化遗产

明初都城南京是中国古代城池军事防御技术之集大成者，它是中国乃至世界最大的设防城市。明初都城南京防御特色鲜明，军事设防功能几近完美，四重城垣环套，被古人誉为“高坚甲于海内”，并环绕有世界上长度最长的护城河体系。京城城墙的修筑“皆据岗垄之脊”，原始长度为 35.267 公里，将周围山丘军事制高点逐一收纳入城。外郭城墙长度为 60 公里，以南京城西北的长江为天然屏障并环绕京城城墙，面积约达 230 平方公里。明初都城南京在宫城、皇城、京城、外郭之外再设布防，加大军事防御纵深（吴庆洲，2005）。1927 年，国民政府定都南京。民国初期，南京大体上只留存有明代京城城墙。

1931 年“九一八”事变爆发后，日本发动侵华战争。此前，为增强首都军事城防，1931 年初国民政府军政部召集内政部、参谋本部等各代表经详细讨论后提出了《保存城垣办法五条》。5 月，南京市政府向社会局、工务局发布训令，“本京城垣建筑规模伟大，有悠久之历史，于首都安全尤关重要，自应切实保护”，并附《保存城垣办法五条》，其主要内容为：

> 全国各地方现有城垣、城壕及边界关塞，一律保存；本案决定以前已经拆除或填平者，不在此例；此后各地方如因市政发展或重要建设，城垣、城壕实有妨碍或已失其效用者，得由地方政府呈请行政院发交军政部、内政部会同参谋本部审核后，准许拆除或填平其一部或全部；各地方如因交通关系，得于城垣、城壕多辟门洞多加桥梁；各地方所有城垣、城壕若有破坏，责成地方政府随时修理。（南京市档案馆，2021）

1934年8月14日，南京警备司令谷正伦提出《关于南京城防建议案》六项，其中第一项提议修葺南京城墙，将其列入城防计划“巩固国防，保卫首都安全”。[1] 在此之后，国民政府制订首都南京城防战备计划，出台了一系列南京城防方案并构筑南京城墙永久工事。[2] 中国军队构筑了三道阵地带和核心据点，南京城墙全线为核心阵地，并在城外设有复廓阵地。国民政府在维修南京城墙的同时，在城墙上设置了重机枪和平射炮掩体工事，在城门附近建造碉堡等工事。[3]

“七七事变”之后，日本帝国主义开始全面侵华。为尽快迫使中国人民屈服，日军对南京进行了长达3个月的大规模轰炸。南京城墙成为日军轰炸的重点军事目标。1937年11月28日，日本参谋本部密令侵华日军华中方面军司令官松井石根攻克南京。（服部卓四郎，1978）12月1日，日本大本营下达“大陆命第八号”令“华中方面军司令官海军协同，攻占中国首都南京”。12月5日，日军向南京城发

1
1934年8月14日《南京警备司令谷正伦建议修葺南京城墙》档案，参见：南京市档案馆编，2020，《南京城墙档案》，南京出版社。

2
中国第二历史档案馆藏档案《中国军事机关就南京附近修建永久工事一组文件》，参见：马振犊等编，2005，《南京大屠杀史料集2：南京保卫战》，江苏人民出版社。

3
据1948年国民政府编印的《南京城防工事现况要图》，城墙工事共有62处，其中钢筋混凝土构筑的重机枪掩体50座，砖砌的重机枪、轻机枪、步枪堡垒式工事9座，钢筋混凝土构筑的堡垒式工事2座，观察所1座。参见：杨国庆、王志高，2008，《南京城墙志》，凤凰出版社。

起猛烈进攻，打响了南京保卫战。12月7日，日军大本营下达攻击南京城“大陆命第三十四号”令。（吉田裕，1986）松井石根下达《攻占南京要略》，称“若敌之残兵仍凭借城墙负隅顽抗，则以抵达战场之所有炮兵实施炮击以夺占城墙”，命令日军各师团部队扫荡城内，炮兵实施炮击以夺占城墙（南京大屠杀史料编辑委员会，1987）。

中日双方军队在南京城墙附近展开了激烈的攻防作战，南京城墙多处地段遭到日军重型火炮的猛烈攻击。中华门、中山门、雨花门、光华门、通济门、水西门等城门均遭日军炮火轰击。南京城墙多处地段和城门被炸开缺口，中华门等城楼被炸毁。（南京市地方志编纂委员会，1994）日军航空队配合地面部队作战，从空中轰炸南京城墙。日军各部队同时向雨花台、通济门、光华门和紫金山的复廓阵地发起猛烈攻击（谭道平，1946）。在复廓阵地战斗中，南京城墙的各个城门以及城垣附近的阵地均为中日军队的作战范围。光华门与中华门段是日军攻击的重点军事目标。中国军队坚守光华门成为南京保卫战中最壮烈的战斗。中国守军依托中华门瓮城、城墙与护城河与日军拼死作战（孙宅巍，2014）。至12月11日，南京城几乎被日军完全包围。1937年12月11日，松井石根制定大屠杀方针，“决定在南京城内及其周围，将抗日军军人及抗日爱国中国人民从东西南北四方加以包围，逐次压缩包围圈，以实行一人不剩的大屠杀”（中央档案馆、中国第二历史档案馆、吉林省社会科学院，1995）。12月12日，南京城墙被日军持续的炮火猛烈地炸开：

> 震耳欲聋的日军炮火今日清晨震撼着南京城，步兵则在18座城门上短兵相接，进行着中国历史上空前惨烈的血腥攻防战……火焰映红了首都四周32英里长的城墙。炮弹在城中央和城南地区爆炸，日军猛烈的炮火估计以一分钟四发炮弹的频率持续着。中国的大炮进行反击，隆隆之声震耳欲聋。显然，日军正努力炸开南面的城墙，然后攻击城内人口稠密的地区。（张宪文，2005：70—71）

中国军队依靠残破的古城墙进行了最后的顽强抵抗（谭道平，1946）。1937 年 12 月 13 日凌晨，南京被侵华日军攻破。据 1937 年 12 月 14 日《申报》报道：

> （13 日）日军伊佐、富士井各部队，上午 5 时由城垣破坏处冲入城内，沿中山路向明故宫方面进击。同时中华门方面之胁坂、人见、长谷川、冈本等各部队由南方入城内，于是南京城内东南地区发生大巷战。上午 6 时富士井部队占领中山门，胁坂、人见部队占领中山门、光华门间之城垣。上午 8 时许中山门外之日军炮兵向城内开始炮击，援助步兵作战。入城各部队到处与华军冲突，展开猛烈巷战。至上午 10 时，战况最激烈。

12 月 17 日，日本陆军和海军分别在南京中山门、挹江门入城。

在南京保卫战中，南京城墙遭受日军炮火攻击，多处地段和城门被炸开缺口，留下大量战争遗址。1937 年 12 月至 1938 年 1 月，震惊中外的"南京大屠杀惨案"发生，太平门、汉中门、武定门、挹江门、江东门等处成为日军进行集体屠杀的地点或遇难者丛葬地。1945 年 8 月 15 日，世界反法西斯战争取得最后胜利。根据《波茨坦公告》精神，中、美、苏等国磋商解决滞留海外的日侨日俘问题。1945 年至 1946 年长达 7 个月的时间里，曾在南京城墙兴中门两侧（明代仪凤门）设立"南京市日侨集中营管理所"。

二战是人类历史上规模最大的一场战争，对世界影响之深前所未有。中国从 1931—1945 年进行了长达 14 年的抗战，是二战中最早参战也是抗战时间最长的同盟国，是二战胜利的中坚力量之一，对同盟国赢得二战的最终胜利发挥了至关重要的作用。中国在二战中军民伤亡总数约达 3500 万。经历了二战的国家都希望能够以保护战争遗产的方式实现对历史的记忆与尊重，将这些与战争罪恶相关的历史保存和传播给全人类，告诫人们勿忘历史，从历史的教训中汲取反思的力量，构建一个和平的世界（燕海鸣，2015）。

南京城墙及其周边地区作为二战时期的战场遗址，既包括战后遗留下来的物质遗存，如建筑物、作战工事、武器器械等，也包括交战中发生的一些历史事件；不但具有遗址的一般属性，如文物、历史、环境等属性，也具有军事、精神、政治等文化属性，向人们述说着战争的残酷，警示着和平的珍贵。南京城墙承载着老南京的历史文化，见证了中国军民的奋勇抗争和惨绝人寰的残暴屠杀。作为这份历史记忆的特殊留存者，它具有史料价值、军事学价值、纪念价值等，是进行和平教育的最佳场所之一。同时，南京城墙也具有不可替代性和不可再生性，这更让它的警示性文化遗产价值备显珍贵。

四 南京城墙的和平建设与价值利用

文化遗产是和平建设的重要载体，冲突问题也常与文化遗产相伴。在许多情况下，恐惧、不信任甚至对“他人”的攻击都诉诸一种传统感来证明自己；“我们的”边界、“我们的”遗产、“我们的”身份被用来服务于特定的、越来越多的暴力议程（Walters et al.，2017：1—4）。在讨论遗产与建设和平之间的关系时，遗产对建设和平的贡献在很大程度上被低估了。遗产的内涵呈现和利用的单一性，使其对和平建设的影响非常有限。特别是，如何凸显其特殊内涵让更多人认识到其价值并投入其中，是一个亟待解决的问题。和平建设为此打开了大门。

遗产越来越被视为战后复建与和解的重要“工具”，特别是在帮助实现联合国 17 项可持续发展目标方面。联合国教科文组织在 2013 年的高层讨论中将其视为“一种永恒的理想和愿望，是一种权利和义务，也是可持续发展的基础”（UNESCO，2013）。有学者进一步指出，世界遗产本身就是战后重建的推动者（Kalman，2017）。战争为遗产提供了一个特别具有挑战性的环境，因为它常常成为暴力破坏的目标，这表明了遗产的政治性质（Hisari et al.，2022）。遗产的诞生与发展又常常与社会文化紧密相关，这赋予了遗产多元的文化价值，也使其具备了可开发的持续潜能。

对于中日关系而言，南京有着重要意义。正如刘成教授所言，“和平建设是对创伤历史的一种最好纪念和修复”（刘成，2023）。1995年世界反法西斯战争胜利50周年之际，日中友好协会会长平山郁夫先生发起了“中日合作修复南京城墙”活动倡议，希望通过这一活动治愈南京这座城市因战争造成的创伤，反思日本侵华战争给中日两国人民带来的深重灾难，推动中日和平友好事业。享有国际声誉的日本画坛巨擘和著名社会活动家平山郁夫先生，曾担任联合国教科文组织亲善大使。少年时期广岛原子弹爆炸幸存者的战争经历，使平山郁夫成为一个坚定的和平主义者，他数十年来在世界各地关注并保护冲突地区的历史文物。他认为，“协助修复南京城墙，不单纯是文物保护，更有不寻常的意义”，可以通过“共同修复南京城墙，架起日中友好桥梁”。在其后三年，日中友好协会在日本国内号召民众参与修复南京城墙，并发起了大规模募捐活动。据统计，1995—1998年间来南京参加城墙修复义务劳动的日本各界人士达2万多人次，日方捐款超过7000万日元。1998年，平山郁夫与日本前首相村山富市[1]一行专程来南京参加中日合作修复南京城墙三周年纪念活动，村山富市亲笔写下“正视历史，以史为鉴，祝愿中日友好，永久和平”的题词，在国内外产生较大影响。2005年，为纪念世界反法西斯战争胜利60周年暨中日合作修复南京城墙活动10周年，江苏省对外友好协会、日本社团法人日中友好协会在南京城墙下共同举办了“为了和平，相聚南京”大型纪念活动。平山郁夫先生率日本各界友好人士共280多人专程参加，村山富市专门发来书面致辞。[2]2015年世界反法西斯战争胜利70周年之际，来自日本各地约40所高校的近百位日本大学生组成的访问团到访中国南京、苏州两地，与中国大学生进行友好交流。日本大学生访问团、日中友好协会会员与南京大学生代表参加了中日合作修复南京城墙20周年纪念活

1 1995年8月15日世界反法西斯战争胜利50周年之际，日本首相村山富市代表日本政府就历史问题发表谈话，明确表示愿意正视历史，承认侵略，并对此表示深刻反省和道歉。

2 参见2005年9月7日中国新闻网报道《中日合作修复南京城墙十周年纪念活动在南京举行》。

动，共同回顾铭记历史，呼吁缔造中日两国永久和平。[1]中日合作修复南京城墙活动，不仅有利于保护南京城墙这一人类珍贵的文化遗产；也有利于引导中日两国人民通过修复断壁残垣，抚平历史创伤，开创和平的未来。

1 参见2015年5月13日中国新闻网报道《中国驻日使馆为日本大学生访华团举行送行会》。

曾任历史老师的日本友人松冈环为探寻历史真相，发起成立日本“铭心会”。从1997年开始，其联合“旅日华侨中日友好促进会”等团体，在日本东京、名古屋、大阪、广岛等6座城市开设“南京大屠杀情报热线”，寻访日本侵华老兵和南京大屠杀幸存者，并将调研成果中的日本老兵的证言汇集成《南京战·寻找被封闭的记忆：侵华日军原士兵102人的证言》一书公开出版。在调研活动中，他们确认了太平门城墙附近是过去未被世人知晓的南京大屠杀遗址。2007年8月15日，松冈环以日本“铭心会”访中团团长身份再次来到南京，提议在太平门设立一座遇难者纪念碑。4个月之后，南京市人民政府与日本友人共同捐建“南京太平门丛葬地纪念碑”，以发挥战争警示作用,纪念二战时期在南京太平门被日军血腥屠杀的1300多名遇难者。

光华门是日军入侵南京的第一座城门，也是中国守军抗击日本侵略者极为顽强的战场之一。战争遗迹不仅记录着战争的历史，也参与塑造了关于战争的记忆。二战时期，在日本占领当局的刻意操作下，光华门战役曾经成为战时日本集体记忆并担负着精神动员的重要职能（谢任，2022）。日军视光华门战役为攻破南京城防的重要节点，日本媒体对此进行了大肆宣扬。占领南京后，日军在光华门外城墙下树立墓标，以纪念阵亡将士，并在光华门一侧书写“和平”字样，试图误导公众。此外，日本还以光华门为素材编写军事教材、创作诗歌画作广为宣传。光华门也是日军上海派遣军司令官等日本军政要员到南京参观、巡视、凭吊的必选之地。抗战结束后，国民政府南京市工务局修补了被日军炸毁的城墙豁口。2006年，光华门抗战堡垒遗址在南京城建环境治理施工中被意外发现，该遗址是南京保卫战历史的重要见证者。2012年，南京市文物部门公布光华门抗战堡垒遗址和民国碉堡群为南京市级文物保护单位。在国家公祭日期间，这里成为民众缅怀先烈、追忆和平之地。参加过当年战争的抗战老兵、侵华日军南京大屠杀遇难者遗属、志愿者和游客等到南京光华门遗址公园，向1937年曾发生过激烈战斗的这片阵地献上菊花，祈愿和平。

南京是一座博爱之都、和平之都，拥有深厚的和平文化底蕴。2017年，南京市被“国际和平城市协会”正式认定为全球第169座，也是中国首座国际和平城市。南京是中国和平学发展的中心，也是中国和平教育的高地，拥有中国唯一的联合国教科文组织和平学教席，教席主持人是南京大学的刘成教授。多年来，他和他的团队在和平教育、和平研究、和平活动方面取得了丰厚的成果（刘成、白爽，2021）。经过20多年和平学的理论研究与南京和平教育的课程实践，联合国教科文组织和平学教席为中国的高校、中小学和平教育建立了基本架构，出版了《小学和平教育》《中学和平教育》《全球视野下的小学和平教育》《中小学和平教育教师指南》《修复性正义》《校园修复性管教》《冲突转化》《创伤治愈》，以及中、日、韩三国和平教育专家合作的《东北亚和平教育课程共同指南》等成果。在其大力推动下，南京的和平教育已经面向从幼儿园到大学的全学龄段，并逐步向中国多个城市的学校推广。2020年以来，南京与联合国教科文组织签订合作协议，已共同举办了三届南京和平论坛。其中，2023年论坛围绕和平与可持续发展这一共同关切，搭建全球青年共创共享平台，开展共同行动践行并传播中国理念，形成解决方案丰富中国话语和中国叙事，受到了国际社会的广泛关注（人民网，2023）。

城墙的历史，是城市的历史，也是人的历史。根据国际古迹遗址理事会（ICOMOS）《文化遗产阐释与展示宪章》的要求（ICOMOS，2008），当前最重要的是从以下几方面加强对南京城墙所具备的“二战警示性文化遗产”的充分认知、阐释与公众传播，加强对全社会层面的和平教育。

第一，逐步构建系统性保护机制。加强南京城墙二战资料整理，夯实城墙的历史基底。结合江苏省和南京市有关抗战遗址的保护规划，系统梳理有关南京城墙重要的二战档案文献、影像资料、口述历史等；充分挖掘利用南京城墙相关的人文、艺术、自然资源，做好南京城墙二战遗址遗迹的摸底调查以及阐释、展示，相关书籍的出版宣介工作，对南京城墙二战遗址遗迹进行系统全面的保护。同时，通过专业的解说、展览、表演等方式，传播展示城墙与人、与历史、与自然、与城市、与文化之间的多元关系和独特价值。注重提升南京城墙对世界和人类的普世价值，进一步揭示其作为文化遗产地的警示性意义。

第二，赋能城市可持续发展目标。借助南京城墙警示性文化遗产的潜在价值，融合历史、记忆、遗迹中的和平元素，通过和平维护、和平创建、和平构建，把国际关注、中国方案和南京（城墙）实践有机结合起来，强化南京国际和平城市的身份象征，与各方共同寻求和平发展道路，增强城市的文化可持续性、经济可持续性和环境可持续性。

第三，以建设积极和平激发创新。积极和平意味着和平不仅仅是指“没有战争”，更多时候它也表达创建一个美好的生活空间与社会模式，让生活在这个社会里的所有人都能感到幸福、圆满、有尊严，是人类对于美好生活的向往，也是创建美好社会必不可少的条件（刘成，2024）。因此，基于保护与修复，将南京城墙打造成一个建设积极和平的工具，即将新兴的和平工具作为一个全球性的历史学习过程的证据。其中，和平教育者面临的挑战不仅是使人们能够获得越来越多的有关和平工具的知识，还要促使学生拥有使用这些工具的能力，并且可以将这种能力传递给更多民众。建设积极和平将为南京城市发展和城墙保护创造更多的可能性。

遗产最关乎的不是过去，而是我们与现在、未来的关系。和平不是结果，而是一个长期的过程。随着人类历史进程的发展，南京城墙所具备的警示性文化遗产价值，是国家、民族以及全球人类的共同记忆，也是人类正义与进步以及和平事业的历史见证，启示着人类未来持久与可持续发展的方向。南京拥有特殊的和平文化资源，应当合理利用战争遗产来促进国际和平城市建设，积极传播南京和平价值，塑造国家和平形象，为世界和平做出积极贡献。

参考文献

1. 中文

博科娃，伊琳娜，2012，《保护文化，就是保护人类》，《纽约时报》中文网，12 月 8 日。

博科娃，伊琳娜，2021，《促进世界和平与可持续发展的关键》，《人民日报》，11 月 16 日 。

参考消息网，2019，《集中营保存大计划: 奥斯威辛遗迹劣化中的修复难题》，1 月 30 日。

方程、李菁、杨波，2017，《基于集体记忆视角的战争景观遗产保护研究——以南京抗日战争景观遗产为例》，《现代城市研究》第 7 期。

服部卓四郎，1978，《大东亚战争全史》，台北军事译粹社。

付凯，2024，《“创建和平是对历史创伤最好的记忆和修复”——专访南京大学历史学院教授、博士生导师、联合国教科文组织和平学教席主持人刘成》，《潍坊日报》2 月 4 日。

复旦大学历史系中国近代史教研组，1977，《中国近代对外关系史资料选辑》（下卷第 2 分册），上海人民出版社。

国际古迹遗址理事会（ICOMOS），2008，《文化遗产阐释与展示宪章》。

贺云翱、陈思妙，2021，《“中国明清城墙”申报世界文化遗产的观察与思考》，《南方文物》第 2 期。

吉田裕，1986，《天皇的军队和南京事件》，青木书店。

李东燕，2019，《“一带一路”倡议助力国际和平议程》，《现代国际关系》第 4 期。

联合国，2015，《改变我们的世界——2030 年可持续发展议程》。

刘成，2023，《和平建设是对创伤历史的一种最好纪念和修复》，《史学月刊》第 2 期。

刘成、白爽，2018，《和平学视域下创建国际和平城市的思考》，《日本侵华南京大屠杀研究》第 1 期。

刘成、白爽，2021，《“英国史”与“和平学”的跨界平衡——刘成教授访谈录》，《历史教学（下半月刊）》第 2 期。

刘江永，2017，《可持续安全观是照亮世界和平的一盏明灯（深入学习贯彻习近平同志系列重要讲话精神）——深入学习习近平同志关于树立共同、综合、合作、可持续安全观的重要论述》，《人民日报》3 月 16 日。

马振犊等，2005，《南京大屠杀史料集 2：南京保卫战》，江苏人民出版社。

南京大屠杀史料编辑委员会，1987，《侵华日军南京大屠杀史稿》，江苏古籍出版社。

南京市档案馆，2021，《南京城墙档案——城墙的保护与管理》，南京出版社。

南京市地方志编纂委员会，1994，《南京人民防空志》，海天出版社。

澎湃网，2023，《日本广岛和平纪念公园将与美国珍珠港公园结为“姐妹公园”》，6月23日。

人民网，2015，《广岛核爆70周年举行和平纪念仪式　市长宣读和平宣言》，8月6日。

日本防卫厅战史室，1977，《中国事变陆军作战史》（中译本，第1卷第1分册），中华书局。

瑞格比，安德鲁，2004，《和平、暴力与正义：和平研究的核心概念》，《学海》第3期。

孙宅巍，2014，《南京保卫战史》，南京出版社。

谭道平，1946，《南京卫戍战史话》，东南文化事业出版社。

王卫星、雷国山，2006，《南京大屠杀史料集11：日本军方文件），江苏人民出版社。

吴庆洲，2005，《明南京城池的军事防御体系研究》，《建筑师》第2期。

习近平，2019，《文明交流互鉴是推动人类文明进步和世界和平发展的重要动力》，《人民日报》5月1日。

谢任，2022，《战争遗迹与精神动员：作为战时日本集体记忆的南京光华门》，《日本侵华南京大屠杀研究》第4期。

新华网，2014，《访联合国教科文组织总干事伊琳娜•博科娃》，3月25日。

新华网，2015，《国际知名历史学家：第二次世界大战始于亚洲　反法西斯战争始于中国抗战》，8月27日。

杨国庆、王志高，2008，《南京城墙志》，凤凰出版社。

袁武，2012，《联合国建设和平理论的发展及其在非洲的实践》，《国际关系学院学报》第6期。

张苏宁、刘鹏，2020，《南大历史系教授刘成：和平建设是对创伤历史的一种最好纪念和修复》，《新华日报》12月13日。

张生，2014，《南京大屠杀史料集6：外国媒体报道与德国使馆报告》，江苏人民出版社。

中国第二历史档案馆，2018，《南京保卫战档案》（第8册），南京出版社。

中国第二历史档案馆、南京市档案馆，1997，《侵华日军南京大屠杀档案》，江苏古籍出版社。

中国新闻网，2010，《潘基文为广岛核爆纪念日祈愿：我为和平而来》，8月6日。

中央档案馆、中国第二历史档案馆、吉林省社会科学院，1995，《日本帝国主义侵华档案资料选编•南京大屠杀》，中华书局。

朱成山，2014，《奥斯维辛集中营遗址：原样原貌的保护》，《中国文化报》

4月15日。

2. 外文

Alger, Chadwick F. 2014. Peace Research and Peacebuilding, New York: Springer.

Hisari, L., K. Barrett-Casey, and K. Fouseki. 2022. The Role of Heritage in Post-War Reconciliation: Going Beyond World Heritage Sites. In: M.T. Albert et al. (eds.). 50 Years World Heritage Convention: Shared Responsibility-Conflict and Reconciliation. Heritage Studies. Springer.

Kalman, H. 2017. Destruction, Mitigation, and Reconciliation of Cultural Heritage. International Journal of Heritage Studies, 23(6).

Mayors for Peace News Flash, 2024, No.170. https://www.mayorsforpeace.org/wp-content/uploads/2024/file-2402-News_2402_E.pdf.

Peace and Reconciliation: How Culture Makes the Difference. UNESCO. https://www.unesco.org.

UNESCO. 2013. High-level Discussion 2–Background note.

UNESCO. 2022. Report by the Director-General of UNESCO on the United Nations Year for Cultural Heritage 2002 and on Its Follow-up. https://www.unesco.org.

Walters, D., D. Laven, and P. Davis (eds.). 2017. Heritage and Peacebuilding. Woodbridge: The Boydell Press.

作者简介

刘斌，南京城墙保护管理中心研究员。

白爽，南京师范大学历史系副教授，硕士生导师。

斯里兰卡：传统、神话、曲解与真相历史印象的重塑

［斯里兰卡］西瓦苏布拉马尼亚姆·帕特马纳坦

摘　要　重构国家历史，应是一个持续不断的努力过程，这个过程会随着知识的累积、信息处理能力的日益提升和对信息准确无误的传递而不断精进。然而，任何真历史的呈现，只能寄希望于一个言论自由和表达自由的开放社会所能提供的客观环境和历史书写者的主观努力，因为任何真历史的文本书写，根本不可能是一个像工厂里的标准化产品生产那样不需反思、不加修正的连续复制过程。本文基于丰富多样的研究资料，尤其是婆罗米文铭文、泰米尔—婆罗米文铭文、巴利编年史等文献资料，拟从斯里兰卡早期历史阶段所呈现的多元种族与宗教和谐共生的社会所酿生的和平共处与协作的优良传统切入，着重探讨斯里兰卡自独立以来发生历史叙事片面转向的诸多原因、潜在破坏性与现实表现，从而为拥有深厚种族和文化多样性的斯里兰卡书写一部均衡且全面的历史，以维护、促进与巩固它的团结与和谐，提供有价值的参考。

关键词　斯里兰卡　历史印象　重塑

历史研究的核心在于历史记录的准确性和可靠性。历史是建立在经过验证的真实信息基础上的，这些信息来源于多元渠道。重构国家历史是一个持续的过程，它随着知识的累积、信息处理能力的提升和

对信息准确无误的传递而不断精进。然而，这种对历史的重构能力，离不开适当的历史方法论和批评原则的训练。

没有哪两位历史学家能对特定的主题以相同的方式进行创作。关于历史的文本不可能像在工厂里生产的标准化产品一样。它们反映了作者的知识、视野和能力。一个社会中特定时期的整体环境和思想氛围都会影响历史学家的写作，斯里兰卡的现代史学就是这种现象的现实写照。

真实的历史只能寄希望于在言论自由和表达自由的开放社会中呈现。在这种环境中，作者的创新思维和深邃的洞察力驱使着人们对历史进行深入探索，以期更好地理解当前现实。然而，社会中法西斯主义的兴起往往源于误导和不负责的领导所煽动的情感，这可能对过去采取的平衡策略展示的历史造成威胁。这种情况在许多第三世界国家，包括斯里兰卡在内，已经成为一种普遍现象。

本次讨论侧重于斯里兰卡的早期历史阶段，因为这一时期的资料尤为丰富。斯里兰卡历史上是一个多元种族与宗教和谐共生的社会，孕育了和平共处与协作的优良传统。然而，自独立以来，这种情况似乎出现了反转，一种片面的历史叙事被用来为这种变迁正名。这种逆转可能导致冲突，其潜在的破坏性后果在2022年的政治和经济危机中可见一斑。

在一个拥有深厚种族和文化多样性的国家，书写一部均衡且全面的历史至关重要，因为它有助于维护、促进与巩固国家的团结与和谐。然而，斯里兰卡早期现代历史的一个显著偏见是将它描绘为两个不同种族群体——雅利安人和德拉维人之间的冲突。这种观点源自19世纪中叶的欧洲印度学家和英国殖民官员，他们认为僧伽罗人是印度恒河平原雅利安人的后代，而德拉维人则是来自南印度的侵略者后代。锡兰（今斯里兰卡）的殖民大臣坦尼特·艾默森爵士在其著作中强化了这种观点，其引人入胜的叙述风格吸引了很多读者。这一种族关系的固定观念成为斯里兰卡早期现代历史的基础，直到近来才逐渐受到质疑。然而，这种解读对国家和谐造成了巨大破坏，带来了毁灭性的影响。

斯里兰卡早期现代历史的研究已偏离了《大史》（*Mahāvamsa*）的传统，对古代发展理解的障碍和由此产生的新神话，使得对这些传统有热情的人难以深入了解。这里有几个关键点值得注意：首先，《大史》并未提到雅利安后裔社群的存在。其次，编年史并未流露出对达罗毗荼人的敌意，反而正面描述了如舍那、古蒂卡和埃拉兰等泰米尔统治者。直至达都舍那时期（455—473），南印度仅发生过三次入侵，且编年史并未对这些事件持负面立场。入侵主要针对阿努拉德普勒，而斯里兰卡的泰米尔人主要居住在远离王权中心的北部和东部沿海地区，局限于特定的行政区。

令人遗憾的是，许多人未读原著就对《大史》展开讨论。这部编年史并非国家历史，也不专属于某个特定社群，其核心关注点在于佛教与王权之间的关系及其相互作用。地区历史和地方政治传统并不在《大史》的讨论范围内。

在岛上116个地方发现了早期铁器时代—黑红陶文化（EIA-BRWC）的遗迹后，人们对斯里兰卡历史的理解有了彻底改观。这一来自南印度的文化的输入标志着石器时代的结束，并引入了一种横跨南印度—斯里兰卡的共同的生产模式。它与讲泰米尔语的那伽人有关，他们带来了那伽崇拜和原始湿婆教信仰。从公元前3世纪开始，他们接纳并支持佛教，深受其文化传统的影响。苏德哈尔桑·塞内维拉特纳把早期铁器时代—黑红陶文化在斯里兰卡早期历史中的重要性讲得通俗易懂，他是那些致力于准确呈现历史的专业学者的典范。对在复杂环境中工作的年轻考古学家来说，塞内维拉特纳留下的是一份不易继承的宝贵财富。

一　研究斯里兰卡早期历史的资源

有关斯里兰卡历史的研究资料丰富多样，书面记载涉及多种语言，散见于世界各地的档案馆和博物馆。探究斯里兰卡早期历史时，可依托大量的文献资源。这些资源大致可分为以下四种主要类型：① 巴利编年史。② 早期铁器时代—黑红陶文化的遗迹和其他遗物。③ 以一种混合的普拉克里特语书写的婆罗米文铭文。④ 直到21世纪初才被识别的泰米尔—婆罗米文铭文。这些资料涉及三种语言：泰米尔语、普拉克里特语和巴利语。

在这四种类型中，早期铁器时代—黑红陶文化的遗存是最古老的，它们广泛分布于整个岛屿。截至2018年底，岛上已确认超过116个墓地，这些墓地代表了斯里兰卡各个生态区域。（Dissanayake，2018：3）自公元前900年开始，早期铁器时代—黑红陶文化从南印度传入，宣告了石器时代的终结。这种文化时期的人们引进并发展了一种以水池灌溉为基础的农业生产模式，为农业文明的进步打下了基础。同时，它促进了定居社区的形成，以及冶金技术和手工艺制作的提升。

中石器时代的居民大约在公元前28000年逐渐接纳了输入文化的主要元素。他们与早期铁器时代—黑红陶文化人群的交融催生了新的社会形态。现今生活在岛上的两大族群僧伽罗人和泰米尔人的祖先，其源头可追溯至早期铁器时代—黑红陶文化时期。这一时期正是中石器时代文化人群与早期铁器时代—黑红陶文化人群融合的时期。

基于对《大史》的不充分理解而构建的早期现代斯里兰卡历史，在20世纪末岛上发现的巨石遗迹及纪念碑中被推翻。这一转变得到了一些资深学者的认同。因德拉帕拉指出：

> 我们现在所称的斯里兰卡泰米尔人的起源可以追溯到早期铁器时代。大约在公元前1000年，岛上的中石器时代居民受到了新的文化影响，特别是在早期铁器时代（约公元前900—公元前300）。这些深远的变化对历史时期两大族群的演化产生了决定性影响。（Indrapala，2005：56—57）

斯里兰卡铭文学权威塞纳拉特· 帕拉纳维塔纳，在其职业生涯后期对斯里兰卡文明起源的观点发生了根本性转变。他在著作中以相同的论调指出：

> 这些巨大的石质遗址和骨灰墓地遍布在达罗毗荼人居住的区域。它们所反映的丧葬习俗也在早期泰米尔文学中有所记载。由

此可以合理推测，那些将死者安葬在石室和陶罐中的人群是达罗毗荼人。在斯里兰卡发现的少量巨石纪念碑和骨灰墓葬，明显源自南印度的迁徙……这些考古发现得到了文学资料的佐证。达罗毗荼人对岛上历史进程的影响深远，这一影响可追溯到他们在南印度建立王国的时期。（Paranavitana，1976：8—9）

斯里兰卡史前史和史前人类学专家西兰·德拉尼亚加拉认为，斯里兰卡早期铁器时代的人民是那伽人（早期铁器时代的原始人）。在他看来，新石器时代的狩猎采集者被那伽人从岛屿的北部和西部驱逐。（Deraniyagala，1992：735）正如后来所见，这种印象得到了在岛屿的许多地区发现的各种物品上的泰米尔—婆罗米文（Tamil–Brāhmi）铭文的证实。

在岛上，苏德哈尔桑·塞内维拉特纳，这位对早期铁器时代—黑红陶文化研究有着重要贡献的学者，提出了关于该文化引入和传播的深刻见解。他说：

我们认为“parumaka”这个术语是从南印度传入的，并且在斯里兰卡历史上南印度的社群迁移很早就开始了。其中一部分人属于维里尔部落首领领导的氏族群体，他们在公元前六七世纪将巨石遗址与黑红陶文化的技术结合体带入了斯里兰卡。（Indrapala，2005：167，173）

塞内维拉特纳的观点得到了泰米尔—婆罗米文铭文的证实，这些铭文出现在岛上的北部和东部多地的各种物品上。然而，并没有在这些铭文中发现与罐子和长矛持有者相关的象征符号。

二　婆罗米文铭文

婆罗米文铭文是研究斯里兰卡早期历史的第二类资料来源，它们在岛上的历史中占有重要地位。全岛各地发现超过1500个这样的遗迹，它们大多与佛教有着紧密联系，常见于僧侣修行之地的洞穴墙壁上。

这些婆罗米文和混合普拉克里特语的铭文，主要记载了将洞穴赠予僧侣作为修行住所的行为，还记载了捐赠储水罐和修建通往高处洞穴的台阶等事件。（Senaviratne，1992）这些铭文的年代与早期历史时期相吻合，部分与早期铁器时代—黑红陶文化的晚期阶段相重叠。自公元前1000年的史前时期起，南印度的铁器时代文化开始流入斯里兰卡，促成了南印度—斯里兰卡地区共同文化的形成。在这个广泛的区域内，由于相互影响和吸收，产生了共同的生产方式。岛上的某些社区达到了与亚洲次大陆最发达社区相当的发展程度。

在阿育王时期，孔雀王朝的印度对斯里兰卡产生了深远的影响。阿育王体系的婆罗米字母随着佛教一并传入斯里兰卡，这些字母在铭文中被广泛应用。另一个重要变化是普拉克里特语的使用。斯里兰卡岛上的那伽人可能对普拉克里特语有所了解，因其在当地商业和文化交流中起着重要作用。普拉克里特语得以普及也因为它是古典文学的语言。僧侣在传授教义时会广泛引用这些文献。

斯里兰卡的普拉克里特语铭文存在一些复杂性，这在德国的印度学家路德斯、爱德华·穆勒和戈尔德斯密特的研究中并未完全阐明。这些铭文在词汇上表现出混杂的特性。值得注意的是，其语音系统与巴利语、僧伽罗语以及当代北印度方言的语音系统有显著差异。

普拉克里特语铭文中省略了长元音、复合辅音、送气音、鼻音和颚塞音。在印度—雅利安语的三个咝音中，仅使用了 śa，而没有 sh 和 sha 音。（Mahadevan，2014：205）这一语音系统与泰米尔—婆罗米文有许多相似之处，暗示了普拉克里特语可能被斯里兰卡岛上说达罗毗荼语的群体所采纳和使用。这一假设似乎得到了那伽人墓碑上泰米尔语铭文的证实。苏德哈尔桑·塞内维拉特纳指出，普拉克里特语铭文主要出现在与早期铁器时代—黑红陶文化墓葬纪念碑相近的地方。从历史语言学的角度来看，普拉克里特语铭文的分析引发了关于僧伽罗语起源理论的深刻疑问。

《古代铭文》（*Inscriptions of Ancient*，1970 年编纂和编辑）由塞纳拉特·帕拉纳维塔纳汇编，是一部关于生产方式、社会结构、早期国家形态以及佛教影响的综合资料库。（Paranavitana，1970：197）

这些铭文揭示了早期历史时期社会的多元化特征，其中提到了多个种族群体和社区，包括巴塔、那伽、布拉塔、巴马纳、达梅达和卡博吉。（Paranavitana，1970）

关于巴塔和那伽的铭文遍布全国，数量众多，显示出这两个社群在当时占据主导地位。铭文揭示，那伽人是早期铁器时代—黑红陶文化的引入者，在早期历史时期是第二大社群，约有 90 处记录提及他们。（Pathmanathan，2023：4）那伽人被认为是乡村和城镇的居民，从事农业和手工艺生产，部分成员精通金属制品制作。他们在政治和社会中拥有各种头衔和等级，如拉贾（国王）、加曼尼（领袖）、维尔（贵族）、阿雅（领主）和阿拉坎（统治者）。（Pathmanathan，2023：4）这些头衔部分源于达罗毗荼文化。作为领袖，他们紧密依靠梵书，通过举行仪式来巩固自己的地位。（Paranavitana，1970）此外，铭文中也包含了婚姻关系的线索。（Indrapala，2005）显然，那伽人在社会和政治等级体系中扮演着核心角色。[1] 塞纳拉特·帕拉纳维塔纳整理并出版了婆罗米文铭文的文本和翻译，但他的固有观念可能妨碍了他对这一现象的全面理解。

巴塔人在大约 165 个铭文中被提及，他们似乎源自中石器时代的社群。与那伽人不同，巴塔人在政治或社会地位上并不显赫。“拉贾”及其相关头衔在巴塔人的铭文中并未出现。同样，他们也没有持有“帕鲁马卡”这样的头衔。早期铁器时代的涂鸦标志，通常是在陶器上发现的，也未在与巴塔人相关的任何记录中出现。此外，巴塔人的起源与早期铁器时代—黑红陶文化没有关联，这一点在关于他们的铭文记录中也找不到泰米尔语词汇或表达方式的痕迹。

苏德哈尔桑·塞内维拉特纳，这位对斯里兰卡早期历史有着深刻洞察的学者，进一步证实了意大利学者马洛尼的论点，即在婆罗米文记录中

1 向僧团捐赠洞窟的捐赠者之一是达塔，她是婆罗门柯贾拉的女儿。她被描述为波萨尼王的配偶，波萨尼王是那伽血统的一位酋长。（Pathmanathan, S. 2016. Ilankait Tamilar Varalaru Kilakkiankaiyil Nakarum Tamilum.）

提到的巴塔人可能是南印度海洋社群的后代。

在评论塞内维拉特纳的研究时，因德拉帕拉提出了这样的见解：

> 塞内维拉特纳接受了马洛尼的观点，即巴拉塔群体与泰米尔纳德邦古代诗歌中提到的海滨社群帕拉塔尔存在联系，他指出巴拉塔 / 巴塔群体，就像帕拉塔尔一样，主要参与贝壳、珍珠、宝石和马匹的交易。（Indrapala，2005：166）

婆罗米文铭文中出现的普拉克里特语形式中，融入了泰米尔语词汇，如 ay、vēl、marumakan、marumān、pattinam 和 matikai，这表明在这些铭文创作时，泰米尔语在斯里兰卡岛上被广泛使用。苏德哈尔桑·塞内维拉特纳对于在婆罗米文里出现 347 次的“parumaka”一词，有以下观察：

> 从语言学和词源学的角度分析，“parumaka”一词更可能源自达罗毗荼语的“perumakan”，这是贝尔特最早提出的观点，而非源自（梵语的）“parumaka”。我们有理由相信，“parumaka”群体中的一部分，可能代表了源自南印度半岛早期铁器时代初期政治精英的巨石墓葬文化的源头。（Indrapala，2005：167；Mahadevan，2014：205）

三 泰米尔—婆罗米文铭文

巴利编年史所描绘的历史画面，在帕拉纳维塔纳编纂的婆罗米文铭文集以及苏德哈尔桑·塞内维拉特纳和 R. A. L. H. 古纳瓦尔达纳的批判性研究中得到了揭示和补充。斯里兰卡岛上出土的泰米尔—婆罗米文铭文为这一转变后的历史形象提供了进一步的证据并使之得以完善。

近年来，鉴定和解读的泰米尔—婆罗米文铭文主要属于早期历史阶段（公元前300—公元300）。这些铭文使用了起源于南印度的泰米尔—

婆罗米文字，记载在泰米尔语文本中。在达罗毗荼语系中，有些音素无法用传统的婆罗米字母完全表达。因此，创造了新的字母来表示这些特定的音素，如 Ia、la、ra 和 na。（TISL，2019：1—2）除了这四个特有的泰米尔—婆罗米字母之外，所有其他字母在泰米尔—婆罗米文中的书写形式和发音都是一致的。还有三个字母 A、i 和 ma 的书写形式与对应的婆罗米字母略有不同。（Mahadevan，2014：205，211）

有趣的是，第一类中的所有四个独特字母都在斯里兰卡的婆罗米文铭文中找到了踪迹。第二类中的第一个和第三个字母在这些铭文中颇为常见，这反映出在早期历史阶段，岛上同时使用了两类婆罗米文。（Mahadevan，2014：205，211）

泰米尔—婆罗米文与婆罗米文之间的交互显示了泰米尔语在岛内不同地区的广泛使用。这种观点得到了强化，因为在使用婆罗米字母书写的混合普拉克里特语铭文中，出现了泰米尔语的词汇。此外，还有一类铭文，其文本结合了泰米尔语和普拉克里特语的词汇。[1] 另外，一些硬币上的铭文清晰地展现了泰米尔—婆罗米文对普拉克里特语的影响。（TISL，2019：3）

泰米尔—婆罗米文铭文在斯里兰卡岛上广泛分布，尤其集中于北部和东部的行政区域。这些铭文在阿努拉德普勒、波隆纳鲁瓦、普塔拉姆和汉班托塔等地都有大量发现。（TISL，2019：3—4）它们被刻画在各种物件上，如巨石墓葬纪念碑、家用物品、公共纪念物、建筑纪念碑的纪念石部件、祭祀和敬拜用具、食品加工工具、陶器以及金属器皿。（TISL，2019：4—5）

这些铭文遍布于定居点、村镇、农田、丛林、岩石和山丘，其数量和多样性极为丰富，令人印象深刻。

泰米尔—婆罗米文铭文对使用婆罗米字母书写的普拉克里特语铭文中关于那伽人的信息进行了补充。值得注意的是，近期在拜蒂克洛区的坎塔罗泰、普蒂扬库拉姆、帕拉马图、帕尔切图库塔（万图穆莱）和维拉韦利等地，发掘出超过

1 P. 普什帕拉特南在塞蒂库拉姆发现的凯帕奇铭文，以及维拉韦利岩石上的铭文，都属于这一类铭文。（ITC Vol. Ⅱ，1913：30–31.）

500件带有泰米尔—婆罗米文铭文的陶片。在此之前，普什帕拉特南在基利诺奇地区多个地点收集了大量的带有泰米尔—婆罗米字母印记的陶片。（Pushparatnam，2001：85—97）这些陶片和泰米尔—婆罗米文铭文的综合证据，确证了因德拉帕拉教授的观点，即泰米尔语在斯里兰卡北部和东部地区占据了主导地位：

> 在岛上大部分地区，出现了一种新的普拉克里特语，它融合了印度西部和东部普拉克里特语的特点，并发展出了独特的本土特色，从而取代了早期的语言。然而，在北部和东北部地区，这种新普拉克里特语必须与占据主导地位的达罗毗荼语系语言——泰米尔语进行竞争。在这场竞争中，地理因素对泰米尔语的发展起到了促进作用，但并未完全排挤其他语言的存在。最终，这两种语言形成了各自基于语言的身份认同。[1]（Indrapala，2005：147）

斯里兰卡首次出土的泰米尔—婆罗米文铭文来源于东部省巴蒂克洛区西南部的维拉韦利，这是一个大型村落。（TISL，2019：51—54）这是一块耆那教的铭文石板，是该国首次发现的此类文物。其独特之处在于它提到了一座尼姑庵，记载了一位名叫维米的尼姑，她来自西普卡尔这个地方。

铭文结尾处出现了“perum vanikan”（[illegible]）一词，意为“商人团体的领袖”（TISL，2019：51—54）。这位商人可能是尼姑庵的资助者，也有可能是尼姑庵的建筑者。

这些铭文是以泰米尔—婆罗米文字书写的泰米尔语镌刻于坚硬的石板之上的。根据古文字学的分析，推测其年代大致可追溯至4世纪初期。

1 这一观点需进一步澄清。不可否认的是，中石器时代的原住民所使用的语言最终被泰米尔语所取代。但目前看来，并没有证据表明在这些地区曾经存在过泰米尔语与普拉克里特语之间的竞争。当因德拉帕拉提出这一观点时，大量带有泰米尔—婆罗米文铭文的陶片尚未被发现。在公元前几个世纪，泰米尔语已经成为当地的口语，因此不存在这两种语言之间的竞争问题。普拉克里特语并没有成为口语，尽管它在佛教相关的有限范围内作为一种交流语言被使用，但很快就消失了。迄今为止，在佛教遗址坎塔罗泰中，除了一件陶片外，几乎没有发现任何普拉克里特语的记录。即使是在这件陶片上，所刻的名字“tata ha pata”也无法确认为普拉克里特语名字。如果这是一个普拉克里特语名字，更合理的写法应该是“Data”或“Datta”。

原因在于，该铭文的书写风格明显受到了当时安得拉邦伊克斯瓦库王国婆罗米字符的影响，体现在竖直笔画拉长并向左下方倾斜。（TISL，2019：51—54）尤为独特的是，字母右上角的元音符号被反向放大并向左侧翻转，这种古文字特征在泰米尔—婆罗米文铭文中堪称独树一帜。过去十年，考古学家在东部省份发现了约 30 处泰米尔—婆罗米文铭文遗迹。（Pathmanathan，2016：463—464）其中最为密集的地区位于巴蒂克洛区，这些珍贵的铭文遗迹散落在潟湖的岸边，北至瓦卡赖，南达维拉韦利，东起万图穆莱，直至该区域西界库通皮马莱和坦塔马莱。（TISL，2019：3—4）

这些遗迹之所以引起学者们的浓厚兴趣，是因为它们散布在山丘、丛林、村落以及历史悠久的庙宇之中。经过考古探索，研究人员在贾夫纳区发现了多处泰米尔—婆罗米文铭文遗迹。（TISL，2019：3—4）而在北部省的瓦尼地区，预计还会有更多的发现等待挖掘。

与先前提及的普拉克里特铭文不同，泰米尔—婆罗米文铭文广泛出现在各种各样的器物上，包括那伽石、插座石、石柱、石板、支石墓压顶石、堆石圈砌石、石油压榨机、研磨工具（如研钵和磨石）、雕刻艺术品、金属器具、陶塑、硬币和印章。

除了少许例外，大多数泰米尔—婆罗米文铭文都与那伽人有关，他们是早期斯里兰卡岛上的两大主要群体之一。根据婆罗米铭文中记载的普拉克里特语信息，我们可以看出在那个时期，那伽人在岛上是第二大族群。他们使用两种语言的事实，显然可以从婆罗米文和泰米尔—婆罗米文铭文的证据中推断出来。在国家的广大区域，他们专门用普拉克里特语记录对佛教僧侣的捐献行为，这种语言已经相当于通用语了。泰米尔语方言的存在则可以从巨石墓葬上的泰米尔—婆罗米文铭文中得到确证。这些墓葬的铭文揭示，那伽人在斯里兰卡引入并发展了早期铁器时代—黑红陶文化。

在一些巨石墓葬和石堆上，雕刻的蛇形图案是那伽崇拜的象征。[1] 而那伽人创立的泰米尔—婆

1 帕达维加姆波拉的支石墓中，有一块支撑的石头，其外侧面上雕刻着各式各样的蛇形图案：有一条五头蛇、一条那伽邦达的盘绕型蛇，以及其他大小不一的蛇。另外，来自伊本卡图瓦的一个石棺上的一块直立石（现被陈列于锡吉里亚博物馆内）上也刻有那伽邦达的形象。

罗米文铭文中，提到了延续三代那伽血统的维利尔的称谓。

泰米尔—婆罗米文铭文揭示了社会中多元的宗教信仰与实践，（Pathmanathan，2016：48—495）相比之下，婆罗米文铭文则传递出古代斯里兰卡社会在此方面近乎单一的印象。然而，泰米尔—婆罗米文铭文却揭示了四种不同的宗教传统：那伽崇拜、耆那教、早期形态的湿婆教以及佛教。

那伽人崇敬一位以五头蛇为象征的神祇，他们尊称其为“Maninakan”。（Pathmanathan，2016：6—7）这个词被镌刻在所有5世纪之前的石碑之上。这种象征的巨型雕像，是同类中的巨擘，曾经矗立在捷达瓦纳佛塔的穹顶之上。

蛇神崇拜的圣地被称作“Maninakan-palli”，意为“Maninakan的居所”（Pathmanathan，2016：7）。在斯里兰卡，那伽人通常会将“Maninakan”这个词赋予所有在印度教和佛教传统中受尊崇的圣物与庙宇。在贾夫纳和瓦武尼亚的博物馆内，多数展示的佛教雕像上都能看到刻有“Maninakan”一词。在岛屿北部和东部的众多历史遗迹中，也能找到类似标记的物品。此外，“Maninakan”还出现在库萨斯拉马莱、穆莱蒂武以及其他一些地点发现的遗迹上。（Pathmanathan，2016：114—118）

四　巴利编年史

巴利编年史编录的是王朝历史，包括《岛史》（*Dīpavamsa*）和《大史》，源于早期佛教的历史传统，这些传统为其树立了典范和蓝本。（Pathmanathan，2021）当这一传统传入斯里兰卡后，通过补充马欣达尊者的事迹及大寺建立的详细情况，其内涵得到了丰富和拓展。（Pathmanathan，2021）佛教历史发展的脉络在5世纪觉音大师所著的《善见律疏》（*Samantapāsādikā*）中得以再现。直至那时，这一传统基本上仍被视为佛教的纪年史，与其他版本相比，巴利编年史中的记载显得尤为真实。（Law，1959）

自瓦塔加米尼·阿卜哈亚统治（公元前89—公元前77）以来，这一传统逐渐演变为记录王室历史的模式，这一转变充满了创新性。在此过程中，它既保持了与佛教历史紧密相连的传统，又发展出了一种按时间顺序系统记录每一位继任君主主要事迹的新传统。这一传统持续至1815年康提王国灭亡，其间仅偶有例外。《大史》是这一传统的重要文献，包含了上百个章节。然而，对其进行编纂和翻译的威廉·盖格将其划分为两部分：将前37章编为《大史》，将后续章节冠以《小史》（*Cūlavamsa*）之名。

《岛史》与《大史》详述了佛教的历史和阿努拉德普勒王朝的历代统治，直至摩诃舍那的统治期结束（274—302）。尽管这两部著作的时间跨度相同，且源自同一种历史叙述的根源，但二者在风格、内容乃至目的上存在着明显的区别。

《岛史》写于4世纪，作者不详，其文风古朴、粗犷且略显生涩，大多数情况下比《大史》更接近原始资料。（Perera：29—30）《岛史》是早期历史写作传统的结晶，具有复杂的特性。它将神话传说、真实历史和虚构故事交织在统一的历史叙述中。这部作品深入描绘了佛教的早期历史，以及在阿努拉德普勒建立佛教僧团的过程，作品内容被划分为多个章节。

这部作品对从天爱帝须王到摩诃舍那的55位国王的统治，按照时间顺序进行了简洁概述。在这部编年史里，事件的叙述保持着一致性和连贯性。文本涵盖了国王的姓名和在位年数、宫廷成员、统治者的建设成就，以及影响王权和权威的叛乱、入侵，以及佛教内部的重大演变。特别引人注目的是，《岛史》以褒扬的笔触提及了几位在阿努拉德普勒取得王位的泰米尔人。

作为早期佛教历史和斯里兰卡古代王朝历史的编年体著作，《大史》由摩诃那摩在6世纪编纂，是南亚和东南亚文学创作的一项独特成就。事实上，该区域内没有其他语言的文献能与之匹敌。这部编年史不间断地记载了自天爱帝须王即位至1815年英国废除斯里兰卡君主制的全岛王朝历史。（Perera：29）它的叙述视角根植于佛教，因为所有作者均来自摩诃毗诃罗大寺，那里正是南传佛教知识的源泉。

《大史》的第一部分由摩诃那摩执笔，他于6世纪在摩诃毗诃罗大寺做研究，也是国王达都舍那（455—473年在位）的叔父。尽管《大史》涵盖了直至摩哈森纳统治终结（274—302）的历史，但这部作品与早期编年体《岛史》之间存在着显著区别。

摩诃那摩的《大史》篇幅更长，风格细腻，洋溢着诗意的韵律。它成为巴利语或僧伽罗语中众多其他编年史的典范和主要参考文献，包括《舍利塔史》《菩提婆萨》《达途瓦萨》《达哈瓦萨》《王统谱》《锡兰的历史》《普贾瓦利亚》《印度和锡兰佛教史》。

《大史》因其多方面的价值，吸引了南亚学者尤其是斯里兰卡研究者的关注。除了翔实的早期佛教历史和王朝历史记载，这部编年史还提供了丰富的地理与地形资料。它对于理解直至14世纪的印度与斯里兰卡之间的关系，具有至关重要的作用。

《大史》的作者沿用了与《岛史》相同的编年方法。如前所述，它成为许多其他编年史的典范。历史学家拉克什曼·S.佩雷拉在评估《大史》作为历史资料的价值时强调：

> 《大史》及其后续的《小史》合起来构成了锡兰岛不可或缺的编年史。这是一份绵延2200多年的连续记载，从公元前5世纪岛上的神话传说开始，直至1815年英国征服康提王国。
>
> 这部以巴利语诗歌书写而成的约100章的作品，是13世纪前关于斯里兰卡岛的历史的最宝贵信息来源。若无此书，早期锡兰历史将是空白的，我们肯定无法获取如今这般详尽的资料。尽管具有极高的历史价值，但它并不等同于我们今天所理解的历史。神话、传说、诗歌与宗教交织在一起，形成了一层面纱，隔开了历史学家与历史的直接联系。然而，这些元素本身即揭示了一个逝去时代的历史观念。另一个显著特点是，与多数中世纪编年史不同，锡兰编年史并非只是过去的遗存，而是持续影响着人们的观念和思考，甚至在某种程度上塑造着他们对历史的认知。（Paranavitana，1959：82—97）

《大史》所呈现的问题表明，理解其内容须严谨运用现代历史研究方法和批判性分析。其中记载的王朝历史部分并无太大争议，但混杂其中的神话和传说则另当别论。这些神话传说一直激发着众多编年史作者乃至现代学者的想象力。围绕维贾亚传说的奇想催生了关于雅利安人定居和文明起源的各种理论。（Paranavitana，1959：103—105）然而，在维贾亚传说或《大史》的任何篇章中，都未明确指出岛上存在雅利安人群体。实际上，根据种族划分社群的传统在《大史》中并不常见。有趣的是，斯里兰卡大学的《斯里兰卡历史》一书，却以雅利安人定居章节作为起点，这无疑是对历史的一种重大曲解。现已证实，维贾亚的传说源于三个主要的本生故事：《瓦拉哈萨本生经》《莲花生经》《提法本生》。（Indrapala，2005：159）

《岛史》中，杜塔嘎玛尼的故事以 14 节诗的形式被详尽叙述；而在《大史》中，这个故事则被扩展成了长达 11 章的史诗式篇幅。叙述的方式和具体信息与展现王朝历史真实性的编年史结尾部分存在显著差异。这给人的感觉是，《大史》中杜塔嘎玛尼的故事是对历史叙述传统的有意强化。

这个故事不应被解读为种族冲突的见证，这样的看法并不恰当。将现代观念强加给遥远的过去是不合适的。尽管杜塔嘎玛尼发动的战争针对达米拉人，但并未明确表示这是为了解放锡兰人而战。事实上，在讲述杜塔嘎玛尼事迹的章节中，根本未提及“锡兰人”这个种族群体。杜塔嘎玛尼的统治（公元前 167—公元前 131）处于早期历史阶段的前期，也是早期婆罗米文铭文盛行的时代，这些铭文中并未将锡兰人作为一个单独的社群来提及。实际上，直到 4 世纪以前，都不存在这样一个明确的社群概念。因此，可以推测杜塔嘎玛尼的行动更多是出于对征服和巩固个人权力与威望的追求。他作为战士的英勇事迹，使他的名声和荣耀流传了数个世纪。

摩诃那摩有着自己的意图，他利用这个日益增长的民间传说，重塑了杜塔嘎玛尼的形象，使其成为南传佛教的保护者。编年史家笔下杜塔嘎玛尼的丰功伟绩与摩诃舍那将摩诃毗诃罗大寺化为废墟的行为形成了鲜明的反差。

回归种族关系的话题，值得注意的是，《岛史》和《大史》都极高赞誉了泰米尔统治者舍那、古蒂卡和埃拉兰。据称，他们依法治理国家。编年史中，将泰米尔国王埃拉兰描绘为科拉王国的贵族出身。他的统治，在斯里兰卡的历史和民间记忆乃至当前政治中占据了重要地位。在斯里兰卡的历史上，没有哪位泰米尔国王像他那样被人铭记或讨论。巴利编年史中关于埃拉兰的记载，比对岛上任何其他泰米尔统治者的记载都要详尽，在斯里兰卡人尤其是锡兰人的记忆中长久流传。这在很大程度上归因于编年史中所描述的他公正对待朋友和敌人的统治方式。（Indrapala，2005：158）

编年史中记载了关于埃拉兰公正统治的民间故事。其中一则传说称他致力于维护或尊重传统，并持续资助佛教僧侣，尽管他自己并不是佛教徒。在杜塔嘎玛尼的故事里，《大史》的作者透露了当时岛上存在着众多在泰米尔统治者管辖下的小邦。这些资料中提到的许多泰米尔统治的小邦，大多位于玛哈瓦利河流域。据说在最终与埃拉兰交锋之前，杜塔嘎玛尼已经先后击败了 31 任泰米尔国王。（Indrapala，2005：157—159）

婆罗米文铭文提及了许多处于那伽酋长家族统治下的王国，因此岛上存在几个泰米尔人统治的酋长国并不意外。直到近期，研究者才发现那伽人实际上是讲泰米尔语的社群，他们在斯里兰卡引入了早期石器—黑红陶文化。（Indrapala，2005：160）这是长期以来岛上的历史学家和考古学家尚未察觉的事实。

（范海祥　译）

参考文献

Deraniyagala, S.U. 1992. The Prehistory of Sri Lanka: An Ecological Perspective. Department of Archaeological Survey, Colombo.

Dissanayake, Ranjith Bandara. 2018. Traversing the Megalithic Funerary Landscape. The Yan Oya Middle Basin Archaeological Survey. Postgraduate Institute of Archaeology, Colombo.

Ilankait Tamilc Cācaṅkal (ITC). 1913. Vol.II.

Indrapala, K.A. 2005. The Evolution of an Ethnic Identity: The Tamils in Sri Lanka, C.300 BCE to C.1200 CE. Sydney: M.V. Publications.

Law, B. C. (ed. and trans.). 1959. Dipavamsa. Colombo.

Mahadevan, S. Iravatham. 2014. Early Tamil Epigraphy Revised and Enlarged Second Eduction, Vol.I. Tamil–Brāhmi Inscriptions, Chennai.

Paranavitana, S. (ed.). 1959. University of Ceylon History of Ceylon. Vol.I, Part I. University Press Board, Colombo.

Paranavitana, S. 1970. Inscriptions of Ceylon (IC): Early Brāhmi Inscriptions. The Department of Archaeology, Ceylon.

Paranavitana, S. 1976. Sinhalayo. Colombo.

Pathmanathan, S. 2016. Ilankait Tamilar Varalaru Kilakkiankaiyil Nakarum Tamilum (ITV). Department of Hindu Cultural Activities, Colombo.

Pathmanathan, S. 2021. The Past and Present: The Mahāvamsa in Sri Lankan Historiography. Post Convocation Lecture at the University of Jaffna.

Pathmanathan, S. 2023. Tamilp Pirāmi Valiyāka Velivarum Tamilarin Puratana Varalaru. In: Fourth Anniversary Commemoration Lecture in Honour of Former Librarian Srikanthalakşmi Arulanantham, Library, University of Jaffna.

Perera, L. S. The Chronicles of Ceylon. In: Ideas of History in the Early Empires and Literature.

Pushparatnam, P. 2001. Pantaiya Ilankaiyil Tamilum Tamilarum, Koluppput Tamilc Cankam.

Senaviratne,S. 1992. Pre-State Chieftains and Servants of the State: A Case Study of Parumaka. Sri Lanka Journal of Humanities, 15.

TISL. 2019. Vol.I.

作者简介

西瓦苏布拉马尼亚姆·帕特马纳坦（Sivasubramaniam Pathmanathan），斯里兰卡佩拉德尼亚大学历史学荣休教授，斯里兰卡贾夫纳大学校长，曾担任多个职位，包括大学教育资助委员会副主席（1994—1999）、国家教育委员会成员（1991—2001）、印度事务部顾问（2002—2003）等。

寻找快乐与和平：对索菲亚花园的自我民族志反思

[美]特蕾西·赫德森
梅希蒂尔德·纳格尔

摘　要　本文对索菲亚花园项目进行了自我民族志反思。该项目将应用学习、哲学和游戏整合成一个框架，教授小学生关于冲突的知识。作为教授和项目推进者，我们进行了自我反思，包括该项目对我们的教学实践、个人成长以及在冲突中培养快乐与和平的理解的影响。通过沉浸式互动活动和讨论，该项目旨在培养学生的批判性思维技能、同理心，以及从多个角度对冲突进行更深入理解。此外，我们还探讨了应用学习、哲学和游戏的整合是如何影响教学方法、个人成长和专业发展的。我们认识到索菲亚花园在塑造教学实践和提高学生参与解决冲突方面的变革潜力，并对其有效性提供了有价值的见解。通过借鉴相关文献和理论框架，我们将反思置于创新教学方法的更广泛背景下。在合作努力中，我们在各自独特的哲学观点中找到了灵感，这两者都植根于嵌套式关怀的概念。乌班图哲学强调了认识我们共同的人性的意义，而邀请哲学则围绕意图、交叉性、关怀、乐观、尊重和信任展开。作为实践者，独特的视角引导我们去营造包容的环境，就是优先考虑归属感，而不是参与经常导致羞耻感和屈辱感的竞争游戏。通过分享经验和思考，我们致力于理解创新的教学实践，并激励教育工作者探索在冲突中培养快乐与和平的新方法。

关键词　索菲亚花园　自我民族志反思　乌班图哲学　邀请哲学
I-CORT 2.0 框架

一　项目起源：纽约州立大学科特兰分校的索菲亚花园

2016年，纽约州立大学科特兰分校哲学系受邀为当地一所小学的学生开设一门哲学课程。这便是索菲亚花园项目（Sophia's Garden，SG）。梅希蒂尔德·纳格尔（Mechthild Nagel）自愿加入这个项目，因为她曾在德国的小学教过该课程。这是一个好时机，让她在社会哲学专业开始这个项目。这些被训练的大学生阅读故事绘本，并向从幼儿园到小学二年级的学生提出哲学问题。在接下来的几个学期里，纳格尔招募助教来帮助协调不断壮大的志愿者基地，现在每学期大约有50名纳格尔的学生。一位前助教分享说，她现在是一名认证教师，学会了与孩子们建立良好的联系，并指导他们解决生活中的难题，利用早上的时间"研究哲学，处理现实生活中的问题"。（Nagel，2021）该项目有两个目标：通过"边做边学"的方式向大学生传授哲学，鼓励儿童进行哲学探索。2023年，特蕾西·赫德森（Tracy Hudson）加入了该项目，并通过I-CORT 2.0框架（包括意向性、交叉性、关怀、乐观、尊重和信任）的视角，进一步加强了游戏和邀请教育（Invitational Education）理论的目标（Hudson，2024）。

（一）方法论

本研究采用自我民族志（autoethnographic reflection）的方法，深入探讨索菲亚花园内在的变革潜力。这是一个新颖的教育项目，旨在向小学生传授解决冲突的技巧。自我民族志是这项调查的理想方法框架，因为它有助于在更广泛的社会文化背景下对个人经历进行深入研究。通过自省和反思性分析，研究人员可以细致入微地了解索菲亚花园对自身的教学实践、个人成长和冲突解决的多方面影响。

（二）数据收集

这项自我民族志研究的数据收集，主要围绕个人反思的细致记录、观察，以及研究人员直接参与索菲亚花园中获得的见解而展开。作为项目推进者和参与者，研究人员撰写了全面的反思日志，一丝不苟地记录了整个项目期间的想法、情感和所见。这些反思性的描述，作为丰富的数据库，为索菲亚花园项目研究人员的经历提供了生动的叙述和详细的描述。

此外，研究人员定期参与汇报会议，并与其他项目主持人和参与者进行非正式讨论，以收集更多观点。这些非正式的互动，提供了有价值的补充数据，丰富了研究人员对项目动态及其对各种利益相关者的感知影响的理解，增强了数据分析的深度和丰富性。

（三）分析框架

以布劳恩和克拉克（Braun and Clarke，2006）概述的原则为指导，该自我民族志研究中采用的分析框架以主题分析的迭代过程为基础。在数据收集之后，研究人员将自己沉浸在收集到的数据中，系统地组织和编码反思日志以及非正式讨论的文字记录。通过开放编码的过程，研究人员确定了在数据中反复出现的主题、模式和见解，允许紧急主题指导后续分析。

利用归纳方法，研究人员反复对确定的主题进行细化和分类，不断比较数据，以确保一致性和严谨性。主题分析有助于在索菲亚花园的背景下对研究人员的经历进行细致入微的探索，揭示其反思性叙述中隐含的意义。

二　哲学基础概论

（一）乌班图伦理学

我们从南非共享人性的伦理中获得冲突转变的灵感。乌班图（Ubuntu）[1]象征着被他人认可和在社区中自我认同的价值交织在一起。这是一种根植于社会中心主义的伦理观，教导孩子归属感的价值以及万物相互关联，简而言之，即生命之网的重要性。因此，孩子们可以学会相互依存和与他人分享的价值。乌班图是一种尊严主义的伦理，强调宽恕的美德，正如

1 “乌班图”象征着共同的人性。乌班图哲学，起源于南部非洲的班图族和科萨族，倡导在社会生活下个体生命之间的平等性和关联性，强调人与人之间的联系和分享精神，因而代表了一种相互尊重、关爱他人、共同发展的理念。——译者注

20世纪90年代新南非真相与和解委员会的诉讼程序中所看到的那样（Tutu，1999；Nagel，2023）。乌班图伦理学之所以受到青睐，是因为它摒弃了过分强调个人的自主性和独立性，将其视为一种珍贵的善，而这正是白人男性哲学家穆勒（Mill）和康德（Kant）所支持的西方和全球北方伦理体系的标志。正如我们在下面所展示的那样，乌班图伦理学很好地处理了孩子间出现的冲突，避免了诉诸羞辱和惩罚。

（二）邀请教育实践理论

邀请教育[1]代表了一种实践理论，根植于一种有远见的希望行为，旨在实现人类的潜能（Purkey，1992）。它维护每个学生的内在价值和能力，提倡对其予以公平对待。该理论认为，个人只利用了他们潜力的一小部分，教育环境内部和周围的每一个因素都促进或损害着人类的发展（Purkey，1992）。邀请教育的核心目标是有意识地培养、维持和丰富基于信任、尊重、乐观和关怀原则的综合学习环境。作为指导哲学和实践方法，邀请教育提供了一个结构化的框架，用于思考和实施在教育环境中被认为有价值的东西（Purkey，Novak，and Fretz，2020）。邀请教育是一种不断发展的实践理论，特点是不断探索和完善未解决的问题和未探索的途径，继续塑造其发展，认识到这一点至关重要。研究人员有意扩展了这一理论，将交叉性包括在内。交叉性强调认识和理解个人身份和经历复杂性的意义，鼓励人们考虑各种社会结构和权力动态如何相互影响，以塑造人们的生活（Crenshaw，2019）。通过这种新的适应，特蕾西·赫德森把邀请教育的新核心称为I-CORT 2.0框架（Hudson，2024）。这个框架的中心是意向性和交叉性。意向性需要与价值观和目标相一致的有目的的行动，确保所有的实践和互动都反映出每个学生的价值和能力。交叉性承认各种身份因素，如种族、性别、阶级等在塑造个人特权和压迫经历方面的相互复杂作用（Crenshaw，2019）。它促使从业者慎重考虑这些交叉的身份

1 邀请教育理念，1978年由国际邀请教育联盟联合创始人威廉·沃森·普基（William Watson Purkey）首次提出，描述了一种基于人的价值、责任和能力的学与教关系的教育框架，其中的“邀请”意指涉及人类之间持续互动的道德过程。——译者注

和经历，优先考虑和确认边缘化的声音，同时抵制过度简单化。在解决社会不平等、促进包容性和社会正义方面，意向性和交叉性通过强调深思熟虑的行动、意识、理解和系统的改变联系在一起。关怀，包括对个人幸福的真正关心，超越了身体和物质需求，包括同情、理解和有意义的行动。乐观，培养对积极结果的期望，鼓励个人设想和追求更光明的未来。尊重，承认学生在接受、反对或推迟针对他们的信息方面的自主权，符合自治的民主原则。信任，是通过可靠的关系建立起来的，确保学生在需要的时候感到被支持和受重视。因此，意向性和交叉性作为一座桥梁，促进了关怀、乐观、尊重和信任在这个框架内的整合。

（三）以儿童为中心的嵌套式关怀教育理念

西方育儿的方法，关注的是成年人的需求，而不是婴儿的需求。从孩子出生起，父母就被教导在孩子哭的时候不要立刻安抚，甚至让孩子单独睡一张床。父母、老师、宗教领袖大多支持用体罚作为“管教”手段。这些措施会给受抚养的儿童造成痛苦，因此在世界各地的原住民社会中都要避免采取这些措施。原住民社会的抚养方法植根于嵌套式关怀（nested care）之中，以儿童为中心和肯定儿童。父母学会解读孩子的暗示，给予支持而不是惩罚。孩子们可以在长辈的监督下，而不仅仅是在父母的监督下进行合理范围内的尝试。事实上，儿童是社区生活的中心，不能被推到边缘。他们不应被视为负担，学习以一种自然方式进行，包括跑跳、散步，而不是西方教育幼儿的模式那样让孩子在椅子上坐 6 个小时或更长时间（Narvaez，2021）。

三　应用学习、提高读写能力、游戏：嬉戏乌班图理念

作为研究人员，我们想通过索菲亚花园项目中的一个实例来分享我们无缝衔接的哲学方法。该课程开设在一所户外学校，为期一年，由 1 号研究员专门监督，约有 8 至 10 名 4—10 岁的小学生参加。那天，有 5 个男孩和 5 个女孩，除了一个留着长发的黑人男孩，其余的

都是白人。在前往现场之前，助教们（索菲亚花园项目的教练）和 1 号研究员在停车场会面，简要讨论了一本书的书名、目标、主题和激活学习的活动。负责阅读这本书的两位教练来自哲学系。他们目前正在参加 2 号研究员的哲学课程，并接受了关于哲学激励的引导培训。负责这次活动的两位教练来自体育系，他们在上学期是 1 号研究员的学生，并在大学的多样性会议上介绍了 I-CORT 2.0 框架。所有教练都经过了两位研究人员的审查，并在索菲亚花园项目开始前参加了培训。

在活动开始前 10 分钟，教练们在停车场碰头，讨论这本书的主题和支持它的活动。1 号研究员观察了他们的对话，称赞他们精力充沛。这堂课是关于图书《我是你：一本关于乌班图的书》（*I Am You: A Book About Ubuntu*）的。他们都花时间读了“Ubuntu”这个词。一位体育教练说：“我想念对，因为念对一个人的名字或与文化有关的事情很重要。”之后，哲学系教练分享了这本书的几个主题，如社区、关怀、邻里合作、友谊和善良。她说：“我们可以根据学生的兴趣加入更多的主题。”体育教练回应道：“我们今天的活动都是关于合作的。”他们走到会议地点，迎接那些坐在篝火旁吃午饭的学生。当看到教练时，他们立即收拾好食物，准备上课。一个学生说“他们来了”，脸上露出灿烂的笑容。哲学系教练把学生们聚集起来，向他们展示了这本书的封面。她大声朗读了书名，并请大家跟着念。每个人都能正确地重复三遍。然后，她让学生描述他们在封面上看到的内容。学生的回答各不相同：“鸟在天空翱翔”“白云”“漂亮的颜色”。然而，一个学生却说：“四个孩子在一起骑自行车。”哲学系教练对每个人的回答表示感谢，接着又问了几个问题，如“你认为四个人一起骑一辆自行车容易吗？”学生对此有几种回答。然后，教练问：“你认为他们需要做些什么才能成功？”一个学生说：“他们必须一起努力。”教练肯定了这个回答。教练继续大声朗读这本书，强调鼓励团队合作和相互联系的力量。最后，教练问学生为什么合作很重要。大家给出了多种回答，如“这样我们就能帮助世界”“你需要对每个人都好”“只有互相倾听才能解决问题”。

在哲学性讨论之后，体育教练赞扬了学生富有洞察力的观点，然后把他们领到开阔的场地，向他们介绍了“孤岛逃生”（Island Escape）活动，概述了其目标：让整个团队利用可用设备，如瑜伽垫、呼啦圈、跳绳和长凳作为安全点，穿越到场地的另一边。为了增加挑战性，他们重申了任何与地面的接触都将导致团队重新开始的规则。

一些学生倾向于采取谨慎、循序渐进的方式穿越场地；另一些学生则主张采取更快、更大胆的策略，在安全点之间进行更长距离的跳跃，这引发了冲突。为了化解这一冲突，体育教练发起了学生之间的讨论，聚集了不同意见的群体，并鼓励每个人表达他们的理由。谨慎的一组表达了对摔倒风险的担忧，并强调了安全性；冒险的一组则强调快速完成挑战的必要性。在两组学生分享了他们的观点之后，教练引导学生确定共同目标——让整个团队在没有人接触地面的情况下到达对面。通过将讨论重新导向这个共同目标，教练帮助学生认识到谨慎和效率对取得成功的重要性。随后，教练通过提出一种混合的方法来促进妥协，比如在保持稳定速度的同时，在安全点之间采取较小的、经过计算的步数。这一妥协既解决了安全问题，又有助于快速完成挑战。

在整个过程中，教练提供指导和支持，确保所有学生都感到被倾听和尊重。通过促进开放沟通、确定共同目标、鼓励妥协和提供指导，在“孤岛逃生”活动中，体育教练协助学生有效化解冲突，通过合作达成了共同目标。学生热情地密切合作，相互鼓励，相互支持，手牵手，确保集体成功。在完成任务后，体育教练主持了汇报会议，鼓励学生反思他们对团队成功的个人贡献。

反身性（Reflexivity），是自我民族志方法的基本组成部分，需要在整个研究过程中对研究人员自己的偏见、假设和立场进行批判性审视（Chang，2008）。作为研究人员和项目的积极参与者，作者对他们在研究环境中的角色和影响保持高度认识。持续的反身性是实践性的，允许研究人员询问他们的动机、观点和互动，从而提高研究结果的透明度和可信度。

研究人员通过承认自身的主体性进行反思性写作实践，在研究叙述中明确表达他们的思想、情感和反思。这种反身性的立场，提高了透明度和真实性，使读者能够将研究结果置于研究人员的情境经验和观点中。

1号研究人员反思：

当我反思自己作为I-CORT框架教授的教学实践时，通过索菲亚花园教练的表现，我为他们规范地执行其原则感到自豪和感激。在课程中，教练们表现出对意向性、交叉性、关怀、乐观、尊重和信任的深刻承诺，每一种都以切实方式表现出来，丰富了学生的学习经验。

在我们精心策划和执行课程的过程中，意图是显而易见的。如在讨论《我是你：一本关于乌班图的书》时，教练们确保每个活动和讨论点都符合我们培养团队精神、合作精神和相互联系的总体目标。他们精心挑选提示和练习，鼓励学生反思社区、关怀和善良等主题，培养学生与这些素材良性互动。

交叉性（Intersectionality），被编织进我们课程的每一个方面，因为我们的教练充分地考虑到学生的不同身份和经历。他们创造了一个安全空间，在这里，所有的声音都能得到倾听和尊重。他们积极寻求边缘化群体的观点，并将其纳入讨论。如在“孤岛逃生”活动中，教练在探索团队合作概念时，鼓励学生考虑用不同的方法去影响不同能力或背景的个体，从而增进群体之间的同理心和理解。

关怀（Care），在我们的教练表现出对学生健康的真诚关心时，是显而易见的。他们花时间建立信任关系，在需要的时候给予鼓励和支持。在充满挑战的时刻，如活动中出现冲突时，他们提供指导和安慰，确保学生在整个过程中感到被重视和尊重。

乐观（Optimism），给我们的课程注入希望和可能性，激励学生相信自己有能力发生积极变化。我们的教练一直强调成长和转变的潜力，鼓励学生展望更光明的未来，满怀信心和决心追求自己的目标。

尊重（Respect），是我们互动的指导原则，因为我们的教练尊重学生在学习过程中的自主性和能动性。他们为学生创造了自由表达自己的机会，而不用担心受到批评。如在哲学讨论中，教练鼓励学生公开分享自己的观点，认可他们的贡献，并肯定他们被倾听的权利。

信任（Trust），是教育的基石，通过真诚的关系和可靠的支持来加以培养。我们的教练通过始终如一地表现出正直、同理心和同情心，与学生建立了信任。因此，学生们可以安全冒险、犯错，并作为团队共同成长。

从本质上讲，索菲亚花园教练的行为，体现了 I-CORT 2.0 框架的核心价值观，丰富了我们的学习环境，让学生们茁壮成长。作为一名教授，我被他们为创造包容和公平的教育体验所付出的奉献和热情所鼓舞，我承诺尽我所能继续支持和提升他们的努力。作为一名教育领域的黑人女性，我在公共教育领域工作了 33 年，在高等教育领域工作了 3 年，反思我们的索菲亚花园教练对 I-CORT 2.0 框架的实施，具有重要的个人和专业意义。在我漫长的职业生涯中，我经历过体制障碍和不公正，这对边缘化社区的影响尤为严重。因此，意向性、交叉性、关怀、乐观、尊重和信任的原则在我们的项目中得到应用，不仅从专业角度看是有益的，而且对我个人来说意义深远。

长期以来，我一直倡导有目的的行动和深思熟虑的策略，旨在满足所有学生的不同需求。

交叉性一直影响着我的教育理念，因为我理解种族、性别、阶级、残疾等各种身份因素之间错综复杂的联系，以及它们对学生经历的影响。对我来说，关怀、乐观、尊重和信任不仅仅是抽象的理想，而且是塑造我与学生和同事互动的基本原则。

总之，我们的索菲亚花园教练对体现 I-CORT 2.0 框架精髓的承诺，深深地打动了我。他们坚定不移地为每位学生营造包容、公平和赋权的学习环境而努力，证明了他们的专业精神和专业知识。他们的行动鼓舞了我，并为教育的未来注入了希望，重申了在教育实践中优先考虑社会正义和公平的重要性。

2 号研究人员反思：

当我回顾 10 多年来在两大洲进行的“为儿童做哲学”（Philosophy

for Children，P4C）项目时，我仍然对这个项目的潜力感到惊叹。关于这个全球性运动，我最初是从马萨诸塞大学阿默斯特分校我的论文导师加雷思·马修斯（Gareth Matthews）那里了解到的。他请我把一篇柏拉图式的友谊对话“翻译”成更简单的德文版本，这样他就可以将其教授给东德的学龄儿童。由于天主教和路德教占据主导地位，西德的学校通常不教授伦理学。我是一个德国白人，在路德教家庭长大，上了一所私立的、由国家资助的天主教女子学校。这所学校是由一位名叫玛丽·沃德（Mary Ward）的修女在当时的西德创办的。马修斯是 P4C 运动的早期领导者之一，在德国统一后，他应邀到德国东部，为他们提供开设伦理学课程方面的帮助。现在，我任教于美国最大的师范大学之一——纽约州立大学科特兰分校，我想与职前教师分享我对哲学的热爱，并通过绘本故事教他们如何进行批判性思维与和平教育，这是一个很好的主意。我加入了索菲亚花园项目，与来自体育、幼儿教育和心理学等学科的十几名教师合作。在过去 10 年中，即使在疾病大流行和封锁期间，也有数百名学生志愿参与，通过视频与儿童接触。

在具有无限空间维度的森林学校进行哲学研究，为亚里士多德所称的“漫步式”学校提供了绝佳机会。当然，他的意思是“边走边思考哲学”（walking while philosophizing）。自从 1 号研究人员赫德森博士开始指导我的哲学专业学生志愿者以来，概念性工作与自由身体运动的趣味结合，使亚里士多德的这个想法达到了一个新的水平。在赫德森博士到来之前，当志愿者读完和讨论完绘本故事后，孩子们会自发进行玩耍。现在，她和体育教练通过组织游戏，使其与绘本的主题相吻合，从而提升了讨论的水平。无论是做平衡动作，还是高兴地跳跃，或者相互提供身体支持，这些 4—10 岁的孩子都会根据自己的能力提供互助。虽然有些孩子仍然喜欢独自获胜，但这些游戏的设计是鼓励合作解决问题和进行互助，而不是争输赢。这些都是嬉戏乌班图伦理哲学概念的表达。在传统的体育教育环境中，无论是在德国还是在美国，最好的运动员都可以选择自己的队友。竞争的价值被视为一种珍贵的东西。每个最后被选中的孩子，都有一种蒙羞感，简单地说，是因为他们在同龄人和成年教练面前表现得“不够好”（not-good-enough）。50 年后，他们仍会记得这种感觉，以及忍受没有乐趣的体育课和竞争性比赛的痛苦经历。嬉戏乌班图伦理学影响了索菲亚花园的体验。面对所有的挑战和快乐时刻，孩子们的举止都带有一种嬉戏或顽皮的态度。这对于整天待在户外、不受测试“游戏”影响的孩子来说，尤其如此。由于这些孩子的独特天赋和表达性创造力得到了老师的肯定，所以他们经常对哲学问题给出深思熟虑甚至明智的答案，教练们对此感到惊讶，因为 8 岁的孩子以一种青少年才可能有的成熟方式做出了回应。

四　项目影响

通过为学生提供参与以化解冲突为重点的互动活动和讨论的机会，索菲亚花园项目使学生成为积极、知情和参与的公民。通过这些经历，学生培养了批判性思维能力、同理心，并从多角度对冲突有了更深刻的理解。通过积极参与现实世界的场景和探索替代解决方案，学生学会驾驭复杂问题，采取积极措施在社区内解决这些问题。

此外，该计划还为学生提供了有影响公民（effective citizenship）所必需的一系列技能、知识和价值观，包括尊重表达观点的沟通技巧、和平化解冲突的谈判技巧以及分析和评估信息的批判性思维技巧。此外，学生还了解了冲突的根源、同理心和理解的重要性，以及积极公民（active citizenship）在促进社会正义和公平方面的作用。

在对社区产生积极影响与为更加公正和公平的社会做出贡献方面，索菲亚花园鼓励学生将他们的习得应用到课堂之外。通过培养一种能动性和责任感，学生被激励去解决他们社区中的冲突和不公正问题。无论是通过社区服务项目、倡导活动，还是通过基层组织，学生都被鼓励运用他们的技能和知识去影响积极的变化，并为建立一个更加公正和公平的社会做出贡献。

在参与索菲亚花园项目的所有场所中（包括公立小学），森林学校是教练们感到最有回报和最受欢迎的地方之一。他们中的许多人计划成为初级教育（幼儿园至六年级）教师，因此他们在教不同年龄的孩子（4—10 岁）方面，收获了比在年龄规范的传统课堂上更扎实的经验。他们也学会了谦逊。事实上，他们在学期末的反思中一直惊讶地发现，这些孩子已经吸收了哲学及其抽象概念。此外，地点也很重要。大学生很少体验没有电脑屏幕和头顶霓虹灯的学习或研究场所。因此，他们在这个以自然为基础的、宁静的地方找到了和平与快乐，学习和创造性思维在此达到新高度。这也促进了他们的心理健康，从而确保他们整个学期都和孩子在一起。事实上，这些成年学习者说他们获得了第二次充满自由、创造性和想象力的童年游戏的机会。他们中的许多人从未与父母或看护人一起读过故事绘本，更不用说质疑故事情节或将其表现出来。值得注意的是，没有参加索菲亚花园项目的大学生，更倾向于放弃哲学课程，甚至完全辍学。因此，每周参加一次这种应用学习活动，具有累积的积极记忆影响，有利于提升学生的应对和应变能力。

总的来说，索菲亚花园使年幼的孩子和大学生成为积极、知情和参与的公民。它为他们提供了一些工具，如批判性思维技能、空间意识和同理心等价值观，以及通过游戏解决问题的方法。他们随时准备应对社区中的冲突和不公正现象。通过体验式学习和对社会责任的关注，该项目能培养学生的能动性，并激励他们为创造一个更美好的世界做出有意义的贡献。具体来说，大学生作为未来的教育工作者和学校辅导员，将在教育学方面获得重要的见解，并能了解在冒险学校环境中生活和参与游戏的孩子的需求和能力。

五　号召行动

当我们逐渐意识到化解冲突对学生的社会和情感发展有深远影响时，越来越明显的是，传统的方法可能无法促成持久的解决方案，也无法培养一种同理心和理解的文化。因此，我们敦促世界各地的教育工作者开启一段采用嵌套式关怀方法化解冲突的旅程，不仅在教室中，而且在孩子们度过宝贵休息时间的操场上。通过拥抱根植于乌班图伦理学和邀请哲学的嵌套式关怀原则，我们有机会从根本上改变化解冲突的动力，将曾经被认为是破坏性的时刻变成成长和联系的宝贵机会。

在响应这一行动呼吁的同时，我们认识到，营造包容和谐的学习环境需要集体努力,需要我们重新设想自己作为教育者和领导者的角色。它需要转变观点，从仅仅将冲突视为干扰，到将其视为学习过程中不可或缺的一部分，并充分发挥有意义的参与和变革性学习经验的潜力。

因此，我们以毫不动摇的奉献精神和承诺响应这一行动呼吁。我们掌握必要的工具和战略，有效地实施嵌套式关怀方法，将其原则融入我们教育机构的结构中。通过合作解决问题等有意识的实践，不仅在我们的学生之间，而且在我们更广泛的学校社区内，培养一种同理心、理解和相互尊重的文化。

让我们携起手来，以每一次互动都是成长和联系的机会这一信念为指导，迎接挑战，重塑学校化解冲突的方式。通过响应这一行动呼吁，我们重申了共同的承诺，即营造包容和谐的学习环境，让每个学生都感受到被关注、被倾听和被重视。在这样做的过程中，我们不仅为个人的成功奠定了基础，而且为子孙后代拥有一个更富有同情心和更公平的社会做出了贡献。

（姜守明 译）

参考文献

Braun, V. and V. Clarke. 2006. Using Thematic Analysis in Psychology. Qualitative Research in Psychology, 3(2).

Chang, H. 2008. Autoethnography as Method. Walnut Creek, CA: Left Coast Press.

Crenshaw, K. 2019. “Difference” Through Intersectionality. In: S. Arya and A.

Singh Rathore (eds.). Dalit Feminist Theory. Routledge India.

Hudson, T. 2024. Creating a Culture of Care: I-CORT 2.0 Framework [Presenter]. International Alliance for Invitational Education and SUNY Cortland's Physical Education Department, Philosophy Department, Center for Ethics, Peace, and Social Justice, Sophia's Garden.

Moahloli, R. and Z. McDonald. I Am You: A Book About Ubuntu. Amazon Crossing Kids.

Nagel, M. 2021. Sophia's Garden: Teaching Children and Teenagers Philosophy and Social Justice. https://blog.apaonline.org/2021/09/29/sophias-garden-teaching-children-and-teenagers-philosophy-and-social-justice/.

Nagel, M. 2023. Ludic Ubuntu Ethics: Decolonizing Justice. New York: Routledge.

Narvaez, D. F. 2021. Putting Childraising Back on Track: Childraising in the Western World Is Off the Rails, Psychology Today. https://www.psychologytoday.com/us/blog/moral-landscapes/202112/putting-childraising-back-track.

Purkey, W. W. 1992. An Introduction to Invitational Theory. Journal of Invitational Theory and Practice, 1(1).

Purkey, W. W., J. M. Novak, and Fretz. 2020. Developing Inviting Schools: A Beneficial Framework for Teaching and Leading. New York: Teachers College Press.

Tutu, D. 1999. No Future Without Forgiveness. New York: Doubleday Books.

作者简介

特蕾西·赫德森（Tracy Hudson），美国纽约州立大学科特兰分校（SUNY Cortland）体育系助理教授，美国文化教育基础课程的部门协调员，指导职前教师通过交叉性、关怀、乐观、尊重和信任（I-CORT 2.0 框架）的原则，探索社会中机会、特权、冲突和游戏的历史分布。

梅希蒂尔德·纳格尔（Mechthild Nagel），美国纽约州立大学科特兰分校哲学与非洲研究教授，伦理、和平与社会正义中心主任，跨国妇女与性别研究杂志《瓦加杜》（*Wagadu*）创始编辑，独著《嬉戏乌班图伦理学：非殖民化的正义》（*Ludic Ubuntu Ethics: Decolonizing Justice*）、合著《重塑多样性和包容性领导：种族、性别和制度变革》（*Reframing Diversity and Inclusive Leadership: Race, Gender and Institutional Change*）等。她还是索菲亚花园项目的创始人。该项目与科特兰地区的学校合作，在那里，大学生与孩子们，从幼儿到青少年，一起探索哲学。

工业革命前期英国的劳资冲突与政府的立法调节

金 燕

摘 要 英国是世界上最早开始工业化进程也是最早开始从传统社会向工业化社会转型的国家，劳资关系在其社会关系中占据非常重要的位置，而国家对劳资关系的调节是历史发展的必然结果。本文对工业革命前期英国劳资冲突的概况，以及政府如何试图以立法方式对劳资关系进行调节的过程做了详细梳理，指出这种变化的根源在于经济自由主义的影响。

关键词 英国 工业革命 劳资冲突 政府调节

工业革命带来了英国从传统社会向现代社会转型，也造成了劳资冲突加剧以及政府对劳资关系的调节发生重大转变。这一时期的政府调节，主要包括“除旧”与“布新”两部分内容。“除旧”是指废除以管制为特点的家长式立法，为劳资关系松绑；“布新”是指一些新立法的通过，其中最重要的是结社法和工厂法的通过。而在这破立之间，我们可以看到家长制保护主义的式微及经济自由主义的影响与日俱增。

一

工业革命开始后，由于工人社会地位的剧烈变动，其政治和经济权利遭到严重剥夺，因而劳资冲突愈发激烈。工业革命前期，劳资冲突的类型和特征与之前有着明显不同。

（一）以经济利益为主的冲突

经济利益方面的争端是这一时期劳资冲突的主要诱因，包括工资、工时、雇佣合同、机器使用等方面。其中最主要的两种类型分别是围绕工资和机器的使用而产生的冲突。

工资问题因直接关系到劳工及其家庭的生计而成为劳资冲突的焦点。工资有名义工资与实际工资之分。实际工资是指名义工资剔除物价变动因素后，以不变价格计算的工资。工人的生活水准在很大程度上取决于其实际工资水平。18 世纪下半叶开始，英国工人的实际工资状况呈普遍下降趋势，尤其是 18 世纪 90 年代到 19 世纪 20 年代间更是陷入了低谷，其实际生活水平从总体上看也呈下降趋势。如果再进一步对工人中各个不同群体进行仔细考察，又可看出以下几个特点：其一，农业工人这一群体实际工资的波动最小，基本上呈幅度不太大的增长走势；非熟练工人也呈现小波动中总的增长趋势。其二，相比而言，熟练工人的情况显得特殊。这一群体的实际工资收入从 1755—1819 年一直呈下滑趋势，与 1755 年相比降幅在 24.6%—7.3% 之间。可谓收入减少的程度最高，持续时间最长。（赵虹、田志勇，2003）与此相对应，18 世纪下半叶开始，工资问题日益成为劳资争议的焦点。

由工资引发的劳资冲突遍布当时的各个行业。1764 年，爱丁堡（Edinburgh）的泥瓦匠和木匠罢工，要求涨工资，同时也向法庭请愿，控告他们的雇主联合起来压低工资，认为应该根据粮食的价格以及生活成本调整工资。（Fraser，1999：6）1775 年 12 月，泥瓦匠帮工向议会请愿，称他们的工资水平还是 70 年前制定的，而现在并没有一个法律授权治安法官厘定他们的工资。因此，他们希望下院能干预此事，使他们的工资涨到每周 18 先令，或定在一个下院觉得合适的水平。但下院拒绝了其提出的成立委员会的要求。于是，200 个泥瓦匠帮工开始罢工。1776 年 6 月，3000 名木匠在米德塞克斯医院附近集会，要求每周增加 2 先令的工资，伦敦市中心及东部的建筑业因此而停顿数月。（Dobson，1980：22）

农业工人要求增加工资的情况也很普遍。伊斯灵顿（Islington）的干草工常在收获季节向雇主施压。1763 年大旱期间，当干草价格达到每担 4 镑时，他们开始罢工。1766 年，干草工们又开始罢工，直到工资被提高到每天 1 先令 4 便士时才回去工作。1774 年，罢工开始变得更加暴力，直到被当地的治安法官驱散。但在接下来的一年，他们再次罢工，要求涨工资，直到农场主们答应将工资提高到每天 1 先令 6 便士才复工。（Dobson，1980：23）

1768 年，爱丁堡的制鞋匠要求增加工资，理由是他们每天的工作时间增加到了 15 个小时，因此工资也应该相应增加。在其他地区，工人们还采取了各个击破的策略，一次只对付一个雇主，当要求被拒绝之后则开始罢工。（Fraser，1999：7）1779 年，诺丁汉（Nottingham）的织袜工试图获得最低工资。他们向议会请愿且拟定了相关草案。在雇主的反对之下，织袜工提出的草案未获通过。6 月 10 日，消息传到诺丁汉后，工人们群情激愤。当晚，来自城镇及附近农村的工人开始聚集，市场的窗户被砸破，有一个大袜商的住所也遭到了攻击。1792 年，布里斯托尔（Bristol）、谢菲尔德（Sheffield）、纽卡斯尔（Newcastle）等地的矿工要求增加工资，其中一些地区出现了暴力行动，矿工们威胁说如果不满足他们的要求，他们就推倒机器、填满矿井，罢工的人群最终被军队驱散。（Stevenson，1979：128）

在工业革命初期，除了以工资问题为焦点的劳资冲突外，围绕机器使用而发生的劳资冲突也引人关注。劳资双方在机器问题上的截然对立，是工业革命时期社会动荡的一个重要因素。对利用机器生产的资方来说，机器可以提高生产效率，降低人力成本，使他们的利益最大化；而对手工工人来说，机器就是一头即将吞噬他们的怪兽，让他们不得不面对失业与饥馑。在这一点上，劳资双方很难取得共识。1786 年，利兹（Leeds）的梳毛工就埋怨，梳毛机的使用使成千上万的人申诉失去工作，陷入无穷的苦难之中，无以持家，因此呼吁雇主们抛开偏见和私利且禁止使用机器。但利兹的毛料整饰业雇主则在 1791 年通过决议，表示要坚决使用机器，且一旦造成就业减少就优先雇佣那些不反对使用机器的人。就连比较开明的雇主，如 1788 年威尔特郡毛业大会主席安斯蒂，虽然承认机器对工人造成极大的危害，但仍认为机器的使用是必不可少的，舍弃即意味着行业的衰落。（钱乘旦，2020：37）

在这样的背景之下，破坏机器运动在工业化前期开始出现并逐渐增多。多布森整理的资料显示，最早的破坏机器运动发生在 1768 年的莱姆豪斯（Limehouse），当地的锯木匠反对使用风力的锯木工厂。而最为激烈、最为频繁的破坏机器运动发生在纺织业中。1768—1769 年间，布莱克本 (Blackburn) 的纺工们攻击了珍妮机的发明者哈格里夫斯的住所，摧毁了他的机器。

1779 年 10 月，一场更加严重、更加有组织的破坏机器运动开始了，运动的目标是反对阿克莱特发明的粗纺机。1775 年，阿克莱特取得粗纺机专利。1776 年，他在博卡里（Birkarce）建立了一个工厂。工人们把行业萧条的原因归咎于阿克莱特的发明。据估计，有近 8000 人参加了这次骚乱，参加者不仅包括织工与纺工，还包括矿工、制钉匠等，这些人攻击了韦斯特里奇（Westleigh）、沃斯利（Worsley）、利托波顿（Little Bolton）等 9 个地方的工厂。10 月 4 日，阿克莱特在博卡里的工厂被附近一群暴怒的工人袭击。他们全副武装，破门而入，摧毁了约 100 台机器，之后又纵火烧毁了整栋建筑。整个事件造成财产损失约 4400 镑，另有 2 人死亡，3 人受伤。（Hammond，1979：53—54）

总体来看，在 1768—1800 年间，共发生了 23 起由机器使用引起的劳资冲突，其中 1768—1780 年发生了 8 起、1781—1800 年发生了 15 起。（Dobson，1980：154）这些冲突虽然在劳资冲突中所占比重不大，但由于是 18 世纪下半叶出现的新型劳资冲突而更加值得关注。这种以机器使用为核心的冲突一直持续到 19 世纪上半叶，最终发展为“卢德运动”与“斯温暴动”。

（二）以政治利益为主的冲突

除与雇主进行直接经济斗争外，手工工人还通过组建政治组织来捍卫自身的政治与经济权利。从 18 世纪 90 年代开始，手工工人掀起了工人激进运动，其指导思想是工人激进主义。

工人激进主义提倡政治斗争，要求实现普选，使工人也取得政治权利。在这种思想的指导下，手工工人开始组建起自己的政治组织。1791 年 12 月，谢菲尔德出现了一个叫“谢菲尔德宪法知识会”（The Sheffield Society for Constitutional Information）的组织，在短短的几个月内，其成员数量就达到 2500 人；到 1792 年秋季，其成员数量就达到了 5000—6000 人。（Brown，2000：25）该组织成员“主要是由谢菲尔德的手工业者”组成。不过，从影响力来说，1792 年成立的伦敦通讯会（London Corresponding Society）是英国乃至世界上第一个具有重要影响力的工人阶级政治组织。其创始人是托马斯·哈迪（Thomas Hardy），一个苏格兰出身的鞋匠，后来又做过瓦匠。（汤普森，2001：6）伦敦通讯会的成员主要是手工工人。在其成千上万名会员中，知道职业的有 347 人。其中，“鞋匠及相关行业的有 43 人，织工及有关行业 27 人，还有 24 个裁缝及皮裤工，这 3 个行业占了总数的 1/4 以上。相比之下，医生、律师、军官、商人等‘中等阶级’所占比例就很小”（钱乘旦，2020：110）。

伦敦通讯会的宗旨是“争取议会改革”，主要内容有二：一是普选权，二是议会每年选举一次。（Cole and Filson，1951：44）他们要求政治改革的根本目的在于寻求经济上的解放。这是因为手工工人认识到，他们所遭受的苦难以及所处的悲惨境地，完全是由政治权利的不平等造成的，而要想彻底改变这种境遇，就必须进行议会改革，取得政治权利，进而根本改变其经济地位与经济命运。由于人数最多，力量最大，成立时间又相当早，并且地处国家政治生活的中枢，伦敦通讯会成为当时工人阶级政治组织的核心，在工人激进运动中处于无可争议的领导地位。

在斗争方式上，伦敦通讯会除了采用集会、请愿、游行、示威等中等阶级采用的方式以外，还采用了密谋与暴动甚至武装起义等暴力方式。在运动的早期阶段，和平请愿的方式是主流。在请愿无果之后，其斗争方式开始向暴力转变，18 世纪末的伦敦通讯会就在密谋暴动的道路上越走越远。通讯会不仅参与“联合爱尔兰人”企图推翻英国殖民统治的民族解放运动；还成立了“英国秘密委员会”，准备迎接拿破仑大军攻打英国。通讯会的这种行为坚定了政府迅速镇压的决心。1798 年 4 月，警察逮捕了包括通讯会书记埃文斯在内的 13 人和总委员会的全部委员。此后，总委员会不复存在。两天后，政府再次中止人身保护法，捕人的浪潮再次席卷全国，伦敦通讯会的所有重要成员被捕。1799 年 7 月，议会通过《反结社法》，明确取缔伦敦通讯会等工人阶级的政治组织。（Cole and Filson，1951：77）以伦敦通讯会为代表的早期工人激进运动就此告一段落。

从根本上说，工人激进运动也是劳资冲突的一种形式，反映了手工工人对劳资冲突本质的认识。正是经济利益的受损，使手工工人开始思考他们生活每况愈下的深层原因。思考的结果是，当权者通过立法对他们进行剥削，因为他们没有政治权利。由此，他们才要求政治权利，争取政策的制定权，以期在劳资关系中占据有利地位，进而提高他们的工资、减轻他们的负担、改善他们的生活条件。不过，政府的严厉镇压使得工人激进主义宣告破产。到 19 世纪初，工人阶级不得不又走上暴力对抗的道路。

（三）工业革命前期劳资冲突的特征

与工业化前期英国的社会转型相适应，这一时期的劳资冲突也体现出过渡时期的特征，主要表现在如下两个方面。

第一，手工工人是劳资冲突的主体，劳资冲突的频率上升、范围扩大，出现了以政治利益为主的冲突。

根据多布森（Dobson）的统计，在 1761—1800 年间发生的 266 起劳资冲突中，包括纺织、造船、鞋帽、成衣等在内的传统行业的手工工人的冲突就有 152 起，占总冲突数量的一半以上，而其中又以纺织业最多，共 55 起。（Dobson，1980：24—25）手工工人占据了劳资冲突的主体地位，这和工业革命期间手工工人经济与社会地位的衰落有直接关系。工业革命中的技术发明提高了工人的生产力，但同时也大大危害了它们所涉及的行业中的技术工人，原来他们所从事的工作现在可以由没有技术的妇女和儿童来代替。（Cole，1947：20）不断被排挤的手工工人为了争取自己的生存权利不得不采取一次次的抗争。

这一时期的劳资冲突仍然是以经济利益为主，主要有关工资、工时问题。1761—1800年间的266起劳资冲突中，涉及工资、工时问题的为185起，涉及就业条件问题的为47起，涉及其他问题的为34起。（Dobson，1980：28）此外，在这一时期还首次出现了以机器使用为主题的新型劳资冲突。除经济利益冲突外，此间还出现了以政治利益为主的冲突，这就是工人激进主义，手工工人要求政治改革，主张自己的政治权利。这是前所未有的事情，成为19世纪工人激进主义的渊源。

在劳资冲突中，手工工人首先想到的仍然是寻求法律保护。当寻求法律保护时，他们往往求助于在更为专制的社会中的家长制规定，从中截取那些对他们的现实利益有帮助的部分。（Thompson，1993：10）手工工人起初试图说服议会和治安法官帮助他们，这种帮助基于一个旧原则：对工业的控制及保障每一个人既有的地位与收入是国家的分内之事。然而，工业革命初期，统治阶级和雇主受到变化的经济情况的影响，放弃了家长制保护主义，而采用了自由放任的新原则。当工人发现他们的呼吁立法保护无望时，他们绝望地将大型的产业行动作为救赎的手段。（Cole，1947：42）在这些手工工人中，手织工的暴力倾向特别明显，他们常常采取一种极端的并且在严格意义上来说是“非工业”的方式来表达他们的不满，通常以无目的的身体暴力为特征，这是前工业社会无组织抵抗的回归，而不是现代集体谈判的先驱。（Bythell，1969：180）这样一来，就造成工业化初期劳资冲突的频率上升。统计表明：1741—1760年间，劳资冲突仅为57起；到1761—1780年间，劳资冲突猛增到113起；而在1781—1800年间，劳资冲突更是达到153起。（Dobson，1980：28）

第二，在工业化前期，工人通过结社与雇主对抗在劳资冲突中占据越来越重要的地位。

帮工的结社早已存在，目标从表面上看来是纯社会性的。早在17世纪晚期，工人们就常常联合起来采用互助保险，以应对疾病、年老或是死亡。1699年，纽卡斯尔的驳船船员“一致同意在他们中间征收并存储他们收入的一小部分，设立一个公众基金，以救济他们自身、他们的妻儿，以及上了年纪的船长”（Pelling，1963：10）。这种早期的工人联合方式更多的是一种经济互助组织。在工业化前期，随着生存条件的恶化，这种社团得到了长足发展。1794年3月，梳毛工威廉·盖茨（William Gates）证实，他经常奔走于各地寻找工作，在他找到工作之前，他所属的俱乐部会一直为他提供援助。当被问及在梳毛工中是否有人不从属于这种俱乐部时，盖茨说，是有一些这样的人，但是100个人中不会有1个。另一名梳毛工乔纳森·肖顿（Jonathan Shotton）在被问及这种结社的本质时回答，这种俱乐部是由自愿加入的梳毛工自己缴费成立的，其目的有二：①帮助那些在原地找不到工作的人四处寻找工作；②当工人生病之后为其提供救济，如果工人不幸身亡的话就由俱乐部负责安葬。（Bland，1921：626）

与此同时，手工工人还开始利用社团的力量向雇主施加压力或向国王、议会、四季法庭提出呈诉，反对雇主减少工资或增加工时。各行业中遍布的工人社团在劳资冲突中发挥着越来越重要的作用。弗朗西斯·普雷斯（Francis Place）在1790年参加过一个互济会，尽管它只是一个互济组织，但据其回忆，它确实支持过成员的罢工行为。这些社团中，有些很有影响力，如伦敦的制毡工人社团，可谓有着良好组织的模范。该社团在1775年已有足够力量涨工资并且保证该行业只能雇佣其成员。1787年，当格拉斯哥（Glasgow）细棉布工厂主们想借劳动力过多的机会来共同降低计件工资时，他们碰到了一种有组织的抵抗。工人们全部拒绝在最低工资之下工作。那些不同意付出这种最低工资的厂家受到了抵制。冲突是通过暴行和巷战结束的。但是，起初用来鼓励和支持冲突的办法，似乎有着一个工人协会在向会员们发布口令和纪律。（芒图，1983：358—359）在18世纪90年代伦敦发生的多起劳资争议中，都有结社的影子，如1791年和1792年的鞋匠罢工、1793 年和 1796 年的制绳匠罢工、1794 年的制帽匠罢工、1795 年的造纸匠罢工、1795 年的印刷工人罢工、1797 年的造船匠罢工等。（Stevenson，1979：129）在破坏机器运动中，这种联合的力量也非常明显，工人们在运动中所表现出的团结是工会运动的基础。

18 世纪下半叶，东安格利亚（East Anglia）的情况也从另一个角度说明了工人联合力量的重要性。相较于其他地区，东安格利亚的劳资关系相对平静，工人经常在与雇主的斗争中获得胜利，雇主也会顾及工人的利益，这种情况与当地工人的联合有着非常密切的关系。当地的织工们普遍坚持一个原则：拒绝减少工资，即使是在行业萧条时期也是如此，他们宁愿失业也不接受低于他们标准的工资。工人的联合产生了巨大的力量，甚至在拿破仑战争期间的行业萧条时期也能使工人的工资做到不降反升。（Stevenson，1979：116—117）

这种早期工人结社的主要成员是手工工人而不是工厂工人，他们渴望在一个变化了的工业环境里继续保持他们的社会地位和生活标准。这些结社并不是工业革命的产物，而是对至少在 17 世纪末就开始的工业结构变化的一种回应，这些变化打破了传统的由国家、行会以及长期的习惯所控制的系统制度。（Pelling，1963：14）

二

面对劳资冲突的不断加剧，政府也不得不采取各项举措予以应对，其中比较重要的是对涉及劳资关系的相关立法进行调整。在前工业社会，已有一些针对劳动关系中的相关主体的法令，其中最重要的是 1563 年颁布的《关于各业工匠、工人、农业仆人和徒工的立法》。这些劳工立法对雇佣合同、厘定工资、从业资格、雇主和雇工之间纠纷的处理等劳资关系的诸多方面做了详细规定，集中体现了以管制为特征的家长式特点。工业革命开始后，这些家长式立法遭到前所未有的抨击，主要集中于厘定工资及学徒制条款。前者规定由治安法官厘定劳工工资并监督执行，后者规定从事农业或手工业生产的人必须经过一定的学徒期方可自由从业。此时，越来越多的人指出工资应由市场力量决定而非政府规制，并与整个社会的财富总量密切相关。而学徒制侵犯了劳动者的劳动自由，也侵犯了雇主的自由，“妨碍了劳动的自由活动，甚至使劳动在同一地方不能由一职业转到其他职业”（斯密，1981：115—116），因此完全没有必要存在。政府也开始着手调整相关法律，以适应新的需要。

自 18 世纪开始，雇主规避立法规定的行为就屡屡出现，遭到了工人的强烈反对。1773 年，迫于丝织工们锲而不舍地发起暴动，议会通过了斯皮塔菲尔德织工法案。该法案授权治安法官及其他地方官员规定在丝织业中被雇佣者的工资。（Bland, Brown，and Tawney，1921：548—549）斯皮塔菲尔德织工法案确实为工人提供了一定程度的保护，可是它保护的范围有限，仅限该地区的丝织工。从全国范围看，绝大多数行业的工人已无缘这种家长式的保护。斯皮塔菲尔德织工法案是在织工们持续数年的艰苦努力后议会勉强让步的结果，这也从一个侧面说明当时的议会正处在两难之中：一方面面临着手工工人的不满，要求国家继续对他们实施家长式保护；另一方面，越来越多的当政者认为这样的保护不是自己应该承担的职责。

除了要求治安法官厘定工资外，工人中还出现了要求制定最低工资标准的呼声，这得到了一些有识之士的支持，如塞缪尔·怀特布莱德。1795 年 12 月 9 日，他向议会提交了一份最低工资议案，要求授权治安法官为劳工厘定最低而不是最高工资，所有雇主和雇工之间一切低于这一规定工资的合同均为无效，违反法律的雇主将被罚款或监禁。（Hubbard，1912）该议案遭到了皮特的强烈反对。深受自由放任思想影响的皮特坚决反对国家干预经济生活。1796 年 2 月 12 日，威廉·皮特在议会说：“请看看官方干涉阻碍工业发展的情况吧，以及最好的意图产生最坏的效果的情况吧……商业、工业和交换始终会找到与自己相适应的地位，它们只会被人为的措施所搞乱，这些措施一干扰它们的自然活动，就会阻止它们的良好作用。”（芒图，1983：321）他反驳了怀特布莱德关于工资没有随价格上涨的判断，声称劳工的苦难已经由于雇主的仁慈而得到了缓解。他竭尽全力地反对立法干预工资。在皮特看来，消除这些罪恶不能依靠立法，而应依靠劳工的自由流动以及废除旧有的对使用劳动力的种种限制。

反对该议案的远远不止皮特一个人，巴克斯顿和范西塔特等议员都站在自由放任的立场上反对该议案，认为应该由市场根据劳动力的供求状况自行调节工资水平，国家不应对工资进行行政干预。巴克斯顿认为立法干预没有太大用处，并担心如果劳动的价值由治安法官决定，那么许多勤劳的工人将会失业，成为各自教区的负担。范西塔特认为任何由治安法官行使的专断的对价格的控制，都将是大的罪恶。由于反对的人数太多，该议案最终被否决。（Bland，Brown，and Tawney，1921：554—565）

新工资立法的提议终成泡影，旧工资立法的地位更岌岌可危。19世纪初，越来越多的人要求废除厘定工资的法律。随着这种呼声的不断高涨，议会开始考虑废除这一法律规定。工人在得知议会的态度后，开始了大规模的请愿活动。兰开斯特郡的一些织工在给议会的请愿书中就详细描述了他们的艰难处境，请求议会不要贸然废除这一规定。这些织工说，在过去许多年中，他们经历了几乎持续的工资下降，尽管有时有些微的改善，但最近30个月以来一直是持续下降状态。工资如此之低，以至于棉纺业织工的平均工资每周不超过5先令，而其他行业的平均工资通常是每周20—30先令；而且，生活必需品的价格高得令请愿者们都不能保证他们自身及其家庭的食物供应，教区的负担是如此之重以致不能提供充足的供应。……请愿者们谦恭而急切地请求议会不要废除上述规定，这是他们唯一能够希望减轻自己现在苦难的法令……如果议会认为废除这一法令是合理的，那么请颁布一个同时有利于雇主和雇工的法令，来确保工人能凭自己的劳动获得维持生存的工资。（Bland，Brown，and Tawney，1921：576）这份请愿书代表了那个时代大多数手工工人的心声。

工人的请愿活动未能阻止议会废除工资立法的脚步，更没能给他们带来新的保护性措施。相反，在经过激烈辩论之后，议会于1813

年断然废除了伊丽莎白劳工法中有关治安法官厘定工资的条款，取消了对工资的国家干预，意在使工资完全改由市场力量决定。

在厘定工资条款寿终正寝之后，学徒制条款也迎来了同样的命运。尽管在工业革命前，对学徒制的规避一直存在，但对其真正猛烈的抨击却是在工业革命开始后。亚当·斯密认为学徒制侵犯了劳动者的劳动自由，也侵犯了雇主的自由。很多雇主也愈加感到学徒制的规定不仅限制了他们雇佣工人的人数，限制了他们招募工人的自由，更使他们不得不承担起学徒的食宿、教育等额外的家长式义务，因此不断要求政府废除学徒制的相关规定。

与此相反，手工工人们的态度则大不相同，他们希望继续实施学徒制。工业革命时期，许多行业中涌入的非技术工人使“原先的技术工匠就不得不俯首就范，接受不利的工资条件，从而在事实上降到了非技术工人的水平”（钱乘旦，2020：45）。同时，工厂制度的迅速发展也使他们面临失业的境地。因此，为了维护自己的地位，这些技术工匠特别希望政府不要废除学徒制的规定，并进而希望能够通过政府的力量保证它的执行，扩大它的适用范围。他们采取各种各样的方式展开斗争，一方面通过向违反学徒制规定的雇主提起诉讼等方式谋求法律的帮助；另一方面自己组织起来，向议会请愿，要求更加有效地实行学徒制。

1813 年 4 月 28 日，工人发起了一次前所未有的大规模请愿，总签名人数达到约 32000 人。（Derry，1931）请愿者要求议会同意提出一项修正案使学徒制更加有效。请愿书在提交下院后引起了激烈辩论。在辩论中，很多议员反对请愿书中的提议。如议员吉迪认为，学徒制在商业的幼年期或许能起到作用，但是在现在的商业世界中学徒制已经没有必要存在。他认为，有的人的天分并不适合他现在从事的行业，却因为学徒身份的限制而不能自由选择。学徒制束缚了这些人精神和肢体的发展，阻止了他们利用自身特长从事适合自己的工作。议员布特沃斯也反对学徒制。他举例说：有一个能力非常强的年轻人，对他的雇主也非常有价值，但这个年轻人没有当过学徒，因此，他的同事们联合起来反对他，要解雇他。布特沃斯试图帮助这个年轻人，但是没有成功，因为工人们的共谋达到如此高的程度，以致他们的要求必须得到满足。最后，这个年轻人被解雇了。尽管他具有从事这一行业的娴熟技艺，但他仍然不得不靠变卖家具来养活他的家庭。（Hansard，Cols. 1120—1131）

在罗斯的努力下，议会最终成立了一个特别委员会调查此事，但并未起到什么作用。委员会的态度是敷衍了事，最后连正式的报告都未出具。这个委员会的态度其实也代表了在整个议会占主导地位的态度。与此同时，工厂主们也抓紧时间，向议会请愿要求废除学徒制规定。1814 年 4 月 6 日，议员 H. 戴维斯提交了一份布里斯托尔部分工厂主的请愿，要求废除伊丽莎白工匠法中的学徒制条款。（Hansard，Cols. 423—425）4 月 27 日，议员萨金特·翁斯洛在议会正式提出了要求废除学徒制规定的法案。他指出，伊丽莎白法案中的这一规定是不合理的，其目的不是要促进制造业的发展，而是要使制造业屈从于土地利益。（Hansard，Cols.563—574）学徒制条款最终于 1814 年被废除，其实早在 1803 年和 1809 年，议会就已经通过法令，废除了毛纺织业中关于学徒身份的行会法规。（Bland，Brown，and Tawney，1921：587）虽然那只是针对某一特殊行业的规定，但无疑已经预示了学徒制的最终命运。

三

除了废除前工业社会的劳工立法外，政府还通过了一系列新的立法，主要包括结社法、工厂法、仲裁法等。18 世纪之前，英格兰仍是一个农业社会，城市劳工的力量并不突出，农村劳工由于教区以及法令的限制而不能经常性地流动，力量比较分散，并没有显示出很强的联合倾向。即使有一些联合也往往是暂时性的，是为了某一特殊目的而暂时存在，目的达到之后就会自行消散。而诸如友谊社这种工人之间互助的团体，尽管有的存在时间很长，但其目标并不在于提高工资，而仅仅是防御性的自我保障，故对雇主不构成威胁。因此，在 18 世纪之前，关于结社的立法并不多见。

但到了 18 世纪，劳工的联合与日俱增，通过联合结社的力量同雇主的对抗也愈演愈烈，这就引起了议会的关注。面对这样的形势，在雇主的要求下，议会不断制定法律以反对某一行业中工人的结社。在整个 18 世纪，共有大大小小 9 个有关禁止结社的法案被议会通过，其中就包括著名的 1799—1800 年的结社法。（Orth，1987）在该法令出台之前，英国议会通过的相关法令都具备以下共同点：①适用范围局限于某一特定行业；②在限制工人结社权利的同时，仍会对该行业中的工资或工时做出明确规定。这种压制和保护并存的特点，表明这些法案仍然带有家长式立法的痕迹。

然而，在 1799—1800 年通过的结社法中，这种家长主义的特点却被大大削弱了。该法案规定：任何工匠、工人等都不得缔结非法的合同、契约或协议；如果工匠和工人违背上述法律，则由当地两名治安法官负责定罪，并处以不逾 3 个月的监禁，或投入该辖区的感化院从事不逾 2 个月的苦役；同时，凡是工匠或工人等以任何手段故意地和恶意地竭力阻止任何未被雇佣的或失业的工匠或工人……受雇于任何雇主的，或者为获得提高工资等诱惑、劝说、教唆、恫吓或影响其他工人的，或者未有任何正当的或合理的缘由而拒绝同任何其他在业或已受雇的工匠或工人一起做工的，都是违法行为，应该受到法律制裁。该法案同时也限制了雇主的行为，非法签订合同的雇主也将遭到处罚，但是有罪的雇主不会立即被关押，他们的处罚是罚款 20 英镑，其中一半给王室，四分之一给告发人，四分之一给教区的穷人。只有在罚款没有缴纳的情况下，雇主才有可能被处以 3 个月的监禁。（Orth，1987）

与之前通过的结社法相比，这个法令存在三个鲜明不同点：①取消了此前法案中所附带的保护性条款，如直接规定某行业的工资、工时等。②它不再局限于某种特殊行业，而适用于所有行业。③其出发点已经是契约自由思想，认为雇佣合同应由作为个体的工人和作为个体的雇主之间自由缔结，任何集体性的行为都是对这种契约自由的阻碍。这表明作为劳资冲突调解方的国家，已经放弃了原本对社会下层应该承担的保护职责，而和雇主站到了一起。

1825 年议会又通过了新的结社法。该法将工会的权利仅限于进行工资和工作条件的谈判，除此之外的联合仍会被以刑事犯罪起诉。即便工会可以就工资和工时与雇主谈判，但是他们所能采取的方法确实相当有限，刑法中有关煽动、妨害、骚扰的规定仍然有效，对工人的联合行动形成了非常具体的限制。同时，主仆法中的工人擅自破坏契约、离开工作要负刑事责任的规定也没有被废除。形象地说，1825 年的结社法给工会留下了一条前行的羊肠小道，但又在这条小道上布上了重重障碍和陷阱，使得工会举步维艰，随时可能陷入危机之中。

除了对结社法的修正外，在工业革命时期，政府还出台了一系列的工厂法案，用以调整工厂中的劳资关系。自工业革命开始以来，工厂制的推广使得家庭生产走向没落。工厂生产在大大提高生产效率的同时，也带来了诸多的社会问题，如童工劳动、体罚、环境污染严重、事故频发等，这些社会问题逐渐引起了一部分有识之士的关注。

1802—1850 年，在这些倡导者的不断努力之下，议会分别于 1802 年、1819 年、1833 年、1842 年、1844 年与 1847 年一共通过了 5 个主要的工厂法以及 1 个矿山法。1802 年的《棉纺厂儿童健康和道德调整法案》是英国历史上的第一个工厂法。其主要内容有：学徒每天的工作时间不得超过 12 小时，吃饭时间不计在内；由本郡治安法官每年任命 2 个视察员（visitor）来监督法令的实施；等等。1819 年通过的《棉纺工厂法案》，规定不得雇佣 9 岁以下的儿童，9—16 岁的儿童每天的工作时间不得超过 12 小时。负责执行该法律的依然是治安法官。（芒图，1983：383—384）尽管该法案已经试图扩展立法保护范围，但其实际效果却极其有限。

1833 年工厂法首次将适用范围扩大到所有的纺织厂，其主要内容有：工厂不得雇佣 9 岁以下的儿童；9—13 岁的儿童每天工作 8 小时，13—18 岁的青少年每天工作 12 小时……任命 4 名专职工厂监督；

等等。（Cheyney，1921：254—255）1842年的矿山法将政府立法保护的范围扩大到棉纺织厂之外，首次将妇女列为保护对象。1844年议会通过的《儿童半时工作日法》，规定所有纺织厂中的妇女和13—18岁的青少年每天工作不得超过12小时，13岁以下的儿童每天的工作时间不得超过六个半小时，不得雇佣8岁以下的儿童。直到1847年，议会才最终通过了《十小时工作日法》，规定妇女和青少年每天不得工作超过10个小时。3年后，议会又再次通过新的工厂法，规定一周之中的5天工作十个半小时，周六工作半天。

从总体上看，工厂法的立法进程是迟缓的，其适用范围也较有限。法案最初仅针对棉纺织工厂，在19世纪40年代其适用范围才推广到矿山，但此后没有进一步扩大。而十小时工作日也是在经历了数十年的斗争之后才得以实现，其主要原因是自由主义者的阻挠。如劳德戴尔勋爵在反对1819年工厂法提案时就指出它违反了政治经济学的伟大原则之一——劳工应该是自由的。议员斯马特在反对皮尔的法案时提出了多条理由，其中最为关键的是认为立法干预会使棉纺厂主在和其他国家工厂主竞争时处于不利地位；规制工时是对父母自由的干涉，是对自由劳动的干涉。斯马特指出，并非雇主的反对，而是有关“公民自由”的理念才是阻碍工厂立法的真正因素，在有关的立法辩论中，这一理念被反复引用。（Walker，1941）同样，在1833年，当奥尔索普勋爵在议会提出其工厂法议案之时，严厉批评了之前萨德勒的议案，认为如果该议案被实行，会增加外国厂家在国内市场的竞争力，并引起国内制造商利润下降。这不是一个人道的措施，而是会带来最大罪恶的议案。（Hansards，Col.911）因此，奥尔索普的议案仍然将工厂法的适用范围限定在儿童，因为儿童不是“自由人”所以才需要立法干预，而法律不应干预成年人的劳动自由。

1837年，著名政治经济学家西尼尔发表了《工厂立法通信》，其中对缩短工时给经济造成的负面影响进行了计算：既然10小时工作日比12小时工作日缩短了六分之一，因此生产的商品就会减少六分之一。他计算，因为昂贵的机器需要经常更换，给资本家带来了很大的资本损失，因此机器应尽可能地开着；减少2小时的工作时间会使该工厂的所有利润荡然无存；因此，国家立法干预工厂的工作时间是极不可取的。西尼尔的理论对很多重要人物产生了影响。托利党的内政大臣詹姆斯·格雷厄姆、辉格党的发言人亨利·拿波切、激进的自由主义者休谟、首相罗伯特·皮尔爵士都引用西尼尔的观点来反对十小时法案。（Roberts，2002：105—106）坎宁安认为，以西尼尔为首的经济学家们对工厂立法的强烈反对带来了灾难性的后果，给工厂立法的进程造成了很大的阻碍。（Cunningham，2001：789）

在18世纪晚期和19世纪早期，为了应对当时层出不穷的劳资冲突，国家开始试图将仲裁纳入解决劳资冲突的法律体系之中。作为解决争端的一种方式，仲裁的形式和程序首先是由12世纪晚期的教会律师发明的，在14世纪中期之后开始广泛应用于世俗事务。虽然仲裁开始应用于劳资争议的具体时间已不可考，但可以肯定的是，在都铎和斯图亚特王朝，帮工就已可以求助于仲裁者来调解其和作坊主的争端，这种做法被沿用了下来。但早期仲裁基本上都是采用自治的形式，独立于大多数法律权威之外运作，并且不受司法监督。

1800年的结社法修正案中已经包括了对劳资争议进行仲裁的规定。1800年通过的棉纺业仲裁法则规定：从1800年8月1日起，在英格兰棉纺织业中，一旦雇主和雇工之间发生劳资争议，争议的任何一方都有权为自己提名和指定一个仲裁人，来仲裁他们的争议。但这个法令遭到了工人和工厂主的共同反对，工人们觉得法令给予的保护不足，而工厂主则努力想让议会废除这个法令。在各方博弈之后，1804年，议会通过了棉纺业仲裁法修正案。法案规定：当争议双方达成一致，同意将他们的纠纷提交给治安法官或地方长官仲裁时，该治安法官或地方长官应听取他们的陈述并且做出即时裁决。但如果争议的一方或双方反对这种即时裁决，治安法官有权迫使争议双方进入仲裁程序，并提出一个合适的仲裁人的名单，最少为4人，最多为6人，其中至少有一半是雇主或者是雇主的代理人，另一半应该是行业中的织工。争议双方从该名单中各选定一名仲裁人，之后，上述治安法官必须选定会议地点和时间。（Bland，Brown，and Tawney，1921：570—571）新仲裁法最重要的影响在于减轻了仲裁者的任意处置权，治安法官的简易审判变成了只有当争议双方同意将争议交给他们处理时才利用的首选审判形式；同时废除了原有法令中治安法官有权监禁那些不愿参加仲裁或是不遵守仲裁结果者的条款，只保留了不遵守仲裁结果需被罚款10镑的规定。该修正案显示，议会对于仲裁的信任已经减少，但依然将其作为解决劳资纠纷的可行手段。

有关仲裁的立法标志着国家对劳资关系的态度从管制向仲裁的转变。在前工业社会，国家介入劳资关系都是通过直接立法明确一系列的权利和义务，劳资双方需要做的只是遵守相关法律规定，却没有处置权。而仲裁则更多地体现了一种更为自由的劳资关系模式，劳资双方就某一具体问题接受仲裁，劳资双方有权选择自己的仲裁人，政府则只扮演仲裁人或是中间人的角色。仲裁法试图建立一种个人主义的解决劳资争议的模式，并进而建立起一种新的、以自治为主的劳资关系。然而，这种努力一开始只是限于棉纺织业，并且由于其内在的矛盾性，它在实际操作的过程中遇到很多问题，并没能起到有效调整劳资关系的作用。这种内在的矛盾性就是：在作为劳资争议一方的工人还没有取得真正的政治权利、获得与雇主平等的法律地位的时候，仲裁的结果必然是偏向力量更为强大的雇主一方的，因而仲裁很难真正起到保护工人利益的作用。正如阿穆里爵士所形容的那样，这种不承认工人联合之权利的仲裁就像是“给一个失去双腿的人一辆自行车，以弥补其先天不足”，这种做法无疑很可笑。（Jaffe，2000）但不管实际效果如何，仲裁法本身确实是明显体现了政府对自身应在劳资关系中应扮演何种角色的新认识，即认为政府不应该在劳资争端中直接进行干预，而应该让劳资双方自行解决。

四

由上可知，工业革命前期英国对劳资关系的政府调节主要是废除约束性的立法，同时通过一些新的法令以保障个人的经济自由：结社法限制雇主和工人的联合，认为劳资关系的基本单位是个人而不是个人之间的联合。同时迫于现实的需要，政府陆续通过一些工厂立法对童工及女工的权益进行了一定程度的保护，但这一立法进程却是非常迟缓的。从总体上看，这一时期政府对劳资关系更多的是要摆脱而不是承担责任，政府意在通过这种调整建立一种以个人自由为基础的劳资关系新模式。

英国工业革命时期，国家对劳资关系的调节很明显是受到了经济自由主义的影响。“作为一种政治思潮与知识传统，作为一种可以辨认的思想要素，自由主义的出现只是 17 世纪以后的事。”（Gray，1986：ix）17 世纪的自由主义，主要关心的是政治自由问题；而到了 18 世纪，随着经济生活的发展，一部分思想家开始将注意力从政治领域集中到了经济领域，由此产生了对人类发展有重要影响的经济自由主义思潮，其中最有影响的是自由放任学说。经济自由主义认为，自由是一种天赋的权利，表现在劳资关系方面就是个人的契约自由、谈判自由、劳动自由等；这种自由观强调个人自由和国家控制之间的对立，反对限制个人自由的立法，要求不受限制的自由。

然而，工业革命时期的英国，工人与雇主之间无论是在经济地位还是法律地位上都存在严重的不平等，他们仅凭个人的力量是不可能和雇主相抗衡的，但又没有联合起来为自己争取利益的权利，因此，他们在劳资关系中是不可能享有真正的自由的。所谓的“自由”不过是臆想中的自由，是一种幻象，是资本家用来剥夺工人利益的一个新鲜的口号，真正的自由是资本的自由而不是工人的自由。这样一种对工人的剥夺必然会招致工人们的激烈反抗，带来严重的社会问题，并且引发人们对国家职能的重新思考，为之后政府劳资关系立法的进一步调整奠定了基础。

参考文献

1. 中文

芒图，保尔，1983，《十八世纪产业革命——英国近代大工业初期的概况》，杨人楩等译，商务印书馆。

汤普森，E. P.，2001，《英国工人阶级的形成》，钱乘旦等译，译林出版社。

钱乘旦，2020，《工业革命与英国工人阶级》，南京师范大学出版社。

斯密，亚当，1981，《国民财富的性质和原因的研究（上卷）》，郭大力、王亚南译，商务印书馆。

赵虹、田志勇，2003，《英国工业革命时期工人阶级的生活水平——从实际工资的角度看》，《北京师范大学学报》第 3 期。

2. 英文

Bland, A. E., P. A. Brown, and R. H. Tawney (eds.). 1921. English Economic History: Select Document. London: Bell and Sons.

Brown, Richard. 2000. Revolution, Radicalism and Reform: England 1780–1846. Cambridge: Cambridge University Press.

Bythell, Duncan. 1969. The Handloom Weavers: A Study in the English Cotton Industry During the Industrial Revolution. Cambridge: Cambridge University Press.

Cheyney, Edward. P. 1921. An Introduction to the Industrial and Social History of England. New York: Macmillan.

Cole, G. D. H. and A.W. Filson. 1951. British Working Class Movement: Selected Documents 1789–1875. London: Macmillan.

Cole, G. D. H. 1947. A Short History of the British Working-Class Movement 1789–1947. London: George Allen and Unwin.

Cunningham, William. 2001. The Growth of English Industry and Commerce in Modern Times, Part Ⅱ: Laissez Faire. Bristol: Thoemmes Press.

Derry, T. K. 1931. The Repeal of the Apprenticeship Clauses of the Statute of Apprentices. The Economic History Review, 3(1).

Dobson, C. R. 1980. Masters and Journeymen: A Prehistory of Industrial Relations 1717–1800. London: Croom Helm.

Fraser, Hamish. 1999. A History of British Trade Unionism 1700–1998. London: Macmillan.

Gray, John. 1986. Liberalism. Minneapolis: University of Minnesota Press.

Hammond, J. L. and Barbara. 1979. The Skilled Labourer. London: Longman.

Hansard's Paliamentary Debates, Series1, Vol.XIX.

Hansard's Paliamentary Debates, Series1, Vol.XXV.

Hansard's Paliamentary Debates, Series 1, Vol.XXVII.

Hubbard, Evelyn. 1912. The Minimum Wage: Past and Present. The Economic Journal, 22(86).

Jaffe, James A. 2000. Industrial Arbitration, Equity, and Authority in England, 1800–1850. Law and History Review, 18(3).

Orth, John. 1987. English Combination Acts of the Eighteenth Century. Law and History Review, 5(1).

Pelling, Henry. 1963. A History of British Trade Unionism. Middlesex: Pengiun Books.

Roberts, David. 2002. The Social Conscience of the Early Victorians. California: Stanford University Press.

Stevenson, John. 1979. Popular Disturbance in England 1700–1870. London: Longman.

Thompson, E. P. 1993. Customs in Common. London: Penguin Books.

Walker, Kenneth O. 1941. The Classical Economists and the Factory Acts. The Journal of Economic History, 1(2).

和平教育 | Peace Education

东北亚和平教育课程共同指南[1]（第1章）

亚太国际理解教育中心（APCEIU）

摘　要　和平教育是和平建设的重要内容。在东北亚推进和平教育，丰富学习者的知识、价值观、态度和技能，是建设可持续和平的重要任务。《东北亚和平教育课程共同指南》剖析了东北亚和平教育面临的挑战和机遇，关注到具有地方特色和地区共性的和平教育相关问题，涉及指南的提出背景、指导纲要、所依循理念（准则）与核心概念，以及目标受众、附属部分的结构、示例练习等具体内容。通过实施和平教育，鼓励学习者构想一个东北亚区域共同体的可行性，进而认识到保持区域身份认同的包容性、开放性和可协商性的意义所在，从而激发社会公民投入和平建设活动的热情，增进国际理解、建设可持续的积极和平，促进人类尊严、社会公正与国际合作。

关键词　东北亚　和平教育课程　多元文化教育　可持续发展教育　共同指南

1 《东北亚和平教育课程共同指南》是2023年由联合国教科文组织亚太国际理解教育中心（APCEIU）出版的一本图书。《和平研究》（第5辑、第6辑）获得授权，将连续刊载这本书的核心内容。本文是该书第1章“引言”内容。

一　引言

本章概述指南的提出背景和指导纲要，辨析东北亚地区诸事的背景，明示目标受众，阐述撰写指南的旨趣。此外，详述指南附属部分的结构，解释本指南所依循的相关理念与核心概念，并提供若干示例练习，以助读者思考这些观点的实际意蕴。

指导性问题

（1）为何需要普及和平教育？

（2）为何需要在东北亚地区推行和平教育？

（3）本指南如何支持这一推广行为？（包括：指南的目标读者是谁？我们为何需要指南？）

（4）我们的工作理念和基石是什么？（例如，如何定义和平与和平教育？）

（5）本指南应遵循什么准则？

项目背景

和平建设对国际社会至关重要，对东北亚地区尤为重要。因地缘政治不稳、历史局势紧张，东北亚地区面临一系列社会政治问题，公众想象力与个人觉识也由此受到影响。因此，在东北亚地区推进和平教育，丰富学习者的知识、价值观、态度和技能，实乃建设可持续和平的要务。

而在东北亚，同其他地区一样，和平教育亦有争议或政治化之嫌。有人认为，唯持有特定政治立场者，方能实施和平教育，因为和平教育常涉及敏感问题，所以学校不应参与其中。多种因素使然，东北亚地区的许多教师和非正规教育工作者对和平教育缺乏兴趣，或不愿在学校或社区推行此道。

与此同时，在东北亚各地，和平教育以诸如“国际理解教育”“人权教育”“文化多样性教育”“多元文化教育”“可持续发展教育”等名称出现。这些变革性教育虽侧重点各异，但常相辅相成。教师和非正规教育工作者经常开展与和平建设相关的教育活动，但不一定会使用“和平教育”一词。

譬如，为实现可持续和平，和平建设须专注培育相关知识、技能与行为，促进和平、人权和民主文化的发展。因此，本指南认为，这些不同形式的变革性教育在本质上互为助力。

再如，联合国教科文组织（UNESCO）近来大力倡导全球公民教育（GCED）和可持续发展教育（ESD），二者皆涵盖和平教育的方法。于社会场域中，“和平”与更广泛的政治、经济和文化背景紧密相连、彼此依存。我们对这种相关性与依存性的认可度，在很大程度上决定了上述不同侧重点之间的相似性。人们常认为，“和平”是一种无须依赖学习者所处环境而可培养的心态。然而，如果没有一定的体制、结构和实践来促进人类尊严、社会公正与国际合作，和平文化则难以蔚然成风。

目前，已备有一系列材料供和平教育之用。联合国儿童基金会（UNICEF）通过其驻各国办事处和各国国家委员会，为安哥拉、毛里求斯、印度和黎巴嫩等国的和平教育项目编写了材料（Fountain，1999）。欧洲委员会（2023 年）也力图借助教育促进欧洲社会和平。近年来，这些努力主要聚焦在乌克兰。在东北亚，一些新倡议应运而生，《开创未来的历史》（*A History to Open the Future*）是一个很好的案例。这本历史教科书由中、日、韩三国的教育工作者和历史学家共编，虽主要关注历史教育，未能广泛触及和平教育，但仍是一个良好的开端（详见下期刊载的第 3 章案例研究）。在前人和平教育工作的基础上，本指南旨在为东北亚地区提供一套既忠于和平文化建设，又契合当地背景的和平教育建议。指南以当地教育工作者为关键读者，希望能提供指导原则、实用教学策略以及特别适用于东北亚地区的示例和参考资料。

虽然指南涵纳若干可因地制宜调整的示例活动，但未提供全面的课程大纲。本指南是东北亚诸合作伙伴协同、多元文化、多语言和多层面进程的成果，意在为和平教育有志之师长、管理者、非正规教育工作者、政策制定者及研究人员提供参考。

二　东北亚背景

本指南虽然旨在解决东北亚问题，但仅分析中国、日本和韩国三国，并非有意排除他国，而仅出于实际考虑，故未扩大研究范围。所选三国，为剖析东北亚和平教育面临的挑战和机遇奠定了基础。指南力求超越国界，关注具有地方特色和地区共性的问题。

该公共课程鼓励学习者构想一个区域共同体，同时认识到保持区域身份认同的包容性、开放性和可协商性。为了抵消国家身份所带来的排他性及负面影响，我们需要构建一种东北亚身份认同。这种区域认同不应为排外主义或沙文主义所用，而是属于东北亚身份认同的一部分，以迈向更具地区特色和现实情感的“全球公民”目标。

东北亚拥有丰厚的共同传统，且跨国交流历史悠久。帝国主义、殖民主义和战争给该地区留下了沉痛印记，导致该地区社会政治长期紧张，领土争端频仍，易陷入四分五裂的局面。这些历史遗留问题在东北亚各国内部和国家之间播下了分裂和隔阂的种子。因此，提高民众对过去创伤与不公的认识，促进各群体和民族共克难关，是教育工作者所面临的挑战。具体的和解工作，对东北亚和平建设意义非凡。尽管除了教育以外的其他因素同样关键，但教育对促进和解的作用甚为重要。

当今东北亚地区面临多重问题与挑战，尤其存在意外冲突演化为战争的潜在威胁。作为全球武装程度较高的区域之一，东北亚近年来军事化进程加速，跨境紧张局势日益加剧。在探讨和平的同时，战争威胁真实而清晰，遍布社会各个角落。

冷战结束后，东北亚经济一体化程度不断加深。尽管该地区因经济融合成为全球贸易的沃土，但也伴随着经济不平等加剧、环境恶化等问题。由于公共福利支出有限，且劳动力市场受制于僵化的招聘和晋升制度（常与传统资历和性别歧视有关），故经济不确定性加剧了日益激烈的教育竞争。对教育资格的过度追求，往往会导致社会疏离以及社会纽带渐次腐蚀，促进友好关系和相互尊重的时间和精力被耗尽。这对和平在个人、人际和社会层面的构建产生重大影响。

因此，东北亚和平的威胁与挑战错综复杂、相互交织，可通过三个相互关联的维度框架来加以描述（如图 1 所示）。层面维度强调各国面临的挑战，以及从人际到全球不同层面所面临的挑战。领域轴突出和平如何跨越人类社会的多个领域，囊括社会经济、文化、政治、环境、技术和教育等方面。在思考和平的历史、当前生活及未来塑造之际，还须考虑时间维度。

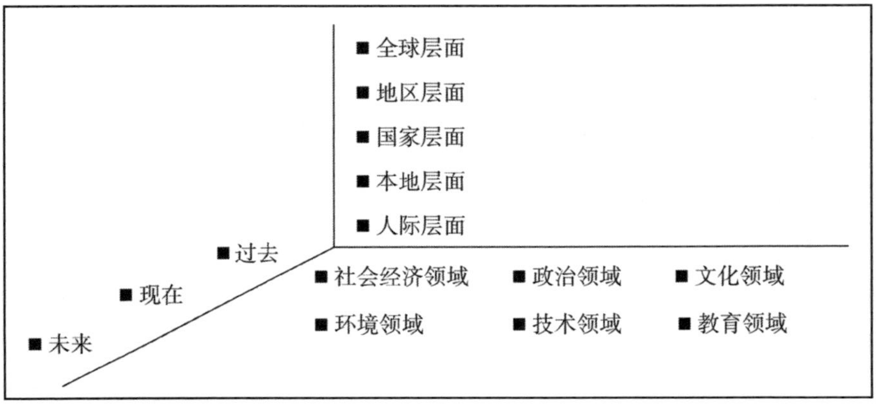

图 1　理解东北亚背景的三维框架（层面、领域和时间）

此三维框架有助于我们洞悉东北亚和平与和平教育所面临的若干关键挑战和机遇。例如，同侪欺凌是人际或群体层面和平关系的直接挑战，在正规教育背景下尤为突出。欺凌问题也可能受到国家或跨国政治文化因素的影响，如民族主义日趋高涨、移民及难民等少数族裔遭受歧视与边缘化。由于东北亚普遍存在父权传统，家庭暴力以及基于性别的暴力对原本受制于性别不平等的人际和谐或和平进一步构成威胁。其他共同难关涉及老年人贫困、青年失业、代际冲突和城乡差距，这些皆因社会经济不平等急剧增加、环境开发和污染以及在线社交媒体的滥用误用。

在层面和时间维度交会处，帝国主义、殖民主义以及东北亚国家之间的历史记忆，仍是对地区和解与和平的重大考验。当代军事化，包括核扩散在内，构成更深的威胁。从过去至今，军事和政治的紧张态势反映并强化了东北亚人民区域认同的脆弱性。因此，我们既需要正视过去地区冲突的遗留问题，还须前瞻性地认识共同难题与鼓励合作解决。

气候变化或许是东北亚最重要的共同挑战，也是年轻人敏感关注的议题。气候变化问题可能加剧或引发冲突，但讨论这一议题能帮助我们开阔思路，超越地区争端，着眼全球性有害问题。重视气候变化，可提高人们对全球性问题的认知，以及跨国合作在解决方案中的必要性。

东北亚社会在推广和平教育方面还面临一些独特挑战。高度竞争的教育体系过分强调知识传授和证书获取，限制了其他教学方法的发展空间。此外，相对专制和等级化的教育常常限制了教师的自主权，也束缚了学生的表达自由。

尽管如此，东北亚各国政府皆致力于和平，为推动和平教育提供机遇。本地、国家和国际非政府组织与非营利组织在社会、文化和环境问题上积极探求和平与可持续发展，也创建了诸多和平教育资源和范例，如联合国教科文组织联系学校网络（ASPnet），号召成员机构追求和平未来。此框架立基于过去东北亚地区学校和社区推广和平的实践。（APCEIU，2021）

关于暴力与和平“关系”的阐释

我们要关注如何从昔日创伤中复愈，借助对话实现个人和社会转变。然而，在此过程中，必须注意对话不能将冲突与和平的探讨仅囿于个体层面。这被称为暴力与和平的心理学化。在和平建设与和平教育中，承认个体与社会或政治过程之间的相互作用至关重要。具体而言，某些亚洲传统文化所构想的内心平静，可能不仅仅关乎个体心理学，还追求与他人和谐共处（如佛教倡导超越世俗）。个体总是与其社区、更广泛的社会和自然环境休戚相关。换言之，“胜者”无法与“外部”完全隔绝。

前述讨论的种种挑战，并非详尽或无所不包，但展示了如何利用三维框架来深化对和平教育范围的理解。此框架旨在激发读者对和平的多维性进行批判性思考。譬如，仇恨言论这一社会问题可能与多种形式的暴力交织在一起。从某种角度看，仇恨言论可能反映了特定社会经济、政治或文化背景下个人偏见的滋长，也可能暴露了社会范围内更广泛的暴力正变得普遍化。因此，仇恨言论不仅存在于个人或群体间（也可能被解决），还借由功能失调或恶意的政治、制度、经济和教育设置蔓延于整个社会，引发社会异化、怀疑与仇恨。

本指南建议采用三维框架，以识别更符合东北亚地区的问题和挑战。虽然某些相关建议似乎适用于全球而非特定地区，但鼓励读者思考这些建议在本地、国家和地区背景下的相关性。只有通过这种方式，才能识别出更具体、更易理解和更相关的问题，以供反思、讨论和行动。为此，读者可以反思以下问题。

在构建各种和平关系时，你将面临哪些层面的挑战：

- 人际层面？
- 本地层面？
- 社会层面？
- 地区层面？
- 全球层面？

影响你或所在社区和平的主要挑战，涵盖哪些领域：

- 社会经济领域（包括物质和精神层面）？
- 政治领域？
- 文化领域？
- 环境领域？
- 技术领域？
- 其他领域？（你还可识别出哪些其他分类或来源的暴力或冲突？）

尽管本指南提出上述三维框架，但其他学者构建的框架中可能包含不同的概念。例如，加尔通提出消极和平与积极和平的分类，对教育工作者大有裨益（Galtung，1969；2007）。消极和平指没有暴力冲突或战争的状态；而积极和平则关乎社会公正及建立非暴力冲突解决机制，包括合作与对话。此外，关于身体、结构、文化和环境暴力的概念，有助于详述不同类型的暴力。

下面将举例说明东北亚地区推广和平教育所面临的若干关键挑战。此框并未详尽无遗，由专家工作组在后文“东北亚和平教育面临的挑战”中作进一步阐述。

东北亚和平与和平教育面临的关键挑战

和平面临的关键挑战：

- 种族中心主义 / 民族主义 / 帝国主义
- 阶级冲突 / 财富分配不均（贫困、青年失业、跨代间潜在冲突）
- 殖民遗产
- 校园欺凌
- 仇恨言论
- 家庭暴力
- 性别不平等
- 反移民和反难民情绪
- 少数群体歧视
- 环境破坏和污染
- 城乡差距
- 技术的负面影响（如滥用社交媒体、利用人工智能进行监视）
- 军事化（军备竞赛）
- 战后和解（历史、记忆与和解）
- 核问题（军事和环境方面）
- 对东北亚缺乏归属感，需要培养超国家东北亚身份认同感和公民责任感开展和平教育面临的挑战：

- 以应试和竞争为导向的教与学
- 将教育视为简单的知识传递
- 专制和等级森严的学校文化
- 将“和平建设”与“安抚”混淆(两者并不等同，安抚是指避免有争议的问题、压制学生表达、固守现状)
- 教师缺乏自主权

读者可对上述列举进行扩展和重新组织。以下是头脑风暴示例练习。

练习 1　绘图分类练习

任务 1-1

从上述列表中选择一个主题，深入反思你所在社区面临的与和平及和平教育相关的挑战。你能分享哪些具体例子或亲身经历?

绘图分类示例：

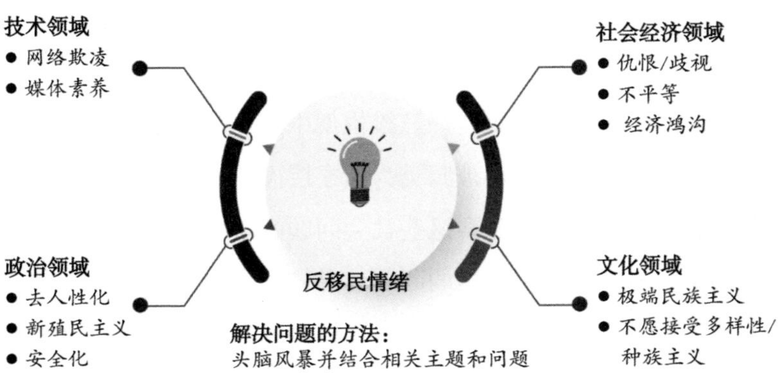

任务 1-2

细读东北亚地区和平与和平教育面临的关键困境，你能否指出上述内容中遗漏的挑战？

任务 1-3

利用以下三种框架之一对这些不同挑战进行分类：

① 三维框架；

② 加尔通的暴力分类（Galtung，1969；1990）；

③ 你自己设计的框架。

针对上述任务 1-3，以下可作为参考：

（1）三维框架（参见图 1）。

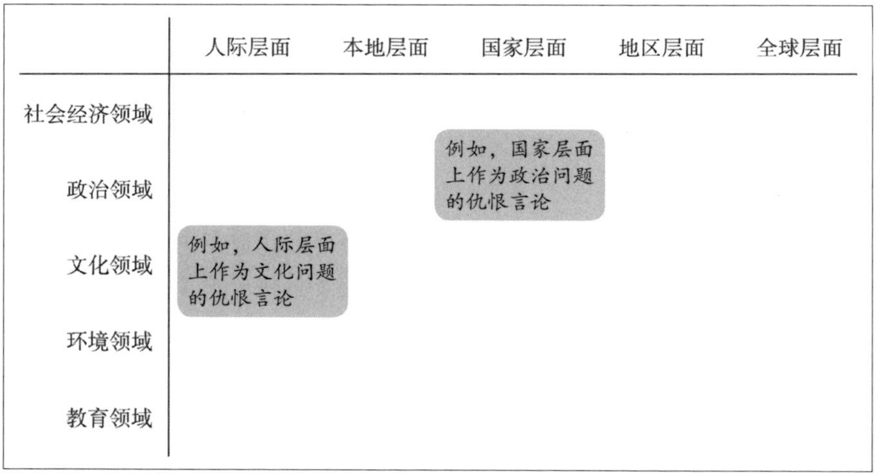

上述问题皆可被归类到这一三维框架中。例如，仇恨言论可被视为人际层面的文化挑战，也可被归类为国家层面的政治挑战。将问题进行绘图分类，有助于学习者洞察这些社会问题的多维、多层面特征。若教育水平稍低，将讨论表中提出的问题与具体案例联系起来可能更有益。若教育水平较高，则可借此表格深入探讨不同框架中所列问题如何相互重叠和相互关联。例如，父权制既可被理解为一种文化实践，又可被视为一种政治制度，实则二者兼具（更多教学示例参见下期刊载的第 3 章）。

表 1　讨论表

	人际层面	本地层面	国家层面	地区层面	全球层面
社会经济领域	仇恨言论、家庭暴力、性别暴力	城乡差距	经济不平等、歧视、老年人贫困、青年失业	仇恨言论、性别不平等	经济差距、脱钩
政治领域			两极分化、人权镇压、言论自由	领土争端、核武器、军事扩张、战争 / 殖民主义和解	中美紧张局势
文化领域	父权制传统		权威主义 / 等级文化	缺乏地区认同感、国家受害者心态	民族主义
环境领域		生态破坏	污染	放射性污染水源	气候危机
技术领域	网络欺凌、网络性虐待		滥用在线社交媒体	网络民族主义	人工智能的伦理问题、媒体素养
教育领域	校园霸凌		应试教育导向、教师自主性		

（2）加尔通的暴力分类框架。

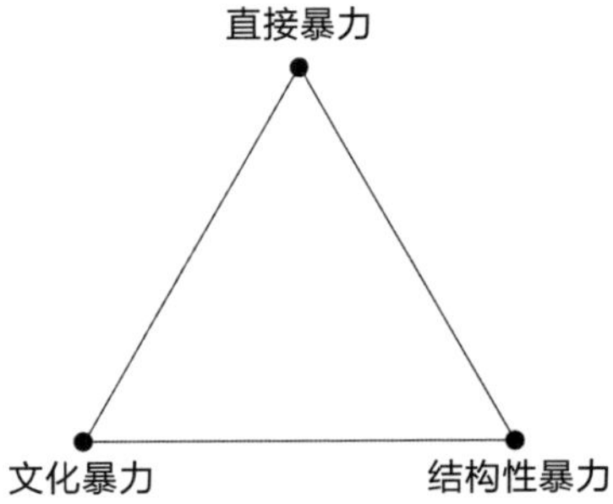

● 直接暴力：生命受到威胁并影响人们满足基本人类需求的能力的行为（Galtung，1969），如战争、家庭暴力。

● 结构性暴力：社会结构和社会制度可能通过剥夺人们的基本需求的方式对他们造成伤害（Galtung，1969），如带有偏见的法律和排他性的政策。

● 文化暴力：任何可用于为直接或结构性暴力行为提供合法性的文化因素（Galtung，1990），如父权制、种族主义。

（3）你自己设计的框架。

三　核心概念

平和 (평화)，平和（わへい），和平（heping）。

凡论和平与和平教育者，定义众多。本指南无意遑论唯一准绳，因为此类概念当因地调整与建构。然而，联合国各机构提出的和平教育概念化，可作为考量本地定义的有用参考。本节最后将讨论全球公民社会倡议和东北亚地区哲学家著述中提出的和平与和平教育定义。

和平抱负的典型表述，当属联合国教科文组织的《组织法》前言，其中写道："战争起源于人之思想，故务需于人之思想中筑起保卫和平之屏障。"自二战后联合国成立以来，这始终是联合国教科文组织使命的"试金石"，彰显以教育之力实现全世界和平之愿。近数十载，和平的概念已拓展至包含结构性暴力与积极和平，这意味着和平不仅是个人心态，也涉及文化规范、法律和社会实践。积极和平，指无直接暴力或战争，而有公正，如支持性的人际关系和公正的法律。联合国教科文组织发布的"1974 年建议书"认为，积极和平的教育应包括：对潜伏于国家间各种矛盾和紧张局势的经济、政治等历史与当代因素进行批判性分析，以及研究克服这些矛盾的方法。这些矛盾正是阻碍相互理解、实现真正国际合作与世界和平的屏障。

因此，积极和平强调社会公正，消除各种导致冲突的制度性、结构性或文化性因素，包括军国主义、种族主义、父权制、剥削性资本主义和过度竞争（Reardon，1988）。具体到教育领域，联合国教科文组织文组织（1995）根据其目标给出了和平教育的定义：

> 和平、人权、民主教育的终极目标是让每个人在履行和平文化的基础上，培养对普世价值观和行为类型的理解。即使在不同的社会文化背景下，也可以识别出若干普遍认可的价值观……教育必须培养以非暴力方式化解冲突的能力。（UNESCO，1995：part 2）

这一目标通过培养和平价值观、文化意识和非暴力冲突化解技能来促进学习者和教育者的个人、道德和政治自主性。

联合国儿童基金会（1999）对和平教育的阐释强调实现可持续和平所需的结构性变化。基金会表示："通过教授儿童、青少年和成年人获得行为改变所需的知识、技能、态度和价值观，可使他们防止外显及结构性冲突和暴力，促进和平解决冲突，营造人与人、团体、国与国间之和平氛围。"（Fountain，1999）此定义特别强调社会与文化长久和平所必需的条件。

20世纪末，全球对国际合作普遍抱有信心。1998年，联合国提出另一更广泛的概念——和平文化，声称和平文化包含一系列价值观、态度和行为，基于自由、正义、民主、所有人权、宽容和团结等准则，反映并激励社会互动与分享，反对暴力，主张通过对话和谈判解决冲突的根源，支持学习者充分行使所有权利和全面参与社会发展进程的各种手段（联合国第A/Res/52/13号决议）。

如今，《地球宪章》融汇各种民间社团的意见和举措，也言简意赅地对和平做出了广为人知的定义（2000）。该宪章作为一项国际宣言，涵括多元基本价值观和原则，为在21世纪构建一个和平、公正、可持续的国际社会提供有益指导。《地球宪章》指出，"和平建立在我们自身、他人、其他文化、其他生命、地球以及这一整体之间良好关系的基础之上"（第16f条）。此定义阐扬人类、其他生物以及自然界之间关系的多样性和交织性，将原有涵义延伸，凸显出各种关系的作用，具有积极意义。据此，和平教育旨在实现生态、社会、文化、政治和经济各方面的和平愿景。鉴于当今气候之变、战火之燃、疫患种种挑战相互交织，《地球宪章》的诠释尤显其益。

对以上不同界说及相关概念的总结，详见表 2。

表 2 概念总结

起源	概念	方法
《联合国教科文组织组织法》（1945 年）	战争起源于人之思想，故务需于人之思想中筑起保卫和平之屏障	心理定向，转变世界观，增进国际理解
《关于促进国际理解、合作与和平的教育以及关于人权与基本自由的教育的建议书》（1974 年）	根据国家和人民间友好关系的原则，应将“国际理解”“合作”与“和平”视为不可分割的整体	和平与和平教育整体观强调：反对战争和暴力，反对殖民主义、种族主义、法西斯主义和种族隔离，批判性探讨阻碍和平的经济与政治矛盾和紧张局势
联合国教科文组织《关于和平、人权与民主教育的宣言和行动纲领》（1995 年）	和平、人权、民主教育的终极目标是在和平文化的基石上，培养对普世价值观和行为类型的理解	强调普世价值观与和平整体观
国际 21 世纪教育委员会向联合国教科文组织提交的报告《学习——财富蕴藏其中》（1996 年）	和平教育侧重于四大学习支柱，强调学会求知、学会做事、学会共处、学会做人。学会共处，需要了解他人、珍视相互依存关系、开展联合项目，并以尊重多元主义、相互理解与和平的价值观处理冲突	强调学习是一个整体的、终身的过程。其中，教育的四大支柱强调了和平教育的重要性
《联合国为世界儿童建设和平与非暴力文化国际十年的决议》(1998 年)	和平文化包含一系列价值观、态度和行为，基于自由、正义、民主、所有人权、宽容和团结等准则，反映并激励社会互动与分享，反对暴力，主张通过对话和谈判解决冲突的根源，支持学习者充分行使所有权利和全面参与社会发展进程的各种手段	培育更广泛的文化和环境，有利于和平与和平教育，并为之创造所需条件

续表

起源	概念	方法
《联合国儿童基金会的和平教育》（1999 年）	和平教育旨在通过教授儿童、青少年和成年人获得行为改变所需的知识、技能、态度和价值观，使他们防止外显及结构性冲突和暴力，促进和平解决冲突，营造人与人、团体、国与国间的和平氛围	发展有助于促进团体间和平与结构性和平的知识、价值观、行为和技能
《地球宪章》（2000 年）	和平是在与他人、其他文化、其他生命、地球之间形成良好关系的整体	将各种关系视为和平的构成要素，并关注其在所有层面、领域和时间段内的作用
联合国教科文组织“教育的未来”国际委员会报告《一起重新构想我们的未来：为教育打造新的社会契约》（2021 年）	面对当今多重危机，需要对行事方式进行根本性变革，才能实现和平与可持续发展。教育作为一项公益事业，应重视以未来为导向的教育愿景，推动社会变革，共促全球合作，应对当前挑战	新兴全球问题探讨和平与可持续未来的威胁，包括技术进步带来的新不平等、人工智能伦理、气候变化、仇恨言论、新媒体和虚假新闻等
《关于促进和平、人权、国际理解、合作的教育以及关于全球公民身份与可持续发展的教育的建议书》（2023 年）	和平不只意味着没有战争，同时还鼓励对话与团结，通过相互理解与合作解决冲突、实现可持续发展，提供终身和全民教育、消除贫困、捍卫人权、弘扬全球公民意识	变革性教育旨在通过全球公民教育、可持续发展教育和人权教育等途径，使学习者能在个人、社区、本地、国家、区域和全球层面参与知情决策和行动，能够批判性地反思，培育变革推动者

四　东北亚和平与和平教育概念

在这些理念的启发下，东北亚地区的行动者已形成多种对和平教育及其相关实践的理解。

尽管尊重理解和实践的多样性，但鉴于该地区现行和平教育项目中的共同点和专家工作组意见，本指南对和平与和平教育做如下工作定义：在东北亚，各种关系、相互联系和相互依存是和平概念的关键。因此，和平涵括范围广泛，从人际关系到全球各层面，涉及政治、社会经济、文化和环境等各领域。和平教育可定义为学习有关战争及结构性、文化性、生态性和其他形式暴力的内容，旨在正式与非正式教育活动中推进和平建设。该学习不应仅关注本国经历，还应强调这类暴力影响的普遍性，并着力培育知识、价值观、技能和态度，以非暴力方式化解冲突。

这一定义为本指南奠定了概念基础。该定义并非东北亚和平与和平教育的单一或全面概述。正如专家工作组提出的多种阐释，我们鼓励本指南的读者提出自己的定义或理解。以下简要介绍中国、日本和韩国现有的和平教育项目。[1]

在中国，多年来，和平教育的重点从国防等渐转至1937年南京大屠杀的创痛；也有人尝试将和平教育与积极和平更相关的价值观联系起来，如人权、多样性和可持续发展等。

在日本，战争时期的苦难，尤其是广岛和长崎的核轰炸，长期以来一直是学校课程、非正规和平教育项目与活动的主题。近年来，和平教育的概念已扩大化和多样化，各类和平教育项目所包含的内容更多与积极和平相关。

在韩国，和平教育的讨论一直围绕韩朝关系展开。过去，“反共主义”和“国家安全下的统一教育”在正规教育中占主导地位。而今，“统一和平教育”已被“和平统一教育”所取代，更重“和平”之义。虽然“统一教育”仍是正规学校课程的重要组成部分，但如今，和平教育的项目主题更加多元化，包括校园暴力、网络性虐待、性别暴力、少数群体歧视以及南北民族和解等。

这些不同模式的和平教育反映了三国不同的政治背景和历史经历，但也存在以下一些共性：①最近出现了更全面、更广泛地理解和平的新趋势，而非仅仅关注战争罪行（尽管这一理念尚未被广泛接受）。②三国现行的和平教育项目中，普遍存在着一种

1 中、日、韩三国和平教育实践的异同比较引自2021年亚太国际理解教育中心的研究成果。

受害者心态，强调过去的悲剧与苦难，如中国南京大屠杀、日本广岛和长崎的核轰炸以及二战期间韩国性奴役和强迫劳役，同时还重述国家的受害者身份。③三国皆有借由“和”实现和平的共同传统，强调众生相联相倚。在东北亚，“和”意味着人们需要承担集体责任，但也容易（有时是故意为之）被误解为要求“统一”或“一致”（Ho and Barton，2022）。为了达到“和”，我们需要认识到变化和流动是永恒的。因此，调和分歧、缓和紧张关系是一个永无止境的过程，需要妥协精神，而不使用强制手段。这些思想在该地区广泛分享，并融入各种文化实践。虽然要避免将之解读为某种固定或排他的“东亚特质”，但不得不承认这一共同的东亚哲学传统非常重要。

从中、日、韩三国的哲学和伦理传统中汲取精华，实属要务。在此略举数例，以示三国共享的智慧。

正如《地球宪章》（2000 年）所言，和平即良好的关系。中国素有名言曰：“己所不欲，勿施于人。”在《论语》中，孔子以此解释“恕”之道，即终身践行的规则。这句话与众多宗教和伦理传统中描述的互惠伦理有异曲同工之妙，如基督教的“黄金法则”（“你们要别人怎样待你们，就怎样待别人”），伊斯兰教的圣训第 13 条（“你们不可能获得真正的信仰，除非你们爱人如爱己”）。这句中国名言明示互惠的伦理传统，并追求“互不相害”这一良性关系。

日本宪法为反战伦理提供了法律和道德框架。这一框架以“消极和平”为指导，自 1945 年以来一直是日本各代抵制军国主义和国家侵略文化的指南。具体而言，宪法前言、第 9 条和第 11 条提供了一些指导思想。前言确立和平精神，提醒人们和平是相互的，涉及安全和全球团结。第 9 条宣布放弃发动战争和国家侵略，表明日本政府将不会维持具有战争力量的武装部队。第 11 条再次确认，日本民众享有宪法所保障的基本人权。总之，为了进一步培育积极和平文化的正义、人权和民主，日本宪法建立起消极和平文化（即弃战制度），为和平建设奠定基础。

在韩国，“和平”（평화 / 平和）的字面意思为“平静和谐”。如何在韩国语境下解读和平概念？可以将其与韩国的建国精神“人

道”(홍익인간 / 弘益人间) 联系起来。如官方的教育原则 (教育基本法) 可译为“广泛造福人类”或“惠及全人类”，凸显人类共存的价值观。在当代韩国，和平的含义或扩至与其他社团及自然共存。然而需注意的是，在韩国，不同群体在使用“和平”一词时有诸多微妙差别。极权主义者将该概念盗用至朝韩统一，自由民主主义者则多将其解释为抵制各类霸权和暴力。“西亚尔” (씨알，种子 / 基层) 是与本指南所提倡的和平概念相关的一个构想。这是韩国学者韩承宪(被誉为“韩国甘地”）所提倡的一种哲学，呼吁人们反对所有霸权和暴力，包括帝国主义和国家民族主义，强调通过批判性思维和道德反思来提升人权，促进和平、民主和非暴力。（Kim，2016）

东北亚这些哲学传统的共同遗产皆蕴含着道家和儒家的和平理念，即“和谐”，强调众生相互关联、相互依存。如上所述，“和谐”之重，在于公民需要自觉承担集体责任。然而还需认识到，对这些共同遗产进行不同解读以及融合其他传统智慧时，东北亚多元文化在持续丰盈且不断演化。因此，须避免陷入“亚洲特质”这一本质主义或文化决定论的观点，而认可这些共享遗产始终在接受各种争议、挑战与诠释。通过诠释、践行和发展这些遗产，东北亚的人逐渐接受之、珍惜之。主流观念能够被质疑，并且已经受到质疑，理解这一点是推行和平教育至关重要的第一步。换言之，接受东北亚地区拥有共同遗产的事实，并不意味着不假思索、毫无批判精神地全盘接受。

五　东北亚和平教育面临的挑战

下面简述中、日、韩三国和平教育的情况。相关资料由各国专家提供，展示其对本地实践的特点和所存挑战的见解。

中国的和平教育植根于中国传统文化中的和平理念。自 21 世纪引入和平研究以来，中国和平教育逐渐形成了具有中国特色的理论和体系。某些地方已开展和平教育课程，覆盖各个层次的学校教育，对周边地区亦有辐射之效。目前进一步推广和平教育所面临的主要挑战，是和平教育尚未制度化，同时还有来自教育系统的压力，如深造选拔和入学等。

日本实施“和平教育”面临多方面的背景障碍。二战后，日本亟须承诺遵守国际和平与人权准则，迅速以民主国家身份加入国际社会。为此，政府和民间合力推动了以和平为核心的教育改革。日本教职员工会（JTU）发起“决不让我们的学生再上战场”的口号，开展和平教育运动。而随着朝鲜战争爆发，日本在美苏冷战架构中被塑造为反共“桥头堡”，在日驻军的美国政府将日本教职员工会视为危险组织，这导致日本教育部与教职员工会形成对立。时局变幻下，教育部谨慎使用“和平教育”一词，和平教育的制度化和实践始终受到政治紧张局势的影响。然而，有关广岛、长崎和冲绳战争经历的教学已得到普遍实践，虽然各地教学仍存在差异。自 20 世纪 80 年代以来，由于日本历史教育屡遭批评并引发与邻国关系紧张，“和平”问题显得愈发敏感。受当时国际形势影响，“和平教育”一词带有政治和敏感色彩，这一深层忧虑尚未得到充分解决。

朝鲜战争结束后，朝鲜半岛的分裂状态更趋僵化。各种纷争和意识形态竞争不断加剧了该地区的地缘政治冲突。在此情形下，韩国的和平教育常被视为“统一教育”，侧重于统一的必要性和如何实现统一，而非教授朝鲜半岛和平与共存的价值观。由于对和平教育的理解有限，不同群体会根据各自的意识形态产生不同的解读，往往走向两极化。反观，韩国民众也根据政治情势而支持或反对和平教育。在韩国，正规学校教育往往被当作获取特定社会地位的工具，而不是出于真正的学习和成长需求，因此人们将之视为入学考试和其他重要考试的准备。囿于狭隘的教育目的观，有意义的教学和学习难以展开。因此，师生缺乏对有意义的学习体验的动力，校园和平教育很难有效施行。

六　总结

本章总结了对和平与和平教育的不同释义，包括消极和平与积极和平。加尔通（1969）将消极和平定义为避免战争，将积极和平定义为正义的在场。他提出暴力类型学，涵盖身体或直接暴力、结构性暴力和文化暴力（Galtung，1990）。在东北亚，关系和依存是关键概念。本指南汇集了专家工作组、国际组织、全球公民社会及教师团体的观点，展示多元视角，反映和平教育解读和实施途径的多样性。

最后，作为这种多样性的创造者之一，教育工作者和读者也可以提出对和平及和平教育的个人理解。以下问题可供思考：

- 你认为影响所在社会、社区或学校和平的主要挑战是什么？
- 从“积极和平”的角度出发，你认为所在社会中最严重的不公正现象或社会紧张局势是什么？
- 如何将“结构性暴力”和“文化暴力”的概念应用于你所在的环境中？你能在生活及工作环境中识别出哪些形式的结构性或文化暴力？
- 你认为有哪些有效的方法，可以提升人们对和平与正义所面临挑战的认识和理解？

（阮岳湘　王　宇　译）

参考文献

APCEIU. 2021. Peace Education in Northeast Asia: A Situational Anaylsis. Seoul: APCEIU.

Fountain, S. 1999. Peace Education in UNICEF. New York: UNICEF.

Galtung, J. 1969. Violence, Peace, and Peace Research. Journal of Peace Research, 6.

Galtung, J. 1990.Cultural Violence. Journal of Peace Research, 27.

Galtung, J. 2007. Introduction: Peace by Peaceful Confict Transformation–The TRANSCEND Approach. In: C.Webel and J. Galtung (eds.). Handbook of Peace and Confict Studies, New York: Routledge.

Ho, L. and K.C. Barton. 2022. Critical Harmony: A Goal for Deliberative Civic Education. Journal of Moral Education, 51(2) .

Kim, D. 2016. Ham Suk-heon's Peace Theory: The Doctrine of Nonviolence Reunifcation and Peace. People Who Are Interested.

Reardon, B. A. 1988. Comprehensive Peace Education. New York: Teachers College Press.

UNESCO. 1995. Declaration and Integrated Framework of Action on Education for Peace, Human Rights and Democracy. Paris: UNESCO.

作者简介

亚太国际理解教育中心（APCEIU），是联合国教科文组织下的一个二类中心，旨在与联合国教科文组织成员国合作共同构建和平文化。2023 年，APCEIU 与联合国教科文组织北京办事处，中国南京大学联合国教科文组织和平学教席，日本九州大学联合国教科文组织和平、社会正义与全球公民教育教席，日本和平研究协会和平教育委员会，日本国际教育协会，韩国国际理解教育学会合作，成立了中、日、韩三国和平教育专家工作组（包括九州大学的陈思聪、南京大学的刘成、东京福祉大学的阿部宽子、清泉女子大学的松井庆定、京仁教育大学的崔九洙和首尔大学的柳成相）、起草小组（包括九州大学的陈思聪、APCEIU 的尹政民和首尔大学的凯文・凯斯特）和草案试点参与小组（包括中国教育工作者陈红、金波、金蓓、陆德婷、陆天阳、尚媛媛和唐隽菁，日本教育工作者浅川和也、藤咲香、平泽香、松井克幸、松仓沙也香、宫下明、野岛大介、小田幸惠和矢野纯一，韩国教育工作者裴成浩、韩相希、黄智敏、金仁柱、李翰洙、吴龙津和文爱永），共同出版了《东北亚和平教育课程共同指南》一书。本译文呈现了其第 1 章“引言”内容。

将和平博物场馆研究引入高等教育

[巴基斯坦]赛义德·西坎德·迈赫迪

摘　要　和平博物场馆不仅纪念战争和暴力的受害者，还纪念倡导非暴力的领导者，保存并展示过往的和平事件，让人们更关注战争、冲突和暴力的恐怖之处。这类博物场馆是连接过去、现在和未来的桥梁，有助于疗愈历史创伤。虽然人们对记忆、遗产与和平历史的兴趣在明显增加，有关和平纪念碑、纪念馆和博物馆的论文、书籍和研究报告也得到定期撰写和出版，甚至教师们也常在大学课程尤其是历史、博物馆、记忆与和平研究课程中涉及各类和平博物馆，但是和平博物场馆研究尚未得到学术界的广泛认可，目前还没有一所大学为这门新兴学科开设完善的本科或研究生学位课程。同样，提供该领域证书和文凭的课程也寥寥无几。为什么会这样呢？是因为这门学科还没有发展到足以被认可为一个独特的教学和研究项目吗？是因为目前还缺乏协调一致的努力来把这门学科引入高等教育吗？是因为像京都世界和平博物馆（KMWP）这样的和平博物馆在促进和平与建设和平方面的作用未引起学术界和科学界的关注吗？抑或是因为人们缺乏对这类博物场馆在反对核武器、种族主义、军国主义和不公正运动中所做贡献的认识吗？本文试图探讨这些问题。

关键词　暴力过往　种族主义　创伤疗愈　和平博物场馆与和平博物馆

一 引言

和平博物场馆也被誉为“希望之馆”[1]，因为它们是对和平的承诺和促进，提高了和平的被关注度。不过，作为一个研究领域，和平博物场馆本身的“不可见性”尚未引起足够重视。这令人很费解，因为全世界的和平博物场馆的数量正在稳步增加；它们作为和平教育与和平建设中心的潜力已得到国际公认；有关和平博物场馆的国际会议已在定期举行；相关会议论文集、书籍、集刊和各类学术期刊等出版物正在增加；不同学科的硕士和博士研究生们也在撰写与和平博物馆相关主题的研究论文和学位论文；在世界各地参观这些和平胜地的游客数量也在与日俱增。然而，作为学术项目的和平博物场馆研究在知识长廊中的空间却非常有限。其中必有问题。本文首先要澄清一些相关问题，然后解释为什么和平博物场馆研究在学术界如此不受重视，再讨论如何将其引入高等教育。

二 一些澄清

首先，本文建议在学术上将该研究领域称为“和平博物场馆（Museums for Peace）研究”，而非“和平博物馆（Peace Museums）研究”。显然，“和平博物馆研究”的说法更有吸引力、更精炼、更明确。它有着清晰的界限。不过这一术语具有相当的局限性和简化性，因为它不包括许多其他博物场馆，如反奴隶制博物馆、反殖民主义博物馆、反种族主义博物馆、人权博物馆、朝圣地、和平艺术博物馆以及许多其他类别的博物馆（Anzai，2008：110—115；Mehdi，forthcoming；Yamane，2008：51；Kanekiyo，2008：81—82）。因此，我们倾向于使用“和平博物场馆”这一名称，或者也可将其理解为“广义的和平博物馆”。

此外，对和平纪念碑和纪念馆的研究也是

1 “希望之馆”的说法来源于罗杰·梅奥（Roger Mayo）的论文《走向希望的博物馆》（*Towards a Museum of Hope*）的标题。

该领域不可或缺的。可以说，该领域完整的名称应当是“和平纪念碑、纪念物与博物馆研究”。在此需要指出，和平纪念碑往往有各自独特的故事，它们比和平博物馆更引人瞩目，数量也更多。尤其是其中那些妄称英雄实为野蛮战士、殖民者、奴隶贩子、暴君、狂热分子和偏执狂们的雕像如今频繁遭受攻击，使这些纪念碑和纪念物在当今比以往任何时候都更能制造新闻。反对歪曲历史的抗拒显然正日益高涨。

因此，在大学层面开展有关和平博物场馆的教学和研究项目，不能忽视和平纪念碑和纪念物在促进和平与建设和平方面的作用。不过，由于“和平纪念碑、纪念物与博物馆研究”这样的名称过于冗长累赘，因此“纪念碑”和“纪念物”这两个词没有出现在拟议的标题中。但本文拟议的领域是完全包括这两样的。在此可以多说一句，任何一个研究领域的标题都不可能包含其所涵盖的所有主要专题，但这并不意味着和平纪念碑与和平纪念物不应被纳入可以授予学位的大学和平博物场馆课程之中。

三　和平纪念物的语境化

诸如苏格拉底、孔子、佛陀、甘地、帕特里斯·卢蒙巴、马丁·路德·金、纳尔逊·曼德拉的雕像等这样的和平纪念物，不应被视为沉默、僵硬、静止的装饰品。历史常常通过它们的沉默发声。历史记录了他们争取和平、自由和变革的努力，并揭示了许多此类运动都是由对过去非暴力斗争的记忆点燃的。以自由女神像为例，它的故事富有感染力。它象征着人类的自由，由法国制造并在美国独立 100 周年之际将其赠送给美国。这座雕像于 1886 年落成，傲然屹立在纽约港的入口处，激励着全世界的自由爱好者。然而，随着新知识的传播和人们对美国在发展中国家所扮演的不光彩角色的认识度提高，这座雕像的光彩日渐暗淡。此外，还有许多人认为它就是一座奠基在美洲原住民和非洲奴隶累累尸骨上的镇压物。时代在改变，对过往的认识也在改变，还有什么地方能比教室更适合讲述自由女神像的来龙去脉呢？

和自由女神像一样，包括柏林墙在内的许多其他和平纪念物都自带可以在课堂上讲述的引人故事。我们知道，柏林墙建于 1961 年冷战高潮时。这里可以补充一点，20 世纪 80 年代是柏林这座分裂的城市的动荡时期，人们在这一时期以不同方式表达了对苏联扶植下的东德政权的抗议。大约在柏林墙倒塌前 5 年，法国艺术家蒂埃里·诺伊尔（Thierry Noir）用独特方式表达了他的情感。1984 年，他成为第一位非法涂抹几英里柏林墙并用卡通涂鸦的形式抨击镇压的艺术家。1986 年 7 月 4 日，在自由女神像落成 100 周年前夕，他和克里斯托夫·布歇（Christophe Bouchet）在查理检查站（Checkpoint Charlie）段柏林墙上画了 42 幅自由女神像，向柏林人和东德及其他地区的人们传达了自由和希望的信息。（Noir）1989 年柏林墙被拆除，德国统一。然而，这段留在柏林弗里德里希海因区的东侧画廊纪念馆（位于柏林墙现存最长一段上的永久性露天艺术画廊）的故事却依旧引人入胜，需要被一遍遍讲述。这个故事尤其会引起年轻人的浓厚兴趣，让他们坚定决心去推倒更多的隔离墙。

实际上，如今我们周围仍旧林立着各种新墙旧墙，既有看得见的墙，也有看不见的墙，它们将人们在国与国之间分隔开来。杰西卡·瓦普纳（Jessica Wapner）就指出，“印度用 1700 英里长的铁丝网筑起了一道恐惧之墙”，将印度与邻国孟加拉国隔开。沙特阿拉伯和伊拉克之间的“五层隔栏绵延约 600 英里”，“保加利亚和土耳其、南非和莫桑比克、匈牙利和克罗地亚以及美国和墨西哥的边界都设有反移民障壁”。（Wapner，2019）与此同时，通过在墙壁上绘画来纪念和平事件和谴责暴力的被称为“和平墙”的理念已成为一种新型政治抗议形式。现在，这一趋势似乎已不可逆转。一些地方的墙上政治涂鸦和美国近来发起的一种名为“妈妈墙”的新型抗议活动，都可以在此引为例证。它们的故事可以激发灵感，适合在课堂上讲给年轻人听。

同样需要讲述的，还有那些和平公园的故事。例如，位于布莱恩（Blaine）的、被加拿大和美国边境一分为二的和平公园在这两个接壤的国家之外鲜为人知。公园的南半部属于华盛顿州公园，北半部属于不列颠哥伦比亚省公园。这里的边境线上建有一座美丽的和平拱门作为口岸。这座拱门于1921 年由华盛顿州商人和慈善家塞缪尔·希尔（Samuel Hill）捐建，以庆祝加拿大和美国之间的百年和平。1999 年，一些加拿大人和美国人成立了一个非营利组织——美国—加拿大和平周年协会，以庆祝和平拱门建成 78 周年。自成立以来，该组织已推出了多项教育计划，包括发布名为“和平拱门的树立”的历史视频，并在历史频道向全球播放。此外，该组织还为美加两国教育工作者编制了内容广泛的“和平门户”课程资源包。该资源包免费发放给 1500 多所学校，重点介绍和平拱门及其意义与美加两国的共同历史。[1] 这座边境和平纪念公园的故事不仅要在加拿大和美国的课堂上被讲，也要在其他国家的课堂上被讲述。

1 http://www.peacearchpark.org/about-us.

四　为何需要和平博物场馆?

总体而言，和平博物场馆作为一个研究领域在学术界尚未得到广泛认可。虽然有关战争与和平、人权与人类安全、记忆与遗产、社会学与人类学的课程，确实为讨论反战博物馆、反原子弹博物馆、反种族灭绝博物馆、反奴隶制博物馆和其他和平博物场馆提供了一定的空间，但有关和平博物场馆的具体教学和研究计划尚未成形。同样，也还没有一份学术期刊是专门研究和平博物场馆的。在过去 50 年左右的时间里关于新主题和新思想的新学术期刊如雨后春笋般涌现的大趋势下，这一点令人费解。

学术界对这个新兴研究领域的不认可，可能是因为和平博物场馆常被视为旅游景点。此外，还有不少生存问题，如财政拮据，政府和社会赞助的缺位，地方和国家层面不时出现的对暴力历史的排斥，唯恐有人利用其复现暴力过往的特点来打造危险和颠覆性场所，这些都使得和平博物场馆无暇顾及去争取学术界的认可。有人还会指责和平博物场馆数量的急剧增加并没有让任何地方的暴力和不公正现象减少，这就让和平博物场馆相关工作变得更加如履薄冰。因此，和平博物场馆处于双重不利地位：①得不到学术界的认可；②被剥夺了让年轻一代了解犯罪历史和不公正现象的重要平台。此外，和平博物场馆的管理人员通常只接受过博物场馆管理和绘画、照片、古书、手稿等文物保护工作的培训，他们不少人在这些领域积累起了专业知识，但走上和平博物场馆学者和教育者事业道路的人却寥寥无几，结果就是让倡导在高等教育中引入和平博物场馆研究的工作难上加难。

偏好问题也起到负面作用。一些和平博物场馆的管理者偏向于将他们的博物场馆完全当成普通博物场馆与历史胜地来维护和宣传，以招徕游客。对他们来说，这些博物场馆的首要任务是不断增加游客和其他参观者的数量，以实现财务稳定。于是，他们自然对在博物场馆内举办讲座、研讨会、会议、讲习班和其他学术项目兴趣不大。他们担心自己博物场馆的特色和吸引力会被馆内的学术项目所取代。这种做法显然会让和平博物场馆降级为旅游景点，削弱其作为促进和平与建设和平机构的作用。

这一切都必须被改变。我们生活的世界充满危险，无论是国际社会，还是包括联合国和民间社会组织在内的众多国际组织，都难以阻止以美国为首的军队入侵伊拉克、多国军队入侵叙利亚、俄乌冲突和巴以冲突。更糟糕的是，全世界的民主体制正在被削弱，专制政权正在通过煽动仇恨和操纵选举程序在不同国家中建立起来。各种形式的奴役正在蓬勃发展，文化战争正在发生。同样令人担忧的是，核冲突和核国家建立核武库的风险正在上升（La Guardia，2023；Kingsbury，2024）。火山正在升温，说不定哪天就会爆炸。我们必须不惜一切代价、采取一切手段防止这种情况发生。此时此刻，我们应该汇集一切可能的精神、智力、经济、技术和政治资源，发起一场声势浩大的全球运动来挑战和对抗新的战争、国家和非国家行为者的好战主义、新出现的核冲突带来的日益严重的生存威胁以及新一轮核军备竞赛的来临。同样，种族主义的蔓延也带来了严重的文明威胁。显然，现在是共同努力为所有人创造更美好未来的时候了。正是在这种背景下，和平博物场馆需要转变为一种积极和充满活力的和平场所。在高等教育中引入和平博物场馆研究，是朝着这个方向迈出的重要一步。

此外，尽管全世界和平博物场馆数量的增多值得肯定（Yamane and Anzai，2020），但仅有数量显然是不够的。大多数此类博物场馆都带有令人尴尬的民族主义色彩和偏见，它们美化博物馆所在国家颂扬所偏爱的过往，掩盖历史的阴暗面，妖魔化那些被假想出来的新仇旧恨。它们突出敌国对自己及其他国家的残暴行径，而不反映本国对本国人民和其他国家人民的残暴行径，这对建设和平进程产生了不利影响。如果把这些场馆仅仅建设成有吸引力的旅游景点，和平进程也会受到影响。在全世界反对法西斯主义抬头、反对不自由、反对核武器扩散、反对种族主义长期存在的斗争中，这类博物场馆的贡献将被削弱。这类博物场馆有可能沦为光怪陆离的迪士尼乐园，让游客目不暇接，仅此而已。在高等教育中引入和平博物场馆研究，可以普及和平博物场馆的理念，推动对博物场馆作为和平建设者的程度、局限性和不足之处进行批判性讨论，并为创造性地探讨如何将这些被动建构转化成促进和平与变革的积极能动力量铺平道路。

当然，要做到这些并非易事。挑战是存在的，但与学术界建立强有力的联系确实非常有益。例如，和平博物场馆研究可以帮助年轻一代正视痛苦的过往，并鼓励他们在集体层面下定决心不让未来重蹈暴力过往的覆辙。学生、教师与和平博物场馆之间的联系将不同于此类场馆参观者之间的联系。毕竟，参观者（大多是游客）一般没有回头客。人群在几个小时后就一哄而散了，他们中的大多数人终其一生也不会认识彼此。相比之下，学生、教师与和平博物场馆之间的联系会非常牢固且持久。不过这一切不可能一蹴而就，必须跨越前进道路上的障碍，必须让学术界对这个领域的学术资质感到满意。此外，还需要确定该领域研究与知识界和社会的相关性，并提出令人信服的论据，说明它如何能强化各类反对生存威胁（如核武器所构成的生存威胁、种族主义所构成的文明威胁等）的运动。

五　和平博物场馆研究与种族主义

和平博物场馆研究可以发挥重要作用，帮助全球公民尤其是西方的白人公民做好准备，摆脱几个世纪以来的偏见、成见和耻辱，并启发他们问一问：为什么最近在北美和欧洲已建或筹建了这么多反战博物馆，而同样在这个西方世界的种族主义中心地带却没有建造多少反奴隶制博物馆、反殖民主义博物馆和反种族主义博物馆？无论从哪个角度或标准来看，种族主义都是一个严重的政治、经济、文化和文明问题，既是对人类尊严的侮辱，也是对国际和平与安全的威胁。种族主义也许比核武器更危险，因为在广岛和长崎之后世界各地再也没有被投掷过核武器，但种族主义的炸弹几乎每天都在西方世界的某个角落爆炸。诚然，反种族主义的群体正在不断扩大，国际反种族主义运动的呼声也越来越高，在高等教育中引入和平博物场馆研究可能有助于为众多像乔治·弗洛伊德（George Floyd）这样的人构建一个更安全的世界。

2020 年 5 月 26 日，46 岁的美国黑人乔治·弗洛伊德在明尼苏达州明尼阿波利斯市遇害后，愤怒的情绪席卷了整个美国和欧洲部分地区，人群袭击了非洲奴隶贸易的主要赞助者和交易者的雕像，并拆除了象征耻辱与历史暴力的雕像和其他纪念物。这种反应并不出人意料。据国际媒体报道，该案充斥着蓄意的暴行：一个名叫德里克·肖文（Derek Chauvin）的美国白人警察将乔治·弗洛伊德扑倒在地，用膝盖顶住弗洛伊德的脖子，直到其窒息而亡。这一千夫所指的残暴行为引起了人们对当代北美和欧洲有形与无形的种族主义行径的愤怒讨论。

此外，全球抗议活动也为发展中国家被压制的声音注入了新的力量。人们逐渐认识到，争取正义与平等的国际斗争并不仅仅是为了美国黑人的平等权利，也不仅仅是为了生活在欧洲的黑人的权利。当然，愤怒的抗议活动主要发生在欧洲和北美，但种族主义的诅咒已经开始被视为不只是针对黑人，也不只是西方在经历的事情。人们慢慢意识到，遭受种族主义的不一定是黑人，各种肤色的人都会遭遇种族主义；而施暴者也不一定是白人。同样，这个问题不再被视为仅仅是肤色问题，信仰、种族或文化的“颜色”也可以染成红色、黑色、绿色、黄色或棕色的法西斯主义色彩。通过讨论、书写和讲授邪恶，可以让那些肤色、信仰和文化野蛮行为的受害者不再那么脆弱。

我们不知道美国是否会为乔治·弗洛伊德和他那个时代的其他遇难者们建造纪念馆和博物馆，告诉后人在人类历史和知识最发达的时代（21 世纪的前四分之一）在美国这个自诩为超级大国、高度发达国家、知识和经济强国以及自由、进步和民主社会的国家，黑人是如何被残酷对待的。但这样的博物场馆确实是需要建立起来的，并且不仅要在美国或其他白人占主导地位的国家建立此类场馆，还要在发展中世界建立此类场馆。毕竟，在非白人社会中也有千千万万个“弗洛伊德”因肤色、信仰、种族或文化而受到不公正对待、歧视、迫害和杀害。这些歧视和仇恨受害者的故事需要通过反种族主义纪念碑和博物场馆来讲述，这些故事也应在课堂上被讲述。这些措施将有助于使各种肤色、信仰、种族和文化的野蛮社会变得更人性化。

令人振奋的是，在这种情况下，时代变局正在发生。早在 1989 年，美国小说家、散文家、编辑、教授和诺贝尔奖获得者托尼·莫里森（Tony Morrison）就曾说过：“你我都没有合适的地方可以去思考或不去思考奴隶制问题，去反思奴隶制的存废……没有合适的纪念碑、牌匾、花圈、围墙、公园或摩天大楼大厅。既没有 300 英尺的高塔，也没有路边的小长椅。在查尔斯顿、萨凡纳、纽约或普罗维登斯，或者更宜人的密西西比河畔，甚至连一棵我可以拜访的纪念树、一个你可以缅怀的首字母都没有。”（Morrison，1989）2018 年，为了纪念在美国被私刑处死的数千名黑人，“遗产博物馆与和平与正义国家纪念馆”（Legacy Museum and National Memorial for Peace and Justice）正式启动。这是平等司法倡议组织（EJI）创始人布莱恩·史蒂文森（Bryan Stevenson）的项目。他和他的团队于 2015 年发布了一份关于美国黑人遭受私刑的报告。这份题为《美国的私刑：直面种族恐怖主义的遗产》的报告，详细揭露了 1877 年至 1950 年间，在阿拉巴马州、阿肯色州、佛罗里达州、佐治亚州、肯塔基州、路易斯安那州、密西西比州、北卡罗来纳州、南卡罗来

1
Equal Justice Initiative. https://eji.org/reports/lynching-in-america.

纳州、田纳西州、得克萨斯州和弗吉尼亚州，大约4400名美国黑人被残忍私刑处死的可怕细节。2017年，该研究补充了其他州的种族恐怖私刑记录，发现私刑在伊利诺伊州、印第安纳州、堪萨斯州、马里兰州、密苏里州、俄亥俄州、俄克拉何马州和西弗吉尼亚州等8个州也非常普遍。[1]史蒂文森在评论美国黑人遭受的私刑时说："实施这种暴行的人本可以直接开枪杀人再埋尸灭迹，但他们不希望这变成秘密，他们不想遮遮掩掩，他们不希望这项暴行被埋入泥土和灰尘。实际上他们还会把尸体亮出来杀鸡儆猴。他们想让整个社区都看得到。"这就是为什么行凶者们会"拍摄私刑过程，把照片做成明信片，还把从尸体上割下的肉当作纪念品分发"（Kennicott，2018）。

这座纪念馆与美国的其他纪念物，包括华盛顿特区的马丁·路德·金纪念碑，以及非洲的反种族隔离和反奴隶制纪念碑与纪念馆一起，承载着人类历史的重担，描绘了那些仇恨、暴力和国家恐怖主义的受害者们的痛苦、希望和斗争。它们是良知的纪念馆和博物馆，纪念着种族主义和奴隶贸易的受害者。令人欣慰的是，人们越来越意识到历史上对美国黑人所犯下的错误和不公正，并通过在北美和欧洲的不同地点建立纪念碑和纪念馆来寻求宽恕（Rice）。

然而，创伤仍旧非常深刻，相互不信任普遍存在，为改造西方社会而采取的措施杯水车薪，对他者（尤其是移民）的妖魔化迫使许多人对整件事持非常批判的态度（Sturken，2022）。很明显，几个世纪留下的创伤不会在几周、几个月或几年内被治愈。这将需要更长的时间，只有当种族主义在所有方面和所有地方遭到所有方式的打击时，人道主义才能战胜种族主义。同样，核武器也需要在所有方面和所有地方用所有手段来加以抵制。

六　和平博物场馆研究与核武器

毫无疑问，抵制核弹的力量是有力而广泛的，反核宣传团体和支持者们几十年来一直在积极开展反核活动。其中，反核和反战博物馆在传播核知识和抵制原子弹方面功不可没。这很了不起。以长崎反原子弹博物馆和广岛和平纪念馆为例，这两座场馆都揭示了原子弹轰炸对广岛和长崎的人民造成的可怕后果。每年都有成千上万来自日本和其他国家的游客参观这两处景点。据京都世界和平博物馆馆长金清纯子（Junko Kanekiyo）说，到 2001 年，有超过 5000 万人参观了广岛和平纪念博物馆；到 2008 年，有超过 1000 万人参观了长崎反原子弹博物馆（Kanekiyo，2008：83）。这个数字还在继续增加。据广岛和平传媒于 2020 年 4 月 8 日报道，2019 财年的参观人数达到 175 万，是 1955 年广岛和平纪念馆开馆以来参观人数最多的一年。并且，上述数字还只是 11 个月的数据，因为受新冠疫情、建筑翻新等影响，这个博物馆在该年度关闭了一个月。[1]

广岛和长崎的场馆里保存了建筑物被炸毁后的样子，记录和叙述着原子弹轰炸的毁灭性后果。在这些历史遗迹中，过去、现在和未来随着历史和记忆一同前行。这些场馆还表达了建立一个没有核武器的世界的决心。这两座日本城市的反原子弹纪念馆和博物馆像两位和平教师，向来自日本各地和国外的游客们传授着和平理念。

每天都有成百上千的游客在广岛和平纪念馆内的两座建筑间穿梭。主楼描述了 1945 年 8 月 6 日发生的事情。这座建筑就像一位母亲在怀念和哀悼死去的孩子，颤抖的手中拿着孩子的玩具，膝上放着孩子的衣服和照片。这座建筑深情地保存着从爆炸现场的灰烬和周边收集到的死者的照片和遗物。辅楼展示了原子弹爆炸前和爆炸后不久的广岛面貌，还讲述了在后来的几年里广岛重新崛起为一座熙熙攘攘的城市的鼓舞人心的故事。这两座建筑作为哀悼和纪念的场所，每天都在敦促参观者们确保不会再有下一个广岛和下一个长崎。广岛和平纪念馆位于纪念公园内，保存着数千份原子弹幸存者的书面和视频证词以及遇难者的照片。当你参观广岛和长崎的这

1 Akechi, Junji. April 8, 2020. Peace Museums Visitors Reach Record 1.75 Million in 2019 Despite One-Month Closure due to Coronavirus, Demonstrating Building-Renovation, OtherEffects.

两座反原子弹博物场馆时，也许会听到死者哀号着询问他们为什么会遇害。日复一日、月复一月、年复一年，参观者们将广岛和长崎的信息带到世界各地，并参与到抵制核武器和谴责核武器国家的运动中。

由于核武器对人类的生存构成威胁，因此在过去 70 年中发起了一系列强有力的国际运动，旨在减少发生核战争的可能性，控制核武器的扩散，并实现彻底废除核武器，这并不奇怪。实现这一目标的新想法层出不穷。著名的和平历史学家兼和平博物馆学者彼得·范登·邓根（Peter van den Dungen）认为，在联合国安理会常任理事国和拥有核武器的 5 个国家里建立类似于广岛或长崎博物场馆的反核武器博物馆，可以向前迈出一大步。他建议在美国纽约、俄罗斯莫斯科、英国伦敦、法国巴黎和中国北京等大城市建立这样的博物馆。他进一步建议，在以色列和印度也需要建立这样的博物馆。他指出，去日本反核博物馆参观的游客中，通常约有 90% 是日本公民，只有很小一部分来自其他拥核国家的人会去广岛和长崎参观。他说，这些国家的大量民众也需要接受核教育（Dungen，2016：328）。他补充道："如果更多的人有机会熟悉广岛和长崎的经历及其对今天的影响，那么全球废除核武器运动将得到极大加强。"（Dungen，2016：328）此外，要在拥核国家和无核国家的大学中启动"和平博物场馆研究"，可以在课堂上发起关于反核博物馆的讨论，并提出在世界不同地区建立此类博物馆的想法，从而显著促进公众核素养的提升。

战争、军国主义和核威慑仍然是和平博物场馆关注的主要问题。然而，2005 年在西班牙格尔尼卡举行的和平博物馆国际会议将其名称从和平博物馆改为和平博物场馆后，其关注的领域得到极大拓展。特别是从那时起，包括国际和平博物场馆网络（以前称其为国际和平博物馆网络）在内的不同论坛一直在讨论建立各种博物场馆的可能性，如反奴隶制博物馆、反殖民主义博物馆、反种族主义博物馆、人权博物馆、妇女和儿童博物馆、民主与自由博物馆、艺术与和平博物馆、贫困与不平等博物馆以及其他与和平有关的博物馆。于是，和平博物场馆真的走向了全球。在过去 30 年左右的时间里，在日本以外建立的博物场馆数量大幅增加。

另一个重要的发展是文献和研究的增加。和平博物馆学者彼得·范登·邓根、安西育郎（Ikuro Anzai）、山根和代（Kazyo Yamane）、乔伊斯·阿普塞尔（Joyce Apsel）、苏丹·颂吉（Sultan Somjee）、卡罗尔·兰克（Carol Rank）、村上义博（Yushifumi Marakami）、来玉城（Roy Tamashiro）、泰伦斯·达菲（Terrence Duffy）、金清纯子、蒂莫西·加昌加（Timothy Gachanga）、克莱夫·巴雷特（Clive Barrett）、伊拉特谢·莫莫伊蒂奥（Iratxe Momoitio）、艾米·索达罗（Amy Sodaro）等人的研究奠定了坚实的基础，并强调了博物场馆作为和平教育中心的重要性，此外还强调有必要对这些和平场馆的状况、地位和业绩进行严格审查。例如，阿普塞尔在 2017 年发表的一项基础研究中，就此类博物场馆的定义、类别、体验和表现提出了一系列问题。她详细讨论了西班牙格尔尼卡和平博物馆与日本京都世界和平博物馆等博物场馆的历史和表现，并问道："如何才能鼓励包括大学在内的研究中心和教育机构去创建和平博物馆呢？"（Apsel，2012：129）。或许参观京都世界和平博物馆，可以为我们指明前进的方向。这是世界上唯一一座由大学在校园内建立的和平博物馆。它是否也能成为世界上第一座在馆内建立的和平博物场馆研究学校呢？

七 京都世界和平博物馆

京都世界和平博物馆是一座独特的博物馆，坐落在独特的立命馆大学内，位于独特的京都市。京都是日本第三大城市，也是古老的城市之一，曾作为日本首都长达 1000 多年（794—1868）。在这座历史悠久的城市里，1869 年，西园寺公望亲王于京都皇宫创立了立命馆，作为一所私立学院。1900 年，京都法政学堂成立，这是一所夜校。1913 年，这所对劳动者开放的学校正式更名为"立命馆"。它于 1922 年获得大学地位。这所大学很快就成为一个促进自由精神、国际主义和学术自由的中心，甚至还接纳了因从事和平主义活动而被政府强迫离开京都帝国大学的17名教授。[1] 此外，它还接收了因抗议言论自由受到压制而被一所国立大学开除的学生。[2]

然而，在日本帝国主义和军国主义的压力下，立命馆大学一度丧失了其自主性和理想主义，支持了日本对外侵略。正如金清所报道的那样，在政府的指导下，该校强制实施严格的军事训练课程，并鼓励学生参军。结果，数千名该校师生参加了帝国主义战争，再也没有回到大学。二战后，这所大学对其过去扮演的角色，特别是在战场上部署了约3000名学生深表懊悔，迅速选择改革，并实施了“和平与民主”的新教育政策。

立命馆大学凭借强大的和平研究基础，现已成为日本顶尖大学之一。它于1992年建立了京都世界和平博物馆，成为世界上第一所在校园内建立和平博物馆的大学。博物馆入口附近，用六种语言书写的铭文昭示着它对和平的承诺。铭文中说，通过其展品，该馆将“传达战争的悲惨现实”，“展示那些反对战争的人们所做的努力”，并“让人们理解建立和平的重要性”。日本著名的和平博物馆学者山根和代引用铭文说：“‘战争的现实’并不意味着只展示日本在战争中受害的一面，也要展示日本的侵略行为。”山根指出，该博物馆解释了日本的侵略行为，并描述了数百万中国人被杀害的惨状，许多中国人和朝鲜人被强征送到前线，还有许多中国和朝鲜妇女被迫沦为慰安妇。山根补充道，京都世界和平博物馆还收录了日军在南京的大屠杀史料，并引用了从一本中国书籍中拍摄的中国人被活埋的照片（Yamane，2009）。

值得一提的是，京都世界和平博物馆不仅仅展示日本对中国和其他周边国家造成的战争恐怖，而且不时就近年来发生的一些战争和冲突发表声明，表明其立场。例如，2010年11月24日，在朝鲜和韩国在西海有争议的海上分界线“北方界线”（NLL）附近发生军事摩擦前夕，

1 http://en.ritsumei.ac.jp/profile/history.

2 Kanekiyo, Junko. Japanese Peace Museum and the Challenges and Perspectives of the Kyoto Museum for World Peace. In: Museums of Ideas: Commitment and Conflict. https://museumsetc.com/products/museums-of-ideas-commitment-and-conflict.

安西育郎教授（现任名誉院长）和高杉巳彦（前任院长）发表了联合声明。该声明指出，京都世界和平博物馆重视“忠实地面对过去，正视现实，为一个更加和平的世界做出真诚的努力”，呼吁日本及各国的政府以及非政府组织“采取迅速和具体的行动，防止局势恶化”。它敦促他们“不要在这种爆炸性的局势中采取煽动性或挑衅性的行动”，并表示希望日本政府“努力改善与朝鲜和韩国的关系”。类似地，京都世界和平博物馆于2015年6月30日发表了纪念第二次世界大战结束的声明。声明表示，该博物馆已接待了超过95万人次的参观者，组织了多个常设展览和100个专题展览，坚持“诚实面对过去”的原则，并告知其国际和平媒体图书馆约有45000本国际和平藏书可供校园内外的公众使用。

2017年7月7日，该博物馆就联合国通过《禁止核武器公约》发表声明，对“美国、俄罗斯、英国、法国等拥有核武器的国家，以及生活在假想的‘核保护伞’下的欧盟（EU）、日本等40多个国家没有参加此次协商”深表遗憾。声明补充道，该馆尤其“对日本政府没有参与表示严重关切，日本是唯一经历过原子弹爆炸的国家”，并表达了继续努力使世界成为一个无核世界的决心。在此背景下，它提及了该馆在2015年至2017年期间举办的一些与核相关的活动，包括2015年和2016年的春季和秋季特别展览、世界新闻摄影展、周六公开讲座，以及由来自15个国家的研究生参加的夏季研讨会“2016年仁济和平学校”。

此外，该博物馆还会定期组织一些教育活动和项目。这些活动包括非政府组织讲习班、儿童节目、电影、讲座、工作坊、实习、和平讲座、用展板和教室分享教育材料、为讲解员和学生工作人员提供培训方案，以及在不同的校园里安排促进和平的小型展览。近年来，该馆的一项重要教育举措是自2016年起每年组织为期三周的亚洲社区领导力研讨会。研讨会用英语进行，来自三个亚洲国家和地区的三所大学的学生参与其中（日本立命馆大学、韩国庆熙大学、中国台湾地区的淡江大学）。约30名参与者会在这三所大学各学习一周。该项目旨在促进学生对亚洲的全面了解，提高他们的多元文化交流能力，并鼓励他们对“和平”“亚洲”和“未来”的概念进行创新性思考。该项目的第一周会安排在京都世界和平博物馆。学生在导游的带领下参观这座博物馆，了解它的使命和创建背景，并对博物馆发展的过去、现在和未来进行评论。

该项目一开始就会鼓励学生们自由表达各自的想法和意见。他们会被告知，不会根据他们表达的观点来评判他们，对他们的评论也将进行保密。该项目为来自不同国家的学生提供了一个很好的学习机会，让他们直面苦涩的历史，即便在不同的问题上有着截然不同的观点也仍然能保持友谊，并了解京都世界和平博物馆的奇妙之处。难怪英国布拉德福德和平博物馆董事会主席、著名和平博物馆学者、国际和平博物场馆网络（INMP）董事会成员克莱夫·巴雷特在参加2008年于京都世界和平博物馆举行的第六届国际和平博物场馆网络会议后写道：“和平博物馆可以改变世界文化，我们必须传播这一理念。”（Barret，2009：38）京都世界和平博物馆的神奇故事显然需要告诉给那些世界一流大学，以便让它们采纳并拥有和平博物馆研究项目。

八　结论

自长崎和广岛建立和平纪念馆与和平博物馆以来，已经过去了近69年。在此期间，和平博物场馆逐渐发展成熟，它们的数量大幅增加；拥有这些博物场馆的国家数量也日益增多；它们在建设和平方面的作用正在增大；它们对有关战争、种族主义、核武器和现代奴隶制等全球性问题的政策制定的影响力也在上升。有些和平博物场馆，如韩国的老斤里（No Gun Ri）纪念和平公园，设有纪念馆、博物馆及和平教育中心，现在那里定期举办促进和平的教育项目（Koo-Do，2010）。不过，这些博物场馆大多只在当地和国内有影响力。如果和平博物场馆的教学和研究项目被引入大学，来自不同国家的学生在位于世界不同地区的大学教室里聚集一堂，那么情况就会在某种程度上发生变化。

此外，和平博物场馆能以多种形式和色彩展示和平，并提供替代的历史视角和背景。它们将过去的恐怖事实展现出来，并向当地和全球社会传达着这样一个信息：即将到来的未来可能会大不相同，也会更加美好。它们接待来自不同地方和不同背景的男女老少参观者，并向他们提供和平视角。有些团体会在这些场所组织会议、讲习班、研讨会和讲座，强调保存记忆并突出和平英雄与和平斗争的重要性。然而，这些项目和许多其他活动很少受人瞩目。因此，媒体和学术界很少注意到这些博物馆及其影响也就不足为奇了，它们在知识长廊上的存在感一直不强。如果能鼓励这些博物场馆定期组织教育项目，并协调努力将和平博物场馆研究引入高等教育，就可能发生重大转变。

朝着这个方向迈出的第一步可以是成立一个和平博物场馆专家国际顾问小组。这是一个和平博物场馆智库，它可能由15—20名专家组成，包括最好与大学有关联的杰出和平博物馆学者以及来自世界各地的知名和平博物场馆负责人。该顾问小组可以评估和平博物场馆专家及相关论坛上提出的建议，并制定自己的综合计划，以实现和平博物场馆的和平潜力，使其摆脱目前的被动状态。世界各地不断扩散的不和平与不自由现象，要求将这些博物场馆转变为和平与变革的强大动力，因为有关的和平博物场馆专家对事态日益感到关切（Apsel，2017；Apsel，Barret，and Tamashiro，2023）。可以分配给该小组的一项任务是，就不同国家的博物馆面临的挑战编写一份综合报告，并以批判性和创造性的方式讨论未来的发展方向。这项研究可以涵盖许多主要博物馆，包括英国布拉德福德和平博物馆、西班牙格尔尼卡和平博物馆、英国考文垂和平博物馆、韩国老斤里大屠杀纪念馆、柬埔寨和平博物馆、日本草根之家与京都世界和平博物馆以及中国南京大学拉贝与国际安全区纪念馆。该顾问小组出版的博物馆状况报告可能会有助于为各博物馆的未来制定战略，并帮助它们转变为各地促进世界和平与变革的强大机构。

同时，应加强和平博物场馆提供的证书和文凭课程，并鼓励未提供此类课程的博物馆和大学开设相关课程。和平博物场馆专家国际顾问小组可以向这些课程提供支援，并协助发达国家和发展中国家的大学制定新的课程。此外，该顾问小组还可以鼓励这些高等院校定期在不同的大学和博物馆里举办为期 10—15 天的关于和平博物场馆主题的住校讲习班。和平博物场馆学者、年轻专业人士和学生的积极参与可以加强这些课程。在我看来，组织和平博物场馆暑期学校的时机也已经到来，特别是对于那些提供和平教学和研究项目的大学来说。此外，我认为现在是时候出版一份高质量的半年刊或者季刊了。和平博物场馆专家国际顾问小组也可以参与这项工作。实际上，该小组可以为这份期待已久的期刊的成功发行和蓬勃发展做出巨大贡献。

在促进各和平博物场馆之间以及各主要博物馆、主要和平研究中心和主要大学之间的合作互利关系方面，和平博物场馆专家国际顾问小组可以发挥重要作用，应该直接或间接地鼓励各大学共同努力，赞助、拥有、支持并在其校园内建立和平博物场馆的教学和研究项目。这类博物馆、研究中心和大学的名单肯定会相当长，希望不要漏掉广岛和长崎的和平纪念馆和博物馆、京都世界和平博物馆，以及日本和其他国家的几座博物馆。同样，奥斯陆国际和平研究所、美国和平研究所、美国克罗克国际和平研究所、美国国际和平教育研究所、美国全球和平教育运动、美国妇女和平建设者全球网络，以及印度及其境外的几个主要的甘地研究所都可以参与其中。除了北美和欧洲的一些主要大学，还应邀请哥斯达黎加的联合国和平大学、韩国的庆熙大学、中国的南京大学和日本的立命馆大学充分发挥其作用。

也许京都世界和平博物馆应该在其中发挥带头作用，因为它是一个历史悠久且充满活力的和平机构。它坐落在著名的日本立命馆大学校园内，由安西育郎教授、君岛东彦教授和山根和代博士等著名的和平博物馆领导人组成的团队指导和发展起来。国际和平博物场馆网络就设在这里。这座博物馆经常有来自世界各地的著名和平博物馆专家参访。顾问小组可以是一个由有关专家和主要博物馆管理者组成的独立小组，也可以作为国际和平博物场馆网络的一个单独的特别部门。

它应该与立命馆大学、南京大学、哥斯达黎加联合国和平大学、庆熙大学等高校，以及广岛和长崎的和平纪念馆、京都世界和平博物馆、南京大学博物馆和老斤里纪念和平公园等密切合作。此外，除了与国际和平博物场馆网络密切合作，顾问小组还应与人权博物馆等博物馆及其他以和平、自由和正义为关注点的博物馆密切联系。

这样一个和平博物馆专家小组，有助于加强和平博物场馆研究的资历，以便其被各大学采纳为学术课程，并促使大学在校园内建立起和平博物场馆学院。

（张鋆良　译）

参考文献

Anzai, Ikuro. 2008. Definition of Peace, Peace Museum and Museums for Peace with Reference to Peace-Related Museums in Asia. In: Ikuro Anzai, Joyce Apsel, and Syed Sikander Mehdi (eds.). Museums for Peace: Past, Present and Future. Kyoto: Kyoto Museum for World Peace, Ritsumeikan University.

Apsel, Joyce. 2012. New Directions in Educating for Peace: Developing Critical Peace Museum Studies. In: Clive Barret and Joyce Apsel (eds.). Museums for Peace: Transforming Cultures. The Hague: International Network of Museums for Peace.

Apsel, Joyce. 2017. Introducing Peace Museums. Taylor and Francis.

Apsel, Joyce, Clive Barret, and Roy Tamashiro (eds.). 2023. Museums for Peace: In Search of History, Memory, and Change. Taylor and Francis.

Barret, Clive. 2009. The Peacemaking Paradigms of Ritsumeikan and Rievaulx: Reflections on the Sixth International Conference of the International Network of Museum for Peace, Ritsumeikan Heiwa Kenkyu. The Ritsumeikna Journal of Peace Studies, 10.

Beddoes, Zanny Minton. 2023. Democracy in Danger. The Economist, November 18th–24th.

Kanekiyo, Junko. 2008. The Japanese Museums for Peace in Changing Times. In: Ikuro Anzai, Joyce Apsel, and Syed Sikander Mehdi (eds.). Museums for Peace: Past, Present and Future. Kyoto: Kyoto Museum for World Peace, Ritsumeikan University.

Kanekiyo, Junko. 2009. The Peacemaking Paradigms of Ritsumeikan and Rievaulx: Reflections on the Sixth International Conference of the International Network of Museum for Peace, Ritsumeikan Heiwa Kenkyu. The Ritsumeikna Journal of Peace Studies.

Kennicott, Philip. 2018. A Powerful Memorial in Montgomery Remembers the Victims of Lynching. The Washington Post, April 24.

Kingsbury, Kathleen. 2024. Confronting a New Nuclear Age. The New York Times International Edition.

Koo-Do, Chung. 2010. No Gun Ri Massacre: No Gun Ri Still Lives On. Publishing Dunam.

La Guardia, Anton. 2023. A New Nuclear Era? The Economist, November 18th–24th.

Mayo, Roger. 2012. Towards a Museum of Hope. In: Clive Barrett and Joyce Apsel (eds.). Museums for Peace: Transforming Cultures. The Hague: The International Network of Museums for Peace.

Mehdi, Syed Sikander. forthcoming. Peter van den Dungen's World of Peace Museums. In: Peter van den Dungen. Museums for Peace: Selected Essays. London: Springer.

Morrison, Tony. 1989. Bench by the Road Project. https://www.tonimorrisonsociety.org / bench. html.

Noir. Berlin Wall-Thierry Noir. https://thierrynoir.com/essays/berlin–wall/.

Rice, Alan. Monuments and Memorials. Revealing Histories, Remembering Slavery. http://revealinghistories.org.uk/legacies–commemorating–the–bicentenary–of–british–abolition/articles/m https://www.hiroshimapeacemedia.jp/?p=97222onuments–and–memorials.htm.

Sturken, Marita. 2022. Terrorism in American Memory: Memorials, Museums, and Architecture in the Post-9/11 Era. New York: New York University Press.

van den Dungen, Peter. 2005. Introduction. In: Fundacion Museo de la Paz de Gernika (ed.). Museums for Peace: A Contribution to Remembrance, Reconciliation, Art and Peace. Gernika-Lumo: Fundacion Museo de la Paz de Gernika.

van den Dungen, Peter. 2016. Abolishing Nuclear Weapons Through Anti–Atomic Bomb Museums. Peace Review: A Journal of Social Justice, 28(3).

van den Dungen, Peter. forthcoming. Peace Museums: Selected Essays. London: Springer.

Wapner, Jessica. 2019. Do Walls Change How We Think? The New Yorker, March 28. https://www.newyorker.com/culture/annals–of–inquiry/do–walls–change–how–we–think.

Yamane, Kazuyo. 2008. The Growth of Japanese Museums for Peace from an International Perspective. In: Ikuro Anzai, Joyce Apsel, and Syed Sikander Mehdi (eds.). Museums for Peace: Past, Present and Future. Kyoto: Kyoto Museum for World Peace, Ritsumeikan University.

Yamane, Kazuyo. 2009. Grassroots Museums for Peace in Japan: Unknown Efforts for Peace and Reconciliation. Saarbrucken, Deuttchland: VDM Verlag Dr. Muller Aktiengesellschaft and Co. Reconciliation.

Yamane, Kazuyo and Ikuro Anzai (eds.). 2020. Museums for Peace Worldwide. North Carolina: Lulu.com.

作者简介

赛义德·西坎德·迈赫迪（Syed Sikander Mehdi），巴基斯坦卡拉奇大学前国际关系教授，巴基斯坦著名和平教育家、和平学者。除了在卡拉奇大学任教30多年外，他还在奥地利和西班牙教授有关和平教育、和平运动和强制移民的课程。他还曾在挪威、美国和日本的和平研究中心担任研究员，最近出版《变化世界中的自由与安全》（*Freedom and Security in the Changing World*，2019）、《记忆、自由与权力》（*Memory, Freedom, and Power*，2020）、《思想、权力与即将到来的未来》（*Idea, Power and the Arriving Future*，2021）、《走向新世界秩序与大规模杀伤性思想》（*Toward a New World Order and Ideas of Mass Destruction*，2022）、《政治幽默与和平教育》（*Political Humor and Peace Education*，2022）。

和平活动 | Peace Activities

和平与改造并行

——当代北爱尔兰妇女的和平实践[1]

王　磊　唐可欣

摘　要　在北爱尔兰和平进程中，妇女是一支独特的和平力量。妇女和平实践的独特性源自不同于男性的经历，表现为不只是反对暴力，更是强调对社会的结构性改造，目的是实现北爱尔兰的持久和平。回顾20世纪70年代以来妇女的和平历程，她们独特的和平实践可被概括为横向交往、社会改革和政治文化改革三个方面。通过横向交往，她们改造对立的民族关系，推动民族和解，奠定实现持久和平的基本前提。通过社会改革，她们推动改造父权制下的社会不公正问题，以构建持久和平的社会基础。通过政治文化改革，她们尝试消除滋生暴力的政治生态，为持久和平创造有利的政治环境。尽管妇女追求的持久和平仍未真正实现，她们对北爱尔兰的结构性改造任重道远，但她们建设和平的实践为冲突地区的和平与和解提供了新思路。

关键词　北爱尔兰　妇女和平　妇女联盟　《贝尔法斯特协议》

北爱尔兰一直是国际社会中武装暴力与冲突化解的典型案例。在已有的研究成果中，大多是对男性和平实践的研究。这种传统研究视野较为狭隘，强调基于北爱尔兰两大民族的身

1 本文系国家社会科学基金一般项目“公民社会视角下北爱尔兰和平进程研究”（20BSS053）的阶段性成果。

份和利益构建和平，为冲突化解提供处方，却忽视了妇女为推动和平与正义所做的贡献。[1]在少数针对妇女和平的研究中，研究成果也具有片面性：①过分强调性别因素，忽视了社会的结构性问题。这类研究重点关注性别天生的本性，强调生物学意义上的性别与和平的关系，提出了妇女和平论，认为妇女天生热爱和平；与之对应的则是男性暴力论，演变为暴力男性与和平妇女的两元论对立观念。[2]这种叙事在北爱尔兰占主导地位，强调暴力是男性所为，从而掩盖了更严重的父权制结构问题。尽管这种观念遭到很多批评，但依然盛行。②主要关注单个案例，研究对象较为单一。学术界主要考察的是德里和平妇女、妇女支持网、妇女联盟等妇女和平团体，对北爱尔兰妇女的和平实践缺乏全面性和整体性研究。[3]

本文从性别视角出发，对北爱尔兰妇女的和平实践进行整体性研究，改变学术界对北爱尔兰和平进程中结构性问题的忽视。首先探讨妇女和平实践的独特性，相较于男性的和平，妇女不

1

Whyte, John. Interpreting Northern Ireland. 1990. Oxford: Clarendon Press; McGarry, John. 1995. Explaining Northern Ireland: Broken Images, Blackwell. Mitchell, Claire. 2006. Religion, Identity and Politics in Northern Ireland: Boundaries of Belonging and Belief, Ashgate Publishing; Ruane, Joseph and Jennifer Todd. 2009. The Dynamics of Conflict in Northern Ireland: Power, Conflict and Emancipation, Cambridge University Press; Cannon, David. 2011. Northern Ireland and the Political Economy of Peace: Neo-Liberalism and the End of the Troubles. University of Adelaide, PhD Thesis; Clancy, Mary-Alice C. 2016. Peace Without Consensus: Power Sharing Politics in Northern Ireland. London: Routledge.

2

Morgan, Valerie. 1996. Peacemakers? Peacekeepers? Women in Northern Ireland 1969–1995, Londonderry: Incore; Ruddick, Sara. 1995. Maternal Thinking: Toward a Politics of Peace, Boston: Beacon Press.

3

Callaghan, Marie Hammond. 2002. Surveying Politics of Peace, Gender, Conflict and Identity in Northern Ireland: The Case of the Derry Peace Women in 1972. Women's Studies International Forum, 25(1); Cockburn, C. and L. Hunter. 1991. Transversal Politics and Translating Practices. Soundings, 12, 1999; Roulston, C. Democracy and the Challenge of Gender. In: C. Roulston and C. Davies (eds.). 2000. Gender, Democracy and Inclusion in Northern Ireland, New York: Palgrave; Fearon, Kate. 1999. Women's Work: The Story of the Northern Ireland Women's Coalition, Belfast: Blackstaff Press; Murtagh, Cera. 2008. A Transient Transition: The Cultural and Institutional Obstacles Impeding the Northern Ireland Women's Coalition in Its Progression from Informal to Formal Politics. Irish Political Studies, 23(1).

只是反对暴力，更是要通过对父权制社会的结构性改造实现持久和平，重点分析导致其独特性的原因。进而，将妇女和平实践的历程归纳为横向交往、社会改革和政治文化改革三个方面，通过对每个方面的具体探讨，阐释妇女在北爱尔兰持久和平中的价值。

一 妇女和平实践的独特性

在北爱尔兰和平进程中，男性政治精英为了实现北爱尔兰停火，以及在未来政治格局中利益的最大化，在零和博弈思维下展开了激烈竞争。与男性不同，北爱尔兰妇女优先考虑的是人权、平等、正义和包容等原则，主张通过对北爱尔兰的结构性改造，实现持久和平。妇女的和平实践不同于男性，不是源于她们作为妇女的性别因素，而是源自男女不同的社会经历导致的差异。

（1）北爱尔兰妇女在父权制结构下遭受性别压迫。北爱尔兰是英国乃至西欧较为保守的地区，社会的保守性导致妇女的家庭地位和政治地位低下，权利意识淡薄，男尊女卑的传统观念仍然普遍存在。（Roulston，1999：3）北爱尔兰妇女受到传统性别规范的严格限制，北爱尔兰男性传统上作为公共行为者，妇女作为家庭保障者，她们的活动空间局限在家庭，家庭是“一个在文化上被定义为女性化的空间”（Aretxaga，1997：69）。美国学者阿迈勒·拉萨姆（Amal Rassam）认为，“在公共 / 男性、私人 / 妇女的二分法中，隐含着这样一种假设，即公共政治领域的权力由男性垄断，而局限于家庭领域的妇女是无权的”。（Sharoni，1998：2）北爱尔兰妇女在公共领域没有权力和地位，在主流政治中被边缘化。1922 年建立的北爱尔兰政府是代表新教徒利益的种族主义政权，歧视天主教徒是其主要特征。从性别视角看，它也是排斥妇女的政权，由代表新教徒上层利益的男性控制。政府不鼓励妇女参与公共事务，基本上将她们排除在主流政治之外。20 世纪 20 年代至 70 年代的半个世纪里，北爱尔兰只有 3 名妇女当选为英国议会议员，9 名妇女当选为北爱尔兰议会议员，1 名妇女当过北爱尔兰政府大臣。（Racioppi and O'Sullivan，2006：194—195）妇女当选人数有限并不奇怪，因为各政党推出的妇女候选人就很少。根据贝尔法斯特女王大学里克·威尔福德（Rick Wilford）教授的研究，在1921—1969年间，北爱尔兰议会的1008名候选人中只有37名妇女；如果将补选包括在内，妇女候选人也只有43人。（Wilford，1996：46）性别压迫是妇女反抗男权社会、追求性别平等和社会公正的根源。

（2）北爱尔兰妇女在暴力冲突中处于不利境地。暴力冲突对北爱尔兰基层社会影响很大，从性别视角看，暴力冲突的后果直接传导给以家庭为中心的妇女，成为推动妇女反抗暴力、争取和平的直接因素。北爱尔兰的暴力冲突始于20世纪60年代末，在宗派分化和暴力频发的环境中，妇女的境遇不断恶化。一方面，妇女要面对亲人离散和正常家庭生活的破坏。持续的武装冲突导致家庭中男性成员死亡和被捕，很多妇女因此失去了丈夫、父亲或兄弟；妇女还担忧孩子的安全，害怕孩子在冲突中受到伤害，动荡的环境和大规模失业致使北爱尔兰的儿童保健条件是欧洲最差的。（McWilliams，1995：13—14）另一方面，妇女的身心健康也受到严重伤害，其中天主教妇女是受伤害最严重的群体。有调查表明，北爱尔兰妇女比英国其他地区的妇女更多地使用镇静剂（Callaghan，2002：37）。教派杀戮虽然主要针对男性，但有时也会针对妇女。在1969—1998年北爱尔兰的暴力冲突中，妇女共死亡322人，占总死亡人数的8.9%。（Jacobson，2000：180）暴力冲突中也存在轮奸妇女的现象，民族和宗教的差异成为实施性别攻击的借口，妇女遭受着身心的摧残。（McWilliams，1995：14—15）男性号称为争取民族利益进行的暴力对抗，伤害最深的却是广大妇女。因此，对她们而言，争取和平是一个紧迫的问题。

（3）激烈的暴力冲突也为北爱尔兰妇女提供了难得的参政机遇，使得她们有机会开展自己的和平实践。正如牛津大学社会人类学家罗斯玛丽·里德（Rosemary Ridd）指出的："当一个民族卷入公开冲突，所有资源都指向外部威胁时……社会秩序可能存在一定的流动性。"（Ridd，1987：3）在北爱尔兰，这种流动性包括性别角色和性别关系的转换。长期的冲突导致男性死亡、拘禁在监狱或加入准军事组织，由于男性成员的缺失，社会对妇女从事公共活动有了更大的宽容，妇女投身政治活动被视为是对男性以及整个民族的忠诚，使得妇女有机会参与社区和政治活动，扩大了她们发挥作用的空间。（Sharoni，1998：4）因此，从性别视角看，妇女之所以开展和平运动，除了传统意义上的受害者因素之外，也是由于冲突中社会对妇女限制的减弱以及传统公私领域的模糊，这使得她们拥有了开展公共活动的空间和机会。妇女经常代表丈夫、父亲、儿子或伴侣参与抗议、参加纠察队；她们逐渐变得政治化，成为社区活动的保护者和领导者；她们中的一些人成为公众人物，进入政治组织和街头抗议的男性舞台。（Persic，2004：169）到20世纪末，妇女甚至获得了参与主流政治的机遇。1996年初，英国保守党政府宣布，将设立多党和谈的官方机构"北爱尔兰论坛"，其代表通过选举产生。为了确保准军事组织的顺利参与，政府规定得票最多的10个政党都可以派出2名代表参加会谈（Whyte，1998）。政府原本是要"北爱尔兰论坛"成为准军事组织参与和平进程的舞台，但客观上为妇女提供了参与主流政治的机会（Cowell-Meyers，2014：68）。1996年4月，北爱尔兰各界妇女代表组建了全妇女政党"北爱尔兰妇女联盟"参加选举，最终成为第九大党，获得了正式参与主流政治的资格，她们将充分利用这一来之不易的机遇。

（4）国际社会的认可和支持，为北爱尔兰妇女参与和平实践提供了难得的机遇。①来自世界妇女大会的支持。1985年，内罗毕第三次世界妇女大会将"妇女与和平"确定为优先事项。1995年，北京第四次世界妇女大会通过了《北京宣言》和《行动纲领》，对妇女参与和平进程提供了明确支持，"赋予妇女权力和她们在平等基础上充分参加社会所有领域，包括参加决策进程和掌握权力的机会，是实现平等、发展与和平的基础"，"地方、国家、区域和全球的和平是可以实现的，是与提高妇女地位不可分开地联系在一起的，因为妇女是在所有各级领导、解决冲突和促进持久和平的基本力量"。（第四次世界妇女大会、'95北京非政府组织妇女论坛丛书编委会，1998：160—161）妇女联盟曾提出“把北京带回家”的口号，旨在推动会议精神在北爱尔兰的落地实施。②来自联合国安理会的支持。2000 年 10 月，联合国安理会通过第 1325 号决议，呼吁将性别观点纳入维持和平行动的主流，鼓励妇女参与和平进程，承认妇女是建设和平和保障安全的推动者。这是联合国安理会第一次直接处理性别问题，公开承诺妇女不能再被排除在和平进程之外，“重申妇女在预防和解决冲突以及在建设和平中的重要作用，强调妇女平等参与和充分参与维持和促进和平与安全的一切努力的重要性，并强调必须提高妇女在有关预防和解决冲突决策中的作用”（UN Security Council，2000：1—2）。强有力的国际支持推动了北爱尔兰妇女的政治化及其对北爱尔兰和平进程的参与。

总之，北爱尔兰妇女不同于男性的独特经历造就了其和平实践的独特性。她们在社会和政治中处于不利地位，是暴力冲突中最易受到冲击的群体。在难得的参政机遇中，她们不仅追求结束暴力冲突，更想改造对她们不利的社会结构，将追求和平与对社会的结构性改造结合起来。北爱尔兰妇女的和平实践自 20 世纪 70 年代兴起以来，主要从横向交往、社会改革和政治文化改革三个方面展开，在追求持久和平的同时，也确保构建对妇女友好的社会结构，保护她们不再受到奴役。

二　开展横向交往

横向交往是妇女开展和平实践的重要方式和重要内容。受主流政治宗派性的影响，北爱尔兰公民社会也是宗派性的，多数社团都是单一身份的，即要么是天主教的，要么是新教的，很少有两者共同构建的。正如社会学家罗伯托·贝罗尼（Roberto Belloni）所指出的，北爱尔兰大多数公共场所都存在于既有的社会鸿沟中，“工作、教育、娱乐以及住房在两个民族之间实际上是分开的，这样大多数人都不会与其他身份的人发生明显的互动”（Belloni，2010：120）。然而，与主流政党优先考虑民族身份与民族利益不同，妇女和平团体不从社会的宗派分裂中受益，她们在坚持民族身份的同时，也拥有跨越民族鸿沟的意愿，在民族对立的社会中建立对话与和解的桥梁，寻找对立双方共同的立场和共存的方式。

英国社会学家尼拉·尤瓦尔－戴维斯（Nira Yuval-Davis）的“横向政治”理论，很好地解释了妇女跨身份交往的现象。“横向政治”是指不同身份和民族的妇女结成联盟。作为一种实用的和解机制，它并不意味着失去自己的身份或者同化他人，而是要促进不同身份者之间的对话，重新认识彼此的身份，并在消除暴力中团结一致，而不是落入身份政治的陷阱。“扎根”（Rooting）和“移情”（Shifting）是“横向政治”的两个重要概念，尤瓦尔－戴维斯指出“每个参与者都带着根植于自身的成员资格和身份认同，但同时又尝试转变，以便使自己可以与拥有不同成员资格和身份认同的妇女交流”。（Yuval-Davis，1994：192—193）参与者形成了一种对话模式，通过“移情”的过程来理解他者，了解彼此遭受的不平等和被压迫经历，从而把暴力冲突的不同片段拼凑在一起，使她们在承认差异的同时能够制定共同的目标。（Yuval-Davis，1999：96—97）从这个意义上说，在受冲突影响的社会中，横向交往可以把身份对立的妇女聚集在一起，在尊重差异的基础上，实施跨民族联合，制定共同的和平议程。以这种方式建立的妇女和平同盟，有助于防止父权制权力关系的再生产，从而为可持续的和平提供保障。

在20世纪70年代至80年代，即北爱尔兰爆发最激烈民族冲突的时代，妇女率先开启了民族和解之路。在共同反对暴力的基础上，为满足妇女自身的需求，她们在北爱尔兰的社区中心、教堂或者废弃房屋中成立妇女中心（Women's Centre），推动妇女之间的性别认同，积极参与社区的和平建设。1980年，第一个妇女中心在贝尔法斯特市中心成立，宣称任何妇女都可以加入，不问其宗教信仰或政治倾向。（McCoy，2000：14）但是，每个妇女中心都有自己的民族身份，妇女往往不愿加入对立民族的妇女中心，从而限制了其行动和影响。为打破僵局，一些妇女中心尝试举办跨民族对话，以改善社区间关系。这些横向交往培养了妇女一定程度的共识，她们开始认识到两个民族的妇女有许多共同的经历和问题，彼此的差异并没有看上去的那么大；妇女中心作为妇女的公共空间，在对立的民族之间建立联系、减少敌意乃至推动了妇女的性别认同。（Donahoe，2017：189）

随着北爱尔兰妇女身份认同的不断增长，为协调妇女中心之间的横向交往，1989年，北爱尔兰妇女成立了“妇女支持网”（Women's Support Network）。它是妇女中心的联盟组织，旨在协调不同中心之间的关系和行动，推动形成共同议程。“妇女支持网”推动妇女中心之间结构和服务的标准化，一个中心的妇女可以访问另一个中心，并在熟悉的服务、课程设置和温馨的安全空间中找到安慰。“妇女支持网”的行事准则是求同存异。她们以非宗派的方式工作，认可并尊重彼此的传统和政见，努力克服民族分裂的鸿沟。每个妇女中心都从自己的立场出发，分享自己在独特环境下形成的立场和知识。同时，每个妇女中心又认为自己的真理是片面的、知识是不完整的，她们会考虑其他中心的立场。北爱尔兰妇女通过“妇女支持网”跨越宗派界限，改善民族间的关系，加强社会的横向凝聚力。

如果说妇女中心是妇女以性别身份开展横向交往的基层社区组织，那么妇女联盟则是妇女基于共同的政治原则和目标在主流政治领域组建的全女性政党。在妇女联盟中，妇女的横向交往在性别之外加入了更多的政治因素。妇女联盟作为跨民族的“横向”政党，其目标是要在主流政治领域发出妇女的声音，在和平进程中提出妇女的和平主张。正如尤瓦尔－戴维斯所阐述的，妇女联盟的界限“不是根据我们是‘谁’来确定的，而是根据我们想要实现的目标来确定的”（Yuval-Davis，1997：126）。妇女联盟倡导不同民族或不同政治信仰的妇女为共同的目标而奋斗。她们有意选择“联盟”而不是“党”这一名称，就是为了方便妇女加入，不论她们先前的政治或民族背景如何，只要同意包容、平等和人权的原则即可加入。妇女联盟特意以双民族共同体的方式构建，选出的两位领导人中，一位是天主教徒，另一位是新教徒。（Aoláin et al.，2018：550）

在和平谈判期间，妇女联盟倡导“包容性对话”。在主流意见坚持“先停火再谈判”的立场时，妇女联盟坚持和平进程的包容性，强调所有政治团体都应参加和平谈判，以推动北爱尔兰民族间的和解。（Bell，2004：111）在和平谈判中，作为跨宗派的政党，妇女联盟扮演对立各方之间的“诚实中间人”，为和谈各方搭建沟通渠道。她们既与天主教政党对话，也同新教政党协商，为双方寻找共同的谈判基础。在推动横向交往的具体方式上，妇女联盟以社区经验为基础，通过交谈、分享、倾听、对话和参与，推动和谈各方积极对话以缓和关系。在采访中，妇女联盟领袖莫妮卡·麦克威廉斯（Monica McWilliams）分享了妇女联盟参与和平谈判的方式：“妇女们习惯于尝试通过对话来倾听，弄清楚接下来需要做什么，逐步分解问题，一步一步地采取行动，提出许多建立信任的措施，在所有不同的群体之间交谈和会晤。这些都是妇女从她们习惯的社区带来的技能……是其他各方不熟悉的技能。”（Donahoe，2017：65—66）北爱尔兰和平谈判主席乔治·米切尔参议员对妇女联盟赞赏道：“妇女作为一种政治力量的出现，是达成和平协议的一个重要因素。”（McWilliams and Kilmurray，2022：190）

综上，北爱尔兰妇女通过横向交往缓和对立的民族关系，是北爱尔兰实现民族和解与可持续和平的重要推动力。然而，北爱尔兰 30 多年的暴力冲突使得民族对立根深蒂固，实现民族和解之路仍然漫长。在和平协议签署后的北爱尔兰，只是没有了暴力，却远未实现真正的民族和解，对立的情绪和心理创伤仍未消除，民族鸿沟仍然存在，民族社区之间的物理隔离仍未消失，基于身份的歧视虽在和平协议中被视为非法，但在现实中仍时有发生。（Donahoe，2017：5）尽管妇女的横向交往无法为民族和解带来立竿见影的效果，但她们已找到了实现和解的钥匙，推动曾经对立的“他者”与“我们”缓慢走向和解。

三　推动社会改革

北爱尔兰主流政党从零和博弈的视角理解和平进程，在结束武装冲突的谈判中，竭力巩固自身的政治地位和北爱尔兰不平等的社会结构。他们争论的是如何停火、如何销毁武器、如何在新政治格局中占据优势地位等短期的利益安排问题。

妇女长期被边缘化和被排斥的经历，决定了她们与男性具有不同的和平观念。她们从性别视角批判传统的和平与安全范式，揭露好战主义、暴力与社会不公正之间的联系，强调和平不应只关注结束暴力冲突的短期政治利益，也应有长远的战略规划。她们特别指出了北爱尔兰政治不以人为本的弊端，教育、健康和贫困等事关大众生活的社会问题都不是主流政治家优先考虑的事项。（Mulholland，2001：167—168）因此，妇女和平实践的重点是改造不公正的社会结构问题，而不是传统政治关注的宪法和民族问题。她们认为，社会结构改革是实现持久和平的基础，和平不仅仅是没有暴力，也包括所有公民的人权和正义，意味着要对既有社会结构的改造，特别是改变加剧不平等、支持父权制、助长暴力冲突的不公正的社会结构。（Duncanson，2016：64—67）

妇女提出的社会改革议程遭到男性政客的嘲讽，他们认为在和平谈判桌上不适合讨论这些问题，认为这是妇女在政治上不成熟的表现。在他们看来，社会改革议程不可能是和平进程主要关注的问题，这些问题需要视停火、民族解放等主流目标的实现情况而定，而不是可以同时解决的问题。但是，妇女之所以要积极参与和平进程并提出社会改革方案，除了与男性和平观念的差异之外，也在于她们面临的尴尬的社会现实。和平进程的开启为妇女提供了难得的参政机会，她们可以直接影响政府决策。和平协议将确立冲突后的社会秩序，因此，妇女在和谈中必然希望抓住有限的机会，将妇女议程纳入和平协议，以便在冲突后获得与其他问题一样的合法性。

当主要政党将和平谈判引向宗派问题时，妇女联盟将社会改革议程带到了谈判桌上。妇女联盟成员布罗娜·海因兹（Bronagh Hinds）制定了一项包容政策，阿维拉·基尔默里（Avila Kilmurray）制定了一项平等政策，克里斯蒂娜·贝尔（Christine Bell）起草了一项人权政策。这些优先事项是北爱尔兰妇女在20年的社区和平活动与跨社区对话中获得的经验。正如布罗娜·海因兹所说，妇女在20世纪90年代发起的跨社区倡议的特殊经验，以及她们对欧洲联盟和1995年北京第四次世界妇女大会的参与，都为提出这些优先事项提供了参考。（Hinds，2009：125）

1998年4月，与会各方最终签署了《贝尔法斯特协议》，其中很多内容都体现了妇女联盟倡导的社会改革主张。（Roulston，1999：7）妇女联盟领袖莫妮卡·麦克威廉斯在接受采访时说，“事实上，有很多内容如果没有我们的参与就不会出现”，包括“公民论坛，受害者的确认，关于和解、混合住房、综合教育、年轻人的权利……我们大力倡导的人权与平等部分，以及人权委员会和关于《权利法案》的提案”。（Chang et al.，2015：46）

归纳而言，在和平协议中，妇女联盟在社会改革方面的影响主要体现在人权与平等两部分：①在人权方面，正如克里斯蒂娜·贝尔所指出的，尽管北爱尔兰的冲突在很大程度上与侵犯人权有关，但和平进程的最初阶段完全集中于宪政问题，而不是制定人权条款；在妇女联盟的推动下，和平谈判开始关注人权问题，并最终在和平协议中得以体现。（Bell，2000：ix）《贝尔法斯特协议》的第一部分要求设立人权委员会，负责确定北爱尔兰权利法案的范围，保护公民的权利。例如，和平协议提到了受害者的权利，制定了政治犯重返社会的条款，包括了对教育和住房的关注，这些内容是冲突后促进社会凝聚力的关键，有助于维持来之不易的和平。（Fitzgerald，Kalniņa-Lukaševica and Songwe，2022）②和平协议还规定了平等保障措施，包括设立北爱尔兰平等委员会。根据1998年颁布的《北爱尔兰法》，平等措施被法律化。该法第75条规定，所有公共机构都有法定义务促进不同宗教信仰、政治观点、种族群体、年龄、婚姻状况或性取向群体之间的机会平等，男女之间的机会平等，残疾人与非残疾人之间的机会平等，以及有受抚养人与无受抚养人之间的机会平等。（British Government，1998）

尽管对如何实施和平协议存在争议，但各政党很难在原则上反对这些社会改革措施，因为改革是为了最大限度地保护所有人和社区。事实上，在主要政党制定的政党宣言中，对政府权利和义务的观念发生了很大的转变。例如，在2001年大选中，民主联合党在竞选宣言中指出："我们相信妇女和少数民族应享有真正的、有意义的平等。我们认为，这一原则应该被纳入政府的主流政策，而不是沦为象征性的方案或项目。"（Democratic Unionist Party，2001）这些表述在民主联合党之前的宣言中是不存在的。

尽管冲突后时期在执行人权和平等保障方面存在困难，但自《贝尔法斯特协议》实施以来，即使在北爱尔兰议会暂停的情况下，人权委员会与平等委员会也持续运作。实施这些保障措施已成为全社会的共识，传统的宗派分歧也无法破坏它们。尽管妇女联盟解散了，但妇女联盟成员仍然在这两个机构中任职。例如，妇女联盟领袖莫妮卡·麦克威廉斯担任人权委员会首席专员，妇女联盟创始成员布罗娜·海因兹担任平等委员会首席专员的副手。从这个意义上说，尽管妇女联盟在后来没有存活下来，但其成员通过新机构继续参与主流政治，维护妇女和平实践的成果。

四　改造政治文化

在北爱尔兰的传统政治文化中，主流政党追求的目标是维护狭隘的党派利益和民族利益，为此采取的是对抗式的政治运作模式，致使两大民族纷争不断，严重恶化了政治环境。同时，北爱尔兰政治传统上由男性政客掌控，妇女等弱势群体被严重边缘化，缺乏参与主流政治的机会。

妇女联盟参与主流政治本身就是对传统政治文化的挑战。妇女联盟的竞选口号是"挥手告别恐龙"，抓住了北爱尔兰政治僵化的本质，还暗示了北爱尔兰的政治文化就像恐龙一样过时了，致力于营造新型的政治文化。新政治文化的核心特征是包容性。妇女联盟在竞选宣言中提出，“我们的首要关切是使北爱尔兰社会摆脱冲突，创造包容的文化”（Northern Ireland Women’s Coalition，1998）。在包容的概念下，妇女联盟将北爱尔兰政治定义为，不再是由两大民族男性政客掌控的精英政治，而是冲突中不同经历的个人和团体都要参与的大众政治，特别是要关注边缘群体。同时，北爱尔兰的新型政治不是要维护狭隘的民族利益，而是要促进社会和经济安全，并倡导民族鸿沟内外所有个人和共同体的公正与平等。

妇女联盟的政治运作手段也不同于传统政党，她们希望以对话与协商的方式，摆脱长期以来建立在对抗性和必胜主义基础上的男性政治。布罗娜·海因兹在采访中畅谈了妇女联盟对传统政治文化的挑战，她说道：“公众看到的是，男人对男人的恶毒语言和妖魔化以及其他一切，当然这已经是 20 年来公认的文化了……看到的是穿西装的男人之间的对战。突然间，公众看到这也是针对妇女的，这令他们感到震惊。你知道发生了什么吗？这些男人开始受到负面报道。因此，妇女们站起来说，我们不会成为受害者，这是不可接受的行为，它确实证明了妇女可以竞选，可以成为领导人。”（Donahoe，2017：67）

就结果而言，妇女联盟对传统政治文化的改造取得了一定成果。①妇女联盟倡导成立公民论坛（Civic Forum），促进了参与式民主的发展。在和平谈判中，妇女联盟坚持将公民论坛纳入《贝尔法斯特协议》。公民论坛作为北爱尔兰各阶层直接参政的渠道，鼓励公民更多地参与决策过程，将社区建设和平的经验教训传递到主流政治领域，建立具有包容性和协商性的参与式民主政治，推动建设和平、公正、有凝聚力的多元化社会。（McCaffrey，2013：20）《贝尔法斯特协议》第一部分规定，成立一个名为“北爱尔兰公民论坛”的机构，由“企业、工会和志愿部门的代表以及首席大臣和副首席大臣同意的其他部门的代表组成。它作为社会经济和文化问题的协商机制，首席大臣和副首席大臣将根据协议为公民论坛提供行政支持，并为公民论坛代表的选举制定指导方针”。（Northern Ireland Office，1998：9）为确保代表的广泛性，公民论坛由 1 名主席和来自北爱尔兰 10 个部门的 60 名成员组成。（CAIN，2011）2000 年 10 月，公民论坛正式成立。在两年的存续时间里，它召开了 12 次全体会议，重点关注反贫困战略、终身学习以及通过公民身份和公民文化建设和平等问题。（Nolan and Wilson，2015：10）公民论坛成为妇女改造北爱尔兰政治文化的一次勇敢尝试。②妇女联盟推动了妇女在主流政治中代表性的提升。如果妇女联盟被排除在和平谈判之外，和平协议条款“权利、保障和机会平等”中就不会有“妇女充分和平等的政治参与权”的内容（Northern Ireland Office，1998：9）。同时，妇女联盟在选举中的成功，迫使北爱尔兰主要政党意识到需要将更多妇女列在候选人名单上，从而推动了妇女在各自政党内部代表性和政治地位的提升。妇女联盟领导人梅·布拉德（May Blood）强调了联盟对提升妇女政治代表性的作用：“在我看来，我加入妇女联盟的原因只有一个，那就是让妇女参政。现在我们的政坛有了妇女领袖，有了 3 名女大臣……在我看来，这是来自妇女联盟的回报，因为其他政党会说：‘等等，外面有妇女的选票，我们需要让妇女参加竞选。’突然之间，主要政党的前排开始有了妇女的身影。”（Donahoe，2017：75）据统计，在北爱尔兰议会成立的前 50 年左右（1921—1972），共有 9 名女议员，占所有议员总数的 4%。1998 年第一届北爱尔兰新议会有 14 名女议员，占 108 名议员总数的 13%；2003 年，有 18 名女议员，占 17%；到 2017 年，有 27 名女议员（北爱尔兰议会议席由 108 个降至 90 个），占 30%。（Gilmartin，2019：91）在 2022 年最近一次北爱尔兰议会选举中，共有 32 名女议员，占议员总数的 35%。（Corscadden，2022）由此可见，在和平协议签署后，妇女在主流政治中的代表性有了较大提升。

然而，妇女对传统政治文化的改造触及了父权制结构的核心，遭遇了相当程度的困境：①妇女联盟挑战身份政治遭遇挫折。依据协商式民主原则，北爱尔兰新议会在两大民族中实行权力共享的政治模式，议会的重要决议需要“平行同意”，即在新教和天主教议员中均需获得多数同意，这就要求议员必须登记自己的民族身份，即天主教、新教还是“其他”。（Byrne，2009：177—178）在这种议事制度下，政党的民族身份固定不变，并且优先于所有其他身份，对它的挑战被认为是叛徒行为。妇女联盟在议会中不遵守民族身份规则，坚持跨民族认同的中间路线，强调身份可以变动也可以任意选择，这种行为在议会中是不可容忍的。（Fearon，2018：11）最终，议长发布了一项裁决，议员被指定的民族身份不可改变，妇女联盟被议会归入“其他”类别，阻碍了妇女联盟对传统政治文化的挑战。②妇女对传统政治文化的改造缺乏制度支撑。2002 年 10 月，随着北爱尔兰议会的暂停，被妇女联盟寄予厚望的公民论坛也停止了运作。因为政客们缺乏支持公民论坛的动力，迄今为止该论坛也未能再恢复运作。同时，妇女在主流政治中的代表性也缺乏制度支持。北爱尔兰新议会及其各类委员会都没有关于性别代表性的正式规定，只有关于政党代表性的要求。因此，新议会的关注焦点不是妇女的参政，而是传统宗派力量的权力分配。③新议会的选举制度不利于妇女联盟在主流政治中立足。1996 年“北爱尔兰论坛”选举采取的是比例代表制与区域附加投票相结合的选举制度，有利于边缘小党，使得妇女联盟能顺利当选并参加和平谈判。然而，北爱尔兰新议会采用的是单一可转移投票选举制[1]，意在维护基于民族认同的政党利益，有利于北爱尔兰的极端民族政党，而中间立场的妇女联盟则被越来越边缘化。在 2003 年议会选举中，妇女联盟没有获得席位，选举制度是其失败的主要原因，选举失败使得妇女联盟在 2006 年 5 月解散。

五　结语

性别可以与经济、政治、民族身份和宗教信仰等许多领域交叉，通过性别视角可以深刻理解更广泛的社会关系。在北爱尔兰和平进程中，性别是分析冲突与和平的工具，如果不考虑性别因素，只考虑男性的经历并将其普遍化，就意味着分析的片面性，而性别视角旨在揭示

1 北爱尔兰议会选举实行单一可转移投票选举制（Single Transferable Vote），选民依据偏好选举候选人。聂露，2006，《论英国选举制度》，中国政法大学出版社，第 249—252 页。

和避免这种片面性。同时，性别视角研究的性别差异问题，不是性别的生物差异，而是社会和文化差异，这是由不平等的权力关系结构造成的差异，是历史和社会的产物。消除性别差异需要对社会进行结构性改造。

北爱尔兰妇女将构建和平与改造社会融合在一起，她们的和平不仅是阻止暴力冲突的方案，也是建设妇女心目中新社会的蓝图。虽然冲突削弱了传统的性别角色、为妇女带来参与决策的机会，但冲突后的反弹也会将妇女排挤出男性主导的主流政治空间。因此，在面对结束暴力与社会重建问题时，妇女更重视社会转型，倡导从包容、平等和人权的视角出发对社会进行重构，以便在结束暴力时能改变权力分配的失衡，消除造成歧视的行为和制度，以促进和平成果的持续性。

放眼全球，深刻分裂的社会要实现和平，需要全新的和平建设思路。北爱尔兰妇女的和平实践实际上挑战了男性政治精英信奉的“冲突与分裂”的群体关系模式，她们打破交往中的零和博弈，在民族和解、社会公正以及包容性民主等方面的开创性活动，为冲突社会的和平谱写了性别化的宏观叙事。她们建设和平的理念和方式，为冲突地区的和平与和解提供了新思路，为社会的多样性和根本性变革创造了更多的空间。

参考文献

1. 中文

第四次世界妇女大会、’95 北京非政府组织妇女论坛丛书编委会，1998，《第四次世界妇女大会重要文献汇编》，中国妇女出版社。

2. 英文

Aoláin, Fionnuala Ní. et al. 2018. The Oxford Handbook of Gender and Conflict. Oxford: Oxford University Press.

Aretxaga, Begona. 1997. Shattering Silence, New Jersey: Princeton University Press.

Bell, Christine. 2000. Peace Agreements and Human Rights. Oxford: Oxford University Press.

Bell, Christine. 2004. Women Address the Problems of Peace Agreements. In: R. Coomaraswamy and D. Fonseka (eds.). Peace Work: Women, Armed Conflict, and Negotiation. New Delhi: Women Unlimited.

Belloni, Roberto. 2010. Northern Ireland: Civil Society and the Slow Building of Peace. In: Thania Paffenholz (ed.). Civil Society and Peacebuilding: A Critical Assessment. Boulder: Lynne Reinner Publishers.

British Government. 1998. Northern Ireland Act 1998. http://www.opsi.gov.uk/Acts/acts1998/ukpga_19980047_en_1.

Byrne, Siobhan. 2009. Beyond the Ethnonational Divide: Identity Politics and Women in Northern Ireland and Israel Palestine. PhD Dissertation. Queen's University at Ontario.

CAIN. 2011. Devolved Government: The Civic Forum. https://cain.ulster.ac.uk/issues/politics/civicforum/.

Callaghan, Marie Hammond. 2002. Surveying Politics of Peace, Gender, Conflict and Identity in Northern Ireland: The Case of the Derry Peace Women in 1972. Women's Studies International Forum, 25(1).

Chang, Patty et al. 2015. Women Leading Peace: A Close Examination of Women's Political Participation in Peace Processes in Northern Ireland, Guatemala, Kenya, and the Philippines. Washington D.C.: Georgetown Institute for Women, Peace and Security.

Corscadden, Jane. 2022. Record Number of Women Elected to Northern Ireland Assembly Shows "Baby Steps" Towards Equality. https://www.belfastlive.co.uk/news/northern–ireland/record–number–women–elected–northern–23921304.

Cowell–Meyers, Kimberly B. 2014. The Social Movement as Political Party: The Northern Ireland Women's Coalition and the Campaign for Inclusion. Perspectives on Politics, 12(1).

Democratic Unionist Party. 2001. DUP Westminster 2001 Manifesto: "DUP 2 Win". http://www.dup.org.uk/pdf/DUPWminster2001Manifesto.pdf.

Donahoe, Amanda E. 2017. Peacebuilding Through Women's Community Development: Wee Women's Work in Northern Ireland. Cham: Palgrave Macmillan.

Duncanson, Claire. 2016. Gender and Peacebuilding, Cambridge: Polity.

Fearon, Kate. 2018. The Northern Ireland Women's Coalition: Origin, Influence and Impact. Hiroshima Journal of Peace, 1.

Fitzgerald, Mary, Zanda Kalniņa-Lukaševica, and Vera Songwe. 2022. Women Are Builders, Keepers and Enablers of Peace. https://www.friendsofeurope.org/

insights/women-are-builders-keepers-and-enables-of-peace/.

Gilmartin, Niall. 2019. Gendering the "Post-Conflict" Narrative in Northern Ireland's Peace Process. Capital & Class, 43(1).

Hinds, Bronagh. 2009. Interview by Author. In: Siobhan Byrne. Beyond the Ethnonational Divide: Identity Politics and Women in Northern Ireland and Israel Palestine. PhD Dissertation. Queen's University at Ontario.

Jacobson, Ruth. 2000. Women and Peace in Northern Ireland: A Complicated Relationship. In: Susie Jacobs, Ruth Jacobson, and Jen Marchbank (eds.). States of Conflict: Gender, Violence, and Resistance. London: Zed Books.

McCaffrey, Ray. 2013. The Civic Forum, NIAR 561-13, Northern Ireland Assembly.

McCoy, Grainne. 2000. Women, Community and Politics in Northern Ireland. In: Carmel Roulston and Celia Davies (eds.). Gender, Democracy and Inclusion in Northern Ireland. New York: Palgrave.

McWilliams, Monica and Avila Kilmurray. 2022. Gendering the Peace Process in Northern Ireland. In: Jolyon Mitchell et al. (eds.). The Wiley Blackwell Companion to Religion and Peace. Hoboken: Wiley-Blackwell.

McWilliams, Monica. 1995. Struggling for Peace and Justice: Reflections on Women's Activism in Northern Ireland. Journal of Women's History, 6(4).

Mulholland, Marie. 2001. The Challenge to Inequality: Women Discrimination and Decision-Making in Northern Ireland. In: Caroline Moser and Fiona Clark (eds.). Victims, Perpetrators or Actors? Gender, Armed Conflict and Political Violence. London: Zed Books.

Nolan, Paul and Robin Wilson. 2015. Joseph Rowntree Charitable Trust.

Northern Ireland Office. 1998. The Belfast Agreement: An Agreement Reached at the Multi-Party Talks on Northern Ireland. https://assets.publishing.service.gov.uk/government/uploads/system/uploads/attachment_data/file/136652/agreement.pdf.

Northern Ireland Women's Coalition. 1998. Northern Ireland Assembly Election Manifesto 1998: A New Voice for New Times. https://cain.ulster.ac.uk/issues/politics/docs/niwc/niwc98.htm.

Persic, Callie. 2004. The Emergence of a Gender Consciousness: Women and Community Work in West Belfast. In: Lousie Ryan and Margaret Ward (eds.). Irish Women and Nationalism: Soldiers, New Women and Wicked Hags. Dublin: Irish Academic Press.

Racioppi, Linda and Katherine O'sullivan. 2006. Engendering Democratic Transition from Conflict: Women's Inclusion in Northern Ireland's Peace Process. Comparative Politics, 38(2).

Ridd, Rosemary. 1987. Powers of the Powerless. In: Rosemary Ridd and Helen Calaway (eds.). Women and Political Conflict: Portraits of Struggle in Times of Crisis. New York: New York University Press.

Roulston, C. 1999. Inclusive Others: The Northern Ireland Women's Coalition in the Peace Process. Scottish Affairs, 26(1).

Sharoni, Simona. 1998. Gendering Conflict and Peace in Israel/Palestine and the North of Ireland. Millennium: Journal of International Studies, 27(4).

UN Security Council. 2000. Resolution 1325. https://www.un.org/en/ga/search/view_doc.asp?symbol=S/RES/1325(2000).

Whyte, Nicholas. 1998. The 1996 Forum Elections and the Peace Process. https://www.ark.ac.uk/elections/ff96.htm.

Wilford, Rick. 1996. Women and Politics in Northern Ireland. In: Joni Lovenduski and Pippa Norris (eds.). Women in Politics. Oxford: Oxford University Press.

Yuval-Davis, Nira. 1994. Women, Ethnicity and Empowerment. In:Kum-Kum Bhavnani and Ann Phoenix (eds.). Shifting Identities, Shifting Racisms: A Feminism and Psychology Reader. London: Sage.

Yuval-Davis, Nira. 1997. Gender and Nation. London: Sage.

Yuval-Davis, Nira. 1999. What is "Transversal Politics"? Soundings, 12.

作者简介

王磊，四川大学历史文化学院副教授。

唐可欣，四川大学历史文化学院硕士研究生。

促进和平文化　携手向未来

——第五次中日和平学者对话会综述

岳　润　黄牧宇

摘　要　2024年3月2日至4日，第五届中日和平学者对话会在南京大学举行。会议由察哈尔学会、日本和平学会和南京大学联合国教科文组织和平学教席联合主办，主题为“促进和平文化携手向未来”。50多位中日两国的学者、教师和学生就中日和平架构愿景、和平文化建设、和平教育以及青年交流等主题进行了深入对话。与会者一致认为，中日两国应以史为鉴，共同维护亚洲和平与稳定，加强民间交流与合作。此次对话会促进了中日学术交流，深化了和平教育实践，增进了彼此了解与互信，为构建和谐稳定的中日关系与加强和平文化建设提供了宝贵的思想源泉。

关键词　和平学　中日关系　和平教育

2024年3月2日至4日，由察哈尔学会、日本和平学会、南京大学联合国教科文组织和平学教席共同主办的第五届中日和平学者对话会在南京大学隆重召开。会议主题为“促进和平文化　携手向未来”，有主旨报告、圆桌讨论、实地参访等多种形式。来自中日两国20余所高校、中小学和教育机构的50多人参会，这些学者、一线教师和青年学生就中日和平研究前沿问题与两国和平愿景展开了交流讨论。

会议开幕式由南京大学联合国教科文组织和平学教席主持人刘成

教授主持。察哈尔学会会长韩方明、日本和平学会会长清水奈名子、南京大学历史学院院长张生教授先后致辞。

韩方明会长指出，和平学是一种新的思维框架和方式，面对复杂多变的国际环境，需要国际行为体具备和平学思维和素养，因此，开展和平教育，特别是面向青少年的和平教育，对中国和平学事业至关重要。他呼吁社会各界人士共同为和平事业贡献力量。

清水奈名子会长指出，在当前全球各地不断发生各种形式的暴力、和平屡遭破坏的背景下，为中日两国重视和平学与和平教育的研究者和教育者搭建交流平台具有重要意义；日本政府曾经将国家利益置于人民生命之上，成为战争的加害者，并给中国等亚洲国家带来了深重的伤害；希望中日双方能共同探讨如何实现尊重人民生命和尊严的和平。在当前全球多地暴力事件频发的情况下，中日两国重视和平学与和平教育、坚持跨国对话显得尤为重要。

南京大学历史学院院长张生教授指出，中日关系曾几次走到冲突的边缘，目前依然面临着严峻考验，越来越多的人认识到和平应成为必须坚守的理念与原则，应鼓励大家积极思考如何将和平、理性落实到两国交往的行动中。他强调，中日两国应通过加强对话与合作，共同致力于和平教育，推动双方关系的健康发展；两国可以更好地构建以和平、理解与合作为基础的双边关系，为地区乃至全球的和平稳定做出贡献。

一　中日和平架构的愿景

会议主旨报告由日本和平学会国际交流委员会委员长、日本东京青山学院大学副教授森本麻衣子和南京大学历史学院博士生郑海燕共同主持。察哈尔学会学术委员会主任胡伟教授作了主题为“中国关于和平与发展的时代主题：回顾与展望”的报告。他认为，和平学与时代观密切相关，中国的时代主题已经从“战争与革命”走向了“和平与发展”，当前，中国正处于百年未有之大变局，亟需和平的发展环境，因此和平学显得尤为重要；在这一新的历史时期，和平学不仅要总结过去的经验和教训，还要适应新时代的变化，积极研究和解决当前影响和平与发展的各种挑战；通过推动和平理念的广泛传播与落实，和平学可以为构建和谐的国际秩序和促进全球共同发展提供理论支持和实践指导。此外，胡伟教授呼吁学术界和教育界高度重视和平学，推动相关研究的深入开展，并在教育体系中融入和平教育，培养新一代具有和平理念和全球视野的公民。

南京大学国际关系学院执行院长朱锋教授，从国际关系理论与中日交往的历史脉络方面探讨了“中日关系改善的空间在哪里”的问题。他认为，如今中日关系的本质已经不再是和平，而是如何防止战争；东亚正在逐渐成为世界的中心，中日两国都要有责任和战略眼光，不能放任东亚成为全球权力争斗最严重的地区；中日两国虽然彼此存在许多分歧，但仍需坐下来谈，并深刻认识到和平发展与人民利益息息相关；两国必须要发挥社会和民间力量的积极作用，推动更多元化的交流与合作，通过加强文化、学术和民间层面的互动，双方可以更好地理解彼此的立场和关切，从而为构建稳定和谐的双边关系创造条件。

日本立命馆大学的君岛东彦教授在题为“多轨外交时代——构建多元参与者关系为东亚和平做准备”的报告中指出，和平并非单一国家所能维持，而是需要多方参与、建立互信与合作才能实现；和平是一个关系性概念；东亚地区的安全形势复杂多变，日本宪法第九条确立了和平主义的原则，但其安全依赖于国际组织或其他国家的支持，因此，构建东亚共同的安全保障框架迫在眉睫；借鉴欧洲经验，创建亚洲安全保障合作会议（CSCA）是可行的方案之一，该机制可以促进东亚各国的对话与合作，降低冲突风险，维护地区和平稳定；这一过程需要贯彻多轨外交理念，多轨外交理念强调了外交行为不仅仅是国家间的，还包括其他行动者的参与，例如地方政府、大学、民间组织等；在东亚和平进程中，这些非国家行为者正发挥着越来越重要的作用，中日学生和平对话等交流活动为培养东亚地区的和平意识和互信奠定了基础；跨国交流增进了人与人之间的理解和友谊，为东亚的持久和平打下坚实的基础；只有通过多方参与和跨国交流，我们才能共同为实现东亚地区的持久和平而努力。

外交学院和平发展研究中心主任苏浩教授以“超越对立、追求和平——再定义东亚安全共同体”为题，发表了深刻见解。他指出，东亚地区拥有悠久的历史和灿烂的文明，曾长期处于“华夷体系”的秩序之下，然而随着西方殖民扩张的影响，这一体系逐渐瓦解；二战后，一系列倡导和平的政策和宪法表明了东亚人民对和平的渴望；这些历史传统、文明基础与精神渊源，构成了未来东亚安全共同体构建的重要历史传承和文明逻辑；冷战期间的国际政治对立和意识形态竞争给东亚国家造成了分裂和痛苦，冷战结束后东亚国家积极推动区域合作，如东盟 +3、中日韩合作和六方会谈等机制相继建立，然而，政治制度和意识形态差异仍然存在，加剧了地区内的对立和风险，尤其是在当前国际局势不稳定的情况下，东亚国家面临严峻的挑战和抉择；尽管国际局势充满不确定性，但基于东亚文明传统和整体安全观的“新安全观”提供了一种可能的解决方案，该理念的核心在于强调区域内文明的共享和相互依存，这将为东亚的和平与发展提供新的思路。

二　中日和平文化建设

中日和平学者从民间交流、和平教育、历史记忆的视角，探讨了中日两国人民之间建设和平文化的可能性。日本和平学会第二十一届会长、新潟国际情报大学的佐佐木宽教授从资本主义自身存在的结构性问题出发，深刻剖析了当前和平文化退潮的现象。他指出，现代资本主义的全球化进程给世界各地带来了诸多负面影响，包括市民社会的瓦解、政治的无力化和威权主义的抬头；近年来，国际安全局势动荡不安也与新自由主义的逻辑有着密切联系，曾经笼罩全球的信任逐渐消逝，取而代之的是恐惧和不安。社会心理学家埃里克·弗洛姆（E. Fromm）敏锐地洞察到，现代资本主义在社会心理层面造成了破坏和暴力倾向的加剧。为了克服现代资本主义所滋生的“暴力（战争）文化”，构建真正的“和平文化”，我们需要将视野扩展到社会深层心理和经济社会机制层面，从“爱”和“劳动”等基本问题出发，重新审视当代“和平文化”形成的条件。在教育领域，融入此类视角的和平教育也至关重要。

日本爱知大学的加治宏基教授，分析了和平旅游对日中关系的影响。他从精神分析的视角探讨了当前黑色旅游流行的原因，他认为黑色旅游强调死亡、暴力与悲伤，虽能引起人们对历史的关注，但从长远来看，应该向更具建设性的和平旅游转型。加治宏基教授认为，“和平旅游”是一种面对历史悲剧、吸取教训、提高和平意识、促进人类精神恢复的行动，通过尊重受害者的声音、强调和平重要性、探索未来希望、深化相互理解等方式，帮助人们铭记过去、促进和解、促进共生社会建设；特别是在中日关系中，和平旅游具有特殊的重要意义：首先，它有助于克服历史认知的障碍，促进双方对历史事实的共同理解；其次，和平旅游可以成为化解领土争端的桥梁，通过和平的对话和交流，减少误解与敌对情绪；最后，和平旅游有望成为两国人民之间建立相互理解和信任的有效路径。加治宏基教授呼吁，中日两国应积极推动和平旅游的发展，通过多层次、多渠道的合作与交流，增强民间的互动与理解。他强调，和平旅游不仅仅是纪念过去，更是面向未来的建设性行动，有助于两国人民共同构建一个和平、稳定和繁荣的地区环境。

南京市宁海中学教师、江苏省特级教师陈红和南京市鼓楼区历史研训员、南京市第二十九中学初中部教师金波，依托大量影像资料，回顾了南京市中小学及幼儿园和平教育实践的探索历程。和平教育在南京基础教育中的实践始于 2021 年。当年 3 月，这两所学校分别开设了“和平成长”和“国际理解与和平教育”课程。之后，和平教育课程不断扩展，与学校课程跨学科融通，在更多中小学及幼儿园落地生根，使和平教育理念推广至更广泛的教育阶段。为提升和平教育质量，两校联合南京大学联合国教科文组织和平学教席，编写了适用于不同学段的和平教育教材，构建了完整的课程和教材体系，为南京市乃至全国的和平教育实践提供了宝贵经验和可借鉴模式。

上海师范大学影视传媒学院的陶赋雯副教授基于记忆理论，探究了二战创伤城市的“战争的记忆”与“记忆的战争”。她以广岛为例，阐述了这座二战历史中的标志性城市如何从日本军国主义时期的“军都”逐步转型为反战和平的象征。广岛的城市形象重塑，既植根于原子弹爆炸的悲剧，也离不开精心策划的“净化”过程。这段历史伤疤不仅昭示着日本对外侵略的恶果，更超越了国家界限，成为人类共同体认同的象征，展现了记忆改写的复杂历程。南京的创伤记忆同样经历了二战后的遗忘与再记忆，从最初散落在个体记忆中的碎片，逐渐凝聚成国家记忆乃至人类记忆。2017 年，南京成功入选“国际和平城市”，彰显了其在和平与和解方面的努力与成就。然而，二战加害者与受害者同申此称号，也展现了当代二战历史记忆中“和平”内涵复杂的杂糅与矛盾。这种背离与伪饰背后，是历史记忆中政治与意识形态的角力。它警示我们，唯有以更加客观、全面的视角审视历史，才能更好地铭记历史、珍视和平、避免战争的重演。

东京青山学院大学森本麻衣子副教授的报告聚焦于“日军侵略的受害记忆共享与传承——中国战争受害者对战后赔偿诉讼的影响”。她指出，未来并非建立在过去之上，而是建立在现在与过去的关系之上；虽然我们无法改变过去，但当下行为可以改变我们与过去的关系，因此，记忆的共享和传承的方式，与未来和平的可能性息息相关；自 20 世纪 90 年代中期以来，中国各地的战争受害者团体与日本律师和支援团体携手，通过法律途径寻求日本政府对侵略战争造成的伤害进行道歉和赔偿。这一系列民事诉讼历经 10 余年审判，最终全部败诉，然而，其意义依然深远：①诉讼过程记录了历史事件的事实，并将这些信息通过法庭审判公之于众，为后世留下了珍贵的历史资料；②诉讼作为市民运动的一部分展开，旨在揭露日本政府过去的不法行为，是对历史修正主义的有力反击；③诉讼涉及战时性暴力的受害者，这些人长期以来因耻辱而保持沉默，通过诉讼，他们能够要求加害国政府道歉和赔偿，从而恢复个人尊严。这些诉讼活动不仅是日中两国之间追求历史正义的努力，也是希望通过公开历史事件来促进和平，让历史伤痕不再被忽视，而是成为阻止战争的力量。

南京大学联合国教科文组织和平学教席主持人刘成教授认为，创伤历史的记忆与修复需要超越原本的政治记忆，要重视和平教育这一重要途径；大屠杀是人类历史上的浩劫，建设和平是对创伤历史最好的记忆和修复；在这个过程中，和平教育扮演着关键角色，它不仅是对历史的铭记，更是为了让人们从历史中汲取教训，培养和平意识，促进社会的和谐与进步。刘成教授强调，和平教育的价值在于它能够超越政治局限，成为实现创伤历史记忆和修复的有效策略；通过和平教育，人们可以深刻反思战争带来的痛苦与伤害，进而凝聚起维护和平的共同意愿和行动；此外，和平教育还能够促进不同国家、不同民族之间的理解与友谊，减少战争与冲突的发生，推动全球社会朝着更加和谐与稳定的方向发展。

三　促进中日教师与青年学生之间的交流

此次对话会还特别增设了中日从事和平教育实践的一线教师与青年学生之间的交流环节。和平教育工作坊环节由日本大阪女学院大学奥本京子教授和南京外国语学校英语教师尚媛媛共同主持，10 位来自中日两国各级各类学校的和平教育工作者参与了对话。奥本京子教授和尚媛媛分别讲述了各自参与多元文化对话的经历；和平教育工作者们介绍了各自课程的教学经验，分享了教学工作的感悟。

在中日青年对话环节，来自两国的 12 名青年教师和青年学生齐聚一堂，在南京大学历史学院博士生黄牧宇与日本和平学会国际交流委员会委员陆德婷的主持下，通过互动游戏和深入探讨，共同探寻偏见的起因与应对措施。对话中，青年们分享了他们对偏见的理解。他们认为，偏见可能导致个体或群体对他人或其他群体产生负面情绪，如恐惧、敌意和排斥；这种偏见往往根植于对信息的片面理解和接受，例如媒体的偏向报道、单一的信息渠道以及个人对开放性的拒绝。为了打破偏见的桎梏，青年们提出了一些积极的建议：①拥抱事物的复杂性。世界是多元化的，事物往往具有多面性。需要对固有思维保持怀疑态度，以开放的心态看待事物，避免用过度概化的标签定义他人或群体。②主动寻求多元信息。拓宽信息获取渠道，接触不同观点和声音，避免被单一的信息来源所误导。③积极开展跨文化交流。通过与不同文化背景的人交流互动，增进了解，减少偏见。④反思自身认知。审视自己的观念和态度，识别潜在的偏见，并积极进行修正。

与会者的发言反映了中日两国人民对和平的共同渴望，为构建中日和平共同体、携手共创美好未来提供了宝贵思想源泉。中日与会者的发言具有以下共性：①认识到中日两国应以史为鉴，面向未来，共同维护亚洲和平与稳定。②认为民间交流是构建中日和平共同体的基础，中日两国应加强民间交流与合作，增进彼此间的了解和互信，夯实中日和平友好的社会基础。③认为和平文化是中日两国共同的财富，中日两国应弘扬和平文化，携手共创更加美好的未来。

本次对话会在促进中日和平学学术交流、深化和平教育实践、增强两国人民相互理解与信任方面取得了丰硕成果。通过学术界和教育界的共同努力，中日两国有望在和平研究与和平教育领域继续携手前行，为构建和谐稳定的中日关系贡献智慧和力量。

作者简介

岳润，南京大学历史学院博士生。

黄牧宇，南京大学历史学院博士生。

书评 | Book Reviews

霍华德·泽尔：

《修复性正义》

刘 成

[美] 霍华德·泽尔：《修复性正义》，刘成译，南京：南京师范大学出版社，2024 年。

21 世纪初，我在学习和平学的过程中开始接触修复性正义，并在《和平学》一书中对修复性正义与惩罚性正义做过简单对比分析。2013 年夏天，我参加了东北亚和平教育学院（NARPI）的和平教育暑期班，选择了“修复性正义”这门课程，系统性学习了有关修复性正义的内容。上课地点在韩国的非军事区，紧靠“三八线”，任课老师李在永（Jae Young Lee）是韩国修复性正义的开创者，也是本书作者霍华德·泽尔（Howard Zehr）的学生。虽然我对修复性正义并不陌生，但这门课的内容依然给我一种全新的感觉。我清晰地记得，我们以一起盗窃案件为例，每位学员分别扮演加害者、受害者、加害者的父母、社区代表和警察，按照本书中介绍的家庭团体会议和对话圈会议方法进行模拟练习。之后，我又多次参加了同类课程的学习，并萌发了翻译修复性正义著作的想法。

修复性正义是一种对惩罚性正义的补充和替代方案，可以弥补现代司法实践中的不足。纠错是修复性正义的核心要素，惩罚性正义也有相似的诉求。但是，修复性正义更关注各方的伤害和需求、责任和义务、投入和参与，以及合作与包容。显然，这些修复性正义的原则与惩罚性正义并不相同。尊重是修复性正义最重要的价值基础。尊重所有人，甚至包括我们的对立方。尊重使我们意识到彼此的相互联系，提醒我们平衡对各方需求的关注。因此，修复性正义的重心不是对加害者进行惩罚，而是在关系修复过程中，尽量满足各方的需求，修复被破坏了的关系，建立一个和平的共同体。

修复性正义通过维护所有人的安全和尊严，寻求一种兼顾受害者、肇事者和社区的平衡的方法，建立在修复冲突各方关系的基础上。修复性正义是让那些受到冲突或不公正影响的所有人的创伤得到愈合。例如，“南非真相与和解委员会”的最终报告特别强调，修复性正义对于和解非常重要，那些犯罪之人必须承诺（包括已被赦免的人）通过经济赔偿、社区服务等方式，对重建南非的社会结构和社会关系付出他们的具体行动。修复性正义要求肇事人对自己的行为负责，并尽力修复受害者的福祉。只有当真相激发出一种推动社会变化的动力，修复受害者遭受的痛苦，才能使修复性正义真正显现出来。

由此就涉及和平学中的“和解”这一核心概念。和解是冲突各方通过共同努力，构建一种充满理解和希望的积极关系，避免过去的伤痛制约现实的发展，创造性地实现冲突的转换。和解是一个关注冲突各方的关系与利益，交流各方的感知和经验，并创建新感知和分享新经验的过程。因此，虽然本书认为和解不是修复性过程的先决条件或必要结果，但修复性正义对于正确把握冲突（暴力）之后的和解进程极为重要。可以说，修复性正义兼顾了正义和利益的最大化。当然，现代司法制度的正当性毋庸置疑，包括惩罚性正义在内的很多司法原则也都来自人类社会的经验。但是，人类对正义有无限的追求，我们需要一种更加全面和平衡的新正义观。

现实社会中，我们习惯于认同惩罚性正义，忽视其负面作用和不健康因素，从而压抑了我们对修复性正义的思考和重视。在绵延已久的冲突和暴力之后，如果我们为了伸张正义而坚持要进行一个正规的法律审判程序的话，那就会有成千上万的案件需要调查和诉讼。比如，在 1994 年卢旺达种族灭绝大屠杀后，许多家庭因父亲和丈夫被关押而失去了生活的依靠，而审理这些案件需要 200 年时间。如果真这样寻求正义，试想那些受到伤害的人何时才能得到正义，谁又能保证在此期间不再发生冲突。如果这样，卢旺达的民族和解何时才能实现。寻求绝对对等的正义，有时是一种不可达到的奢望。联合国秘书长科菲·安南（Kofi Annan）在 1999 年的海牙和平会议上指出，如果我们所有人都坚决要求为 500 年殖民主义期间土著居民所遭受的不公正过去讨回一个绝对正义的话，那还有什么和平的希望呢?

修复性正义的运用范围日益广泛，包括国际调解法庭、刑事和少年司法系统、学校和社区等。在修复性正义的实施过程中，起主要作用的不是法律、专业人士、国家，而是受害者、肇事者和受影响的社区共同商讨解决方案，促进关系的修复、和解与重建。就犯罪而言，犯罪造成了损害，正义就去设法治愈，加害方和受害方的谈话是该过程的中心。在修复性正义的过程中，受到犯罪影响的所有人应在处理这一罪行方面发挥积极作用。在很多情况下，受害者更关注情感修复而不是物质赔偿；法律专业人士在促进修复性正义过程中的作用依然重要，但只起到次要作用；利益相关者必须承担起医治犯罪所致痛苦的大部分责任。修复性正义是建立一个参与式的空间，比如，偷窃者会向受害者讲述为什么他们的房子容易成为被盗的目标，在一名警官的帮助下，窃贼可能协助受害者设计一个房屋安全计划。修复性正义力求建立伙伴关系，对社区内不法行为做出建设性回应，并承担共同的责任。

本书作者霍华德·泽尔是修复性正义领域的开创者。本书对修复性正义的内容、原则、实践模式等方面进行了高度提炼和概括，是修复性正义的入门必读书。修复性正义最早运用于刑事司法领域，现已被应用于社会中的诸多领域。本书适合所有人阅读，尤其是司法和执法人员，它可以帮助我们拓展对正义理论和实践的认知，提高人的全面素养，进而自觉应用于我们的工作和生活之中。

刘成：
《和平学》

王泽壮

刘成：《和平学》，南京：南京出版社，2006 年。

中国俗语云："宁为太平犬，不做离乱人。"看来，离乱之人比太平之犬还要悲惨、辛酸，这表明了人们对和平与战乱的态度。对生存于和平年代的人来说，乱世的艰辛和惨烈，只能借助于文学的描绘和想象，或者是历史学家笔下冷冰冰的数字才能获得几许感受。然而，任何经历过切肤之痛的战乱描写，无论如何也无法取代避免战乱的学术理性价值。

历史的无情之处在于，不论你的愿望多么善良，不论你多么厌恶战争、流血、暴力，它们照样是司空见惯的历史常态。我们很难发现世界上有免受战争之苦的世外桃源。更为残酷的是，随着科学技术的长足发展、物质文明的日益丰富、社会结构的逐渐优化、所谓自由民主的普世价值观的全球传播，战争、冲突对社会经济的破坏程度已经突破常人的想象力，其广度也进入了"全球化"时代。可以说，人类的发展和战争的发展同步进行。为此，有人悲观地认为，迄今为止，人类只有发展，没有进步。20 世纪无论从哪个角度来说，都是人类社会大发展的一个世纪，但同时也是大战小战、内战外战不断的一个世纪，是名副其实的“战争世纪”。有人统计过，1945—1990 年的 2340 个星期中，只有 3 个星期是没有战火的“世界太平”，共有 2100.8 万人死于 127 场战争。1900—1990 年，因战争死亡的人数约 10700.8 万，更令人触目惊心的是，死于战火的无辜平民占死亡总人数的比率越来越大，一战的死亡比率是 15%，二战的是 65%，而二战以来该比率上升到 85%。环视当下的世界，俄乌冲突、巴以冲突、以伊冲突，日益紧张的亚太局势，世界似乎再次梦游般地滑向全球冲突和战争。如果这种悲观的预测真的成为现实，那么死亡比率又将会达到多少？ AI 技术除了提高战争打击目标的精准度、降低作战人员的伤亡外，还能给平民百姓带来什么呢？

也许，人类历史充满了战争和冲突这一点并不令人惊讶，因为人类已发明了五花八门的理论、学说和主义，来解释、辩护和美化自己，从而使自己变得心安理得。然而，我们却从这些血与火的历史记录中发现：为了创造一种和谐有序的社会，暴力又被人类普遍地当作获取和平的手段。以暴力手段获得的秩序与和平是真正的和平吗？它又能维持多久？

18、19 世纪，西欧各国在民族主义的催生下，在为了国家的利益及国际地位的名义下，展开了国家之间的激烈竞争，国内的政治结构、国家体制的逐渐改善伴以国外广泛的殖产兴业，使它们走上了现代化之路，脱颖而出。随后，国际关系体系便围绕着它们的兴盛衰亡而演变。其中的吊诡之处在于：每次格局的演变都是通过战争方式进行的，战争之后确立的新体系的目的又是为了防范战争、保全和平。用战争来防止战争！看起来不可思议，却是我们见怪不怪的历史事实。人类能否走出这一怪圈？怎样才能走出？以什么方式？

“前事不忘，后事之师”，历史给人留下的记忆通常会因为经验的事实而复活。以战争与和平为主题的“和平研究”（Peace Studies，又译“和平学”）与战争密切相关的“革命研究”（又译“革命学”）在战后特定的条件下，逐渐得以构建并走上学科发展的轨道。

“和平学”旨在研究和平及与其对立的冲突、暴力和战争诸方面的转化问题，并对上述问题做出回答。与其他所有学科的发展一样，和平学的源流当然可以追溯到数千年以前。中国先秦墨家崇尚“兼爱”“非攻”思想，古希腊的亚里士多德在《政治学》中论述过“什么是正义战争”，古罗马的哲学家奥古斯丁在《上帝之城》中论证过和平观，13 世纪的经院哲学家阿奎那讨论了“上帝的和平”，16 世纪晚期的荷兰学者格劳修斯写过国际法名著《战争与和平法》，19 世纪的德国军事家克劳塞维茨写下专门研究战争的《战争论》，康德留下了《永久和平论》，爱因斯坦又天才地构想了“世界政府”的运作框架。但是，他们的研究和结论都是抽象的、零碎的，属于书斋里的“夫子自道”，只是思想家对未来世界的一种向往。战后新兴的和平学则与之不同，它对这一问题的研究不仅更为系统全面，还试图对现实中正在发生的战争、冲突、争端等问题提供工具性应对之策。和平不再仅是理想，还变成了运动、策略、手段、实践和过程本身，具备了很强的可应用性和可操作性。

因此，从和平学诞生的那一天起，那些被某些人讥笑为“理想主义者”的和平学者即秉持超越狭隘民族主义的人道主义价值诉求，积极奔走于世界各地，呼吁冲突方克制、忍让、妥协，反对核军备竞赛，要求裁军，从民间渠道调解国际、族际和团体间的冲突，实践他们的和平理念。他们才是立言立行、知行合一的和平使者。1959 年，国际学界公认的“和平学之父”加尔通教授在奥斯陆创立世界上第一个和平研究所时，他和他的同事便将其研究报告及和平倡议发往世界各地的 400 多个研究机构，其中包括美国国务院和莫斯科的世界经济与国际关系研究所（IMEMO）。他们收到了很多研究机构发来的回函，但从未收到过 IMEMO 的只言片语。尽管如此，加尔通和他的同事在随后的 20 年，从未中断过将他们的文章与以和平、安全和发展为主题的建议发往 IMEMO。1979 年，加尔通教授出席了 IMEMO 主办的研讨会。一位图书管理员带他去了位于地下室的图书馆，打开一个紧锁的书柜，向他展示了所有从奥斯陆发来的资料。这里集中了加尔通和他的同事这些年来寄给 IMEMO 的所有资料。令人惊讶的是，这些资料看上去被许多人阅读过，折了边角，许多地方被用笔划过，在空白处还写满了各种不同笔迹的批语。此处，我们撇开加尔通教授和他的同事可能存在的政治背景不论，作为一家民间学术机构，他们对和平的渴望以及致力于向政府施加影响的积极态度，就足以令人感佩。他们用自己的行动架起了理想和目标间的桥梁。

时下，“和平学”对我们很多人来说，还属于相当陌生的词汇。当笔者第一次听说“和平学”时，坦率地说，还以为又是什么人在故弄玄虚地制造“学术泡沫”呢！和平不就是不打仗吗？不就是不使用武力吗？然而，当我真正读完刘成教授的《和平学》一书后，我的无知和缺漏顿显无遗。和平学给“和平”下的定义如下：“和平是所有暴力形式的不在场，和平是实现了非暴力和创造性的冲突转化”；和平有“积极和平”和“消极和平”之分，暴力还有“直接暴力”“结构暴力”和“文化暴力”之别；它包括“以和平手段致力于和平”的学理性论述和“冲突转化的实践和技巧”的工具性指南。当下，中国正处于构建和谐社会的发展道路上，对国际社会又提出“和平崛起”的发展战略，这些都凸显了和平学的时代意义。

刘成教授20多年前曾赴英国大学系统研修了和平学研究生课程，并在中国大学最先开设了和平学课程。如今，在他的推动、奔走和呼吁下，中国的“和平学”已不再局限于学者的书斋，而是带着自身特有的人文精神和价值追求走向学校课堂、民间论坛，走向大众传媒。毫无疑问，对中国的和平学研究来说，刘成教授及其《和平学》一书属于前路先驱，展示了中国人民渴望和平的人文情怀。这本《和平学》对推动中国的和平学研究进程功不可没。

洛林·斯图茨曼·阿姆斯图茨、朱迪·穆莱特：

《校园修复性管教》

尚媛媛

［美］洛林·斯图茨曼·阿姆斯图茨、朱迪·穆莱特：《校园修复性管教》，尚媛媛译，南京：南京师范大学出版社，2024年。

作为一名中学英语老师，我经常听到周围有同事或者做老师的朋友抱怨，现在的学生越来越难管，管起来严不得、松不得：严了学生吃不消，家长也不接受；松了家长不满意，学校也不满意。情况好像的确如此。随着社会的发展，法治越来越深入人心，家长的维权意识甚至是学生的维权意识都有很大提升。但学生的各种问题似乎是学生管理部门永远无法清零的内容。问题层出不穷，学校、老师制定出的各项管理和惩戒条例也越来越细、越来越多，从最简单的抄写多少遍作业到教室里罚站，再到写检查、通报批评、记录在案、留校察看。极其恶劣者甚至会被开除学籍。即便这样，学生管理工作依然不能让人满意。

既然惩罚并不能解决发生在学生身上的各种问题，甚至弊大于利，为什么还会有如此多的学校和老师依然要惩罚学生呢？《校园修复性管教》针对上述现象给出了“合理”的解释：因为惩罚“快捷、容易实施，也达到了‘至少要做点什么’的标准”。但是，除了惩罚，我们还能做得更好吗？

我们也曾经是孩子，还记得这一路成长的经历。每个年代都不尽相同，如果简单复制我们当年的成长（成功）经验，然后拷贝运用到今天的孩子身上，哪怕有所提炼，也往往遭到孩子的嫌弃。毕竟，时代背景、思想开放度、思维活跃度以及视野都大不相同了。但有一点是永远不变的，那就是人一定会犯错，大人、孩子都一样。那么，到底制定什么样的学校管教措施、遵循什么样的原则、基于什么样的价值观，可以帮助学生、家长和老师共同面对孩子成长过程中不可避免的问题，促进共同进步呢？

《校园修复性管教》从修复性正义出发，将校园修复性正义作为一种思想体系和准则指导学校教师、管理者，在共情、包容、理解的基础上，运用不同形式的修复性管教措施阻止并预防孩子的不当行为，同时联合家长、社区帮助孩子学会自我管理、善待他人、培养责任感，以便将来能够更好地学习、生活和成长。

这本书不仅帮助作为教师与管理者的我全方位了解了什么是校园修复性管教，同时还提供了一些可以直接运用的修复性模式和方法。比如第五章提到的“班级会议”“对话圈”“对话圈进程中的基本要素”以及“召集会议”等，可以说是手把手教给教师和管理者应该秉持什么样的理念以及采用什么样的方式来执行修复性管教。关于“欺凌”的内容，给初中、高中出现的校园欺凌现象带来深刻启迪。学校利用定期开展的对话圈活动，邀请成人参与到欺凌教育中来，让更多人意识到周围欺凌行为的存在，并通过大家一起诉说欺凌与被欺凌的经历，学习非暴力沟通方式，鼓励并支持彼此以更健康的方式来思考和行动。这一做法一定比最后不得已用法律手段严惩青少年犯罪更能让人接受，并能阻止未来更多的欺凌行为。

书中第四章提到“和平学校的特点”第一条，即教育者是修复性实践的模范：你在学校起到什么榜样作用？在接下来的阐述中连续几个“灵魂问题”尤其让我印象深刻，如：教育者是基于关爱才开始教学的吗？教育工作者和员工是否把培养完整的人，而不是仅仅帮助孩子完成学业作为他们的任务？在教师整个职业生涯中关爱、尊重和善解人意这样的价值观是否始终被信守？在这个无论是对学生还是对教师考察都要“唯分数论”的大环境下，这些问题不也应该是教育工作者需要经常反省的问题吗？“和平学校的特点”第四条，即修复性学校结构：学校有何职责、政策以及实践？这一条首先从作者女儿因为“合唱团指挥似乎更关注我的声音而不是我个人”，从而想要退出坚持了三年的合唱团开始，介绍了“和平学校”管理者对教师应有的态度。“当老师们的价值只是体现在学生考试成绩上，老师们就会觉得被利用了。当管理者所谓的成功仅仅是为学校赢得了‘卓有成效学校’的地位，他们也会觉得被利用了。最终这些被利用的人再也不会得到学习和工作的乐趣。”这样的对比描述，加上那些“灵魂问题”，让我和读者一起思考教育工作的乐趣到底在哪里。

无论是校园修复性管教，还是遵循“和平学校”的特点，在真实的实践过程中，教师还可以根据所在学校和学生的特点，帮助创建各类个性化的“和平课堂”。在这样的课堂中，教师会和学生一起度过一段孩子人生中最纯真、最欢乐的青少年时光，同时也是作为教育工作者最有乐趣的时光。

我相信，《校园修复性管教》这本书一定会带给我和我的同行们很多启发，也会带给家长们很多收获。

卡罗琳·E. 约德：《创伤治愈》

郑海燕

[美]卡罗琳·E. 约德：《创伤治愈》，郑海燕译，南京：南京师范大学出版社，2024年。

提到创伤，或许你会认为它只是一种心理问题。而著名的创伤研究专家巴塞尔·范德考克则认为，创伤是美国的头号公共卫生问题。那么，什么是创伤？它是如何产生的？它有着怎样的表现形式？面对创伤，我们该如何应对？我们将如何更加积极地生活？创伤治愈与建设和平有什么关联？对这些问题，《创伤治愈》这本书都会娓娓道来。只要你细加阅读，就会从中找到答案，有所启迪。

《创伤治愈》由引言、正文和附录三大板块组成。引言指明了本书的核心观点，即解决创伤问题是最深层次的生物—心理—社会—精神工作，需要唤起我们最崇高的理想，以及人类精神中的信念、希望、爱和复原力。正文架构了六部分内容：第一部分，阐释了创伤的定义、来源与类型。文中指出，创伤是个人或群体在身体、情感、认知、精神和人际关系方面，对一些可怕事件的反应和回应；这些事件能击垮人，在强度、时效上与常见的精神压力不同。第二部分至第四部分，是全书的核心内容所在，阐述了作者参与创建的创伤治愈理论框架——“创伤意识和复原力策略”（Strategies for Trauma Awareness and Resilience，STAR），借鉴了建设和平领域的多个学科理论。STAR 被分为三步：创伤经历；未治愈的创伤造成暴力循环；打破暴力循环与建立复原力，为应对个人和集体创伤提供了重要指导与参考方法。第五部分和第六部分，是关于 STAR 的具体实践情况。文中设想了以 STAR 的某些策略来应对“9·11”事件的效果，提出了将其应用至人类现实社会的方法，并建议通过创伤释放练习等途径提升个人复原力，通过非暴力的方式来改善人际关系以治愈创伤。附录则呈现了两大内容：参考文献和译名对照。其中，作者特别罗列出了一些关于非暴力的参考文献，以便读者能进一步阅读与理解这一和平学的核心概念，为创伤治愈提供更多的智力支持。

人这一生，难免历经坎坷，遭遇不同程度的创伤。所以，我们需要加深对创伤的了解，并有所行动。日常生活中，我们对一些事情的反应，如恐惧、焦虑、沉默、易怒、无助、逃避等，或许就源自创伤。自然灾害、暴力行为、人为事故、各种歧视、结构性暴力、恐怖活动、种族灭绝、战争、重疾和传染病，以及失去亲人、身份、地位、财富、家园，甚至是目击死亡或伤害等，都会引发创伤。而这些创伤又可被归为不同类型，如持续性创伤、结构性创伤、集体创伤、历史创伤、继发性创伤等。值得一提的是，书中应用了神经科学家斯蒂芬·波格斯的多迷走神经理论，解读了我们所有人面对危险时的三种自主神经反应，让我们看到了人类大脑的神奇功能，知道了创伤形成的生理过程，了解了创伤的预防与应对之策。字里行间，虽言简意赅，但鞭辟入里，传道解惑，令人读后豁然开朗。

与其他讨论创伤的书不同的是，本书基于 STAR 这个创伤治愈策略写就。STAR 寻求一种追求正义和冲突转化的方法，超越了传统的创伤治愈模式。传统的创伤治愈模式，主要侧重于心理学认知，由心理健康工作者对个体进行治疗。STAR 则不局限于心理学，还借鉴与整合了其他学科的概念与方法，如人际神经生物学、人类安全、修复性正义、冲突转化等，而这些都与和平学有关。和平学是二战后兴起的新学科，建构了积极和平理念，具有强烈的现实关怀。本书讨论的创伤治愈，与非暴力、冲突转化、修复性正义一样，都是和平学的核心概念。所以，书中呈现了和平学视角，特别关注了创伤与暴力的关系，试图寻找非暴力的方式来维护安全和正义，通过冲突转化来解决暴力与创伤的结构性问题，打破暴力循环，提升个体或群体的复原力，从而真正实现创伤治愈。

难能可贵的是，书中的案例采用了来自全球不同地区的真实事件，如动荡之地乌干达长达 18 年的内乱给人民带来的创伤，“9·11”恐怖袭击事件后给受难者家属带来的创伤，飓风“玛利亚”给波多黎各岛带来的不幸，等等，讲述了不同国家、民族和群体的不同类型的创伤故事，从而让人意识到我们是一个人类大家庭，面临着共同的创伤难题。书中还不时结合主题，呈现了各种关于创伤的富有哲理的语录，值得品读与深思。

本书作者卡罗琳·E. 约德（Carolyn E. Yoder），是美国弗吉尼亚州东门诺大学正义与和平建设中心 STAR 项目的创始主任，是阿兰特国际大学咨询心理学硕士、匹兹堡大学语言学硕士。她曾在亚洲、东非和南部非洲、中东和高加索地区工作过 18 年，目睹过多起冲突与暴力现象，担任过教育工作者和心理治疗师。她的求学经历与实践经验，为本书的写作提供了丰富的思想源泉。

这本书值得所有人阅读。经历过创伤之人，可以从中汲取核心要义，释放压力，调节情绪，提升复原力，找到最适合自己的创伤治愈之法，从而开启一段面向未来的新生活旅程。未经历创伤之人，可以从中获取丰富知识，开阔视野，涵养内心，增强预见性，了解如何预防与治愈创伤，从而在面对危险时沉着应对，表现出色。

沙洛姆·萨洛蒙·瓦尔德：《文明的兴衰与犹太民族：文明互鉴的视角》

王　戎

[以色列]沙洛姆·萨洛蒙·瓦尔德：《文明的兴衰与犹太民族：文明互鉴的视角》，卢彦名译、宋立宏校，杭州：浙江人民出版社，2022年。

本书视野宏大，作者提炼了自古至今23位历史学家关于文明兴衰的见解，逐一对照分析犹太历史，并将犹太历史与其他文明的历史横向对比，论道文明，叩问兴衰。

其实，将以犹太教为基础的犹太人共同体视为一种文明，并没有成为学界共识。这并不是因为犹太文化缺乏影响力，而是由于在犹太历史的大部分时间里，犹太人都流散在世界各地，有机嵌入其他文明中，具有一定的寄生性，以至于我们很难界定犹太人共同体的族性统一性。瓦尔德在本书开篇解释了自己使用“犹太文明”这一概念的依据：他主要借鉴了摩迪凯·开普兰在《犹太教：一种文明》中对犹太教的界定，用“犹太文明”来指称犹太社团在时间上的连续和空间上的联系。

作者选取汤因比提出的“挑战与应战”理论来分析犹太历史。汤因比认为，文明不是天生的，它们因对自然地理或人类刺激的集体反应而兴起，强调了人的意志和主动性。汤因比承认，“挑战与应战”理论的灵感产生于他阅读《圣经》的过程，他所提出的五种“挑战”，即艰苦生活条件、移民和征服、外来侵略、长期外部压力和内部歧视，都非常符合犹太民族的经历。他认为犹太文明源远流长的秘诀就在于有能力反复应对生存威胁，并进行创造性变革。纵观历史，许多伟大文明在兴起之初都缺少丰富资源和安逸环境，它们在应对危机和挑战的过程中成长起来。对照这一理论，作者瓦尔德提出，犹太人在历史上经历了四次大的挑战，并在应对挑战的过程中经历了四次变革，其中后两次变革的意义尤为重大。在第三次变革中，犹太人形成犹太社团这一社会政治结构，“几乎所有犹太人都生活在这个框架中”，直到现代性出现；在第四次变革中，伴随着启蒙运动、犹太解放运动和同化运动以及犹太复国主义运动的兴起，犹太社团走向衰落，而犹太人做出的革命性反应是建立以色列国。

当我们把文明层面的挑战与应战“降维”到民族国家层面，可以发现，以色列始终面对挑战，主动应战，包括在军事研发的技术主义道路上：为了应对恐怖袭击，以色列研制出防护性极强的梅卡瓦坦克；为了避免赎罪日战争的重演，以色列研制出侦察无人机；在归还西奈半岛后，为了解当地埃及军队的部署情况，以色列成功发射侦察卫星，并在运载火箭技术基础上研发出远程导弹技术；为了应对来自加沙和黎巴嫩的火箭弹，以色列研发出“铁穹”导弹防御系统；哈马斯通过挖地道向以色列渗透，以色列就在加沙隔离墙上部署最先进的地道探测设备。结果是，以色列的军事实力在应对挑战的过程中不断变强，逐渐成为中东地区的军事霸主；但以色列并没有因此迎来岁月静好，而是随时准备应对下一场危机。2023 年 10 月 7 日爆发的新一轮巴以冲突，再次证明了技术主义的缺陷，对以色列人造成的心理冲击不亚于 1973 年的赎罪日战争。

汤因比是坚定的和平主义者，对战争和科技均有过深刻批判。以色列在科技主义道路上的创新，显然不符合他所提出的“挑战与应战”理论。作者瓦尔德则充分认可了以色列取得的成就，认为犹太民族目前处在犹太历史的“高光时刻”。在几千年的历史上，犹太人从来没有像今天这样建立起中东地区的军事和经济强国，同时在全球范围拥有强大的知识、文化和科学影响力。

对于作者的这个观点，可引出以下几个问题供进一步讨论。

（1）以色列能否代表整个犹太民族？在19世纪末，犹太复国主义只是全世界犹太社团的一支相对弱小的力量，其最大的竞争对手是欧洲犹太社团的流散主义。直到今天，仍有约一半的犹太人并不是以色列人，规模最大的是美国犹太社团，流散主义仍然在延续。从这个意义上看，犹太复国主义的胜利只是有限的胜利。以色列建国以来，以色列犹太社团和海外犹太社团的关系十分复杂，两者都尝试争夺对整个犹太民族的代表权，存在日益疏远的趋势，但每当以色列陷入危难，海外犹太社团都不遗余力地支持以色列。对以色列能否代表整个犹太民族这个问题的回答，直接关系到犹太文明的叙事结构，也影响到我们对犹太民族和犹太文明的认识。

（2）以色列在军事上取得的成就有助于犹太民族的发展吗？审视犹太历史可以发现，战争本身给犹太人带来的往往是灾难，直到今天依然如此。战争让犹太人的圣殿被毁；战争让犹太人被迫离开故土，流散于世界；战争让600万欧洲犹太人惨死在二战时的欧洲；战争让今天生活在以色列北部和南部的犹太人时刻担心防空警报的响起。一旦我们把第三次中东战争这类地缘政治意义上的“伟大胜利”放置在犹太大历史中考察，立即会产生一种不和谐感，其对犹太民族的真实意义也变得充满不确定性。现代以色列对“马卡比精神”等古代以色列尚武精神的崇高化处理，更多的是强烈不安全感下进行的“传统的发明”，相关建构活动在右翼政府统治下变得日益活跃。然而，战争并没有解决犹太人长期存在的生存焦虑。营造和平环境才是解决这种不安全感的根本出路，才是犹太民族真正意义上的“应战”。

（3）犹太文明未来将何去何从？诚如瓦尔德在书中所言：“当前，犹太人正处在第四次大转变之中。我们知道它什么时候开始，但不知道它将如何或何时结束。” 作者认为，改变一个文明的精神、物质和政治表现形式的深刻变革通常需要几个世纪，当前的大转变可能会像前几次一样意义深远。显然，面对历史的迷雾，对于犹太文明的未来，作者无法给出明确的答案。我们可以从本书第四部分“文明兴衰的驱动力”中寻找思路。作者罗列了宗教、超理性的凝聚力、教育、科技和语言等12种驱动力，在附录中又提出了决定犹太民族未来的12个要点。如果剔除其中完全针对以色列的部分和犹太民族发展的阻碍性因素，我们可得到以下几点：①身份与传统，这关系到犹太教对现代的适应；②教育、科学与技术，这关系到犹太人在这些方面领先地位的维系；③人口数量，这关系到犹太文明的人口基础；④团结与情感纽带，这关系到以色列犹太社团与海外犹太社团的凝聚力；⑤妇女地位的提升，这关系到犹太人创造力的进一步释放。显然，这几点都不是能通过军事手段实现的，而是要依赖于和平的民族生存环境。

《文明的兴衰与犹太民族：文明互鉴的视角》一书，从世界文明角度切入犹太文明，最终落脚于以色列。如果读者反其道而行之，将以色列的案例放到犹太文明乃至世界文明发展史的框架中分析，也许会对以色列当下的地区安全困境与和平发展问题得出更有价值的结论。

伊爱莲：

《上海之声：二战时期来华犹太流亡者的心声》

宋旭烨

[以色列] 伊爱莲：《上海之声：二战时期来华犹太流亡者的心声》，宋立宏、丁琪、张鋆良译，杭州：浙江人民出版社，2022 年。

信仰和平，是尊重生命的表现，是理性精神的体现，是人文主义的展现。相较于先天的暴力性，和平立足于人类对安宁生活的希冀，逐渐成为自启蒙时代以来颇受推崇的理念。[1]随着 20 世纪初极端民族主义的涌现，两次世界大战的硝烟遮蔽了和平的光明。1938—1941 年，约 2 万名中欧犹太难民辗转漂泊来到上海，这些命运的弃子、乱世的缩影，却也是和平的拥趸和未来的展望者。

本书编译者伊爱莲教授是享誉国际的东方学家、汉学家，一生致力于探索中犹历史的交汇。从以色列希伯来大学退休后，她致力于上海犹太难民的研究，其学术生涯由此迎来了第二春。[2]本书是中欧犹太难民流亡上海时的文

1 阎学通，2002，《和平的性质》，《世界经济与政治》第 8 期。

2 Lihong, Song, A Homeless Stranger Everywhere: The Shadow of the Holocaust on an Israeli Sinologist. In: Kathryn Hellerstein and Song Lihong (eds.). 2022. China and Ashkenazic Jewry: Transcultural Encounters. Berlin, Boston: De Gruyter.

学创作选集，主要编译自意第绪语和德语，其中不少创作来自尘封在世界各地的档案，从未被发表过。伊爱莲将这一块块不起眼的记忆碎片拾起拼合，勾勒出一幅 1939—1947 年犹太人在上海流亡生活的生动画卷。在此基础上，宋立宏教授主持翻译的中译本在书前和书后分别补充了将这些文学作品视为“原始记忆”的导读，以及关于上海犹太难民的中文史料与回忆录的出版情况，给予了中文读者认知相关历史真相的机会，同时也丰富了国际学界还原近代流亡遭遇的途径。显然，这批中欧难民之所以业已成为“国际上对近代来华犹太人研究的热点”，是因为追求和平的社会需要和政治共识。20 世纪 40 年代的上海绝不是最安全的城市，流亡文学也算不上造诣最高的艺术，但两者的结合对国际和平城市的建设影响深远。

《上海之声》收录的作品按照时间排序（1937—1947），每篇正文后都有伊爱莲的解读和点评。体裁上，本书内含讽刺与抒情诗歌、散文、书信、日记、小说，繁多的种类不仅体现了上海犹太难民文化表达的宽度，还迎合了当时犹太难民读者的兴趣。内容上，它们大致被分为四类：①聚焦颠沛流离的恐惧和披荆斩棘的决心，与上海关联性较小；②记叙犹太人在上海的经历；③描写他们目睹的中国人的生活；④提及中犹文化的巨大差异。[1] 虽然侧重面不同，但多数作品的情感呈现是真实且直观的。这一特点源于这些一手史料中包含的“原始记忆”的重要性，《上海之声》能有效地弥补当下上海犹太难民研究在这方面的欠缺。

这些“原始记忆”包含了日常生活中的负面情感，例如，犹太女演员肖莎娜·卡汉（Shoshana Kahan）在日记中提及对上海喧杂环境的不满；卡尔·海因茨·沃尔夫（Karl Heinz Wolff）在一首讽刺诗里表达了对上海砖瓦匠“磨洋工”的无奈，同时又寄托了对和平生活的向往和展望；库尔特·莱温（Kurt Lewin）坚定的反法西斯政治立场驱使他写诗，借歌德的临终遗言呼吁启蒙精神的复兴；而更多

1 Goldstein, Jonathan. 2010. Review of Voices from Shanghai: Jewish Exiles in Wartime China by Irene Eber. China Review International, 17(2).

作者则是在怜悯人类同胞的博爱之心的推动下写下不少诗歌。20世纪40年代的上海是物质至上的城市，但这批身处战争环境的犹太难民赋予了上海独特的国际意义和普世价值。

尽管有这些特点，但此书在探究中犹文化的差异时略显仓促。本书最后选用了雅各·H.菲什曼（Jacob H. Fishman）的短篇小说《婚礼》。然而，仅以异族通婚的爱情故事来展现无法弥补的文化差异，得出“文化宗教的隔阂是婚姻爱情无法逾越的”结论，似有以偏概全之嫌。伊爱莲将文化鸿沟视为婚姻阻力，却忽视了另一因素，即双方家庭的社会地位和经济实力的悬殊差距。其实，现实中犹太难民与中国人能够通婚，是因为门当户对。[1]

宋立宏在中文版导读中定义了流亡文学的功能：其所营造的广袤精神空间是不得不偏安一隅的难民抵御逆境的生存方式。不妨接着问：流亡文学的价值是什么？或许，布拉茨拉夫的纳赫曼（Nachman of Bratslav，1772—1810）的哈西德寓言预示了这个问题的答案：一位奥地利犹太人为寻找梦中的桥下珍宝赶赴维也纳，到达后却因桥上人多眼杂而踌躇。路过的士兵听闻他的经历后，惊诧之余也将自己梦中宝物的地点告知，恰巧是这位犹太人家的地窖。他快马加鞭地赶回家，果然在那里发现了梦寐以求的宝藏，不禁感慨：“家有其宝，却须远行，方知其处。”[2]这篇寓言把敬畏上帝之心喻为藏于心底的宝藏，唯义人（Tzaddik，犹太教中给予正义之人的头衔）可寻。窃以为，这一意象也适用于犹太难民对于和平的认知。在陌生的异国他乡，难民们用文字发掘潜藏于心底的信仰和平的力量。这份“宝藏”埋在每段流亡的起点，也埋在每段流亡的终点。伊爱莲用一生的心血诠释了这点。1942年，她违背父亲的意愿，在纳粹围捕犹太人时独自逃生；1980年，她遵循内心的指引，返回故乡波兰小镇梅莱茨（Mielec）。她曾坦言，

1 这方面的例子参见：舒曼，施台凡，2010，《最后的避难地：上海——索卡尔和杨珍珠的爱情故事》，李士勋译，人民文学出版社。

2 Stories by Rabbi Nachman of Bratslav: The Treasure, Chasidic Tales. A Dartmouth College Hebrew Resource. https://lewisglinert.host.dartmouth.edu/hebrew/rabbi_tre.html.

学习中国文化犹如踏上归途，研究上海难民仿佛偿还债务。[1] 战争掩埋了她的一切，让她独行于不知何往的偏僻小路，而她却于犹太难民在上海通过文学创作所奏响的和平之声中找到了她的“宝藏”。

1

伊爱莲，2013，《抉择：波兰，1939—1945》，吴晶译，学苑出版社。

Abstracts of Articles

A Vision of Peace in Europe in the Future

Chen Xiaolü

The nationalism and national states are twins. They have provided the modern world order and ideology, but they have also provoked war and turmoil. After World War Ⅱ, Europe attempted to set the new order for a suitable path towards the future peace and a falling passion for nationalism. The EU is the product of this attempt with a hope of a long-term peace in Europe in the future.

Keywords:

Europe; Nationalism; Peace

Differences and Outcomes in Peace Planning Between UK and USA After the Two World Wars

Liu Mingzhou and Hu Yüna

UK and USA have both planned for peace after the two world wars with the Versailles system centered on the League of Nations after World War Ⅰ, and the security structure centered on the UN Security Council and the economic structure centered on the Bretton Woods system after World War Ⅱ. In the process of rebuilding the peace order in UK and USA, key factors such as the international landscape, alliance relations, strategic culture, and policymakers' perceptions profoundly influenced their visions of postwar peace planning. There were both conflicts and cooperation between UK and USA in their post-war peace planning. The eventual peace arrangements not only bear the imprint of one particular country, but also profoundly reflect the power changes.

Keywords:

Peace Planning; International Order; Anglo-American Differences; Power Change

Understanding the Socio-Economic Logic Behind Terrorism: An Empirical Study of Transnational Panel Data (1984–2016)

Li Zhirui and Chen Bo

Terrorist attacks, represented by "911" Attacks, have had a profound impact on the reconstruction of global geo-security and development configuration. Based on the Global Terrorism Database (GTD) from 1984 to 2016, the author selects sample countries in the "Arc of Instability", empirically studies the socio-economic driving forces of terrorism by using the Zero-Inflated Negative Binomial(ZINB) model, and further conducts comparative analyses of the logic behind domestic and transnational terrorism. The conclusions are as follows: First of all, important economic variables, such as GDP per capita, net income inequality and education, "drive" the formation of terrorism from countries in the "Arc of Instability" along the logics of "economic deprivation", "societal and economic transformation" and "economic integration". Secondly, important societal variables, such as democratic level, internal conflict and religious differentiation, "drive" the formation of terrorism from countries in the "Arc of Instability" along the logics of "political regime", "political instability", "clash of civilizations" and "political integration". Finally, important economic and societal factors, such as net income inequality, education, internal conflict and religious differentiation, separately play a positive role in stimulating the formation or indirectly carry out the "anti-terrorism" effectiveness of domestic and transnational terrorism from countries in the "Arc of Instability".

Keywords:

Countries in the "Arc of Instability"; Terrorism; Economic Driving Forces; Societal Driving Forces; Zero-Inflated Negative Binomial Model

On the Warning Values and Its Utilization in Peacebuilding of Nanjing City Wall as a Cultural Heritage

Liu Bin and Bai Shuang

Cultural heritage is an important means of peacebuilding. The World Heritage Committee has specially defined the "warning culture heritage" in the world cultural heritage to condemn war crimes and encourage mankind to learn lessons from history and work together to build a peaceful and prosperous world. During the World War Ⅱ, the Nanjing City Wall was not only an important battlefield for the Chinese people to defend the capital city and fight against Japanese aggression, but also the witness of the Nanjing Massacre. Therefore, it has an important significance in the history of the China's Resistance War against Japanese Aggression and the process of human civilization. Since 1992, the concept of "peacebuilding" has been widely promoted by the UN. Sustainable Peace and Development has become a global agenda promoted by the UN and has received active participation and support from many international organizations. In this process, cultural heritage protection is regarded as an important factor in peace building and achieving sustainable development. As the first International City of Peace in China, Nanjing is committed to conveying the Chinese vision of pursuing peace to the world. The memory and dissemination of war history should be closely linked to the current situation and the future of human peace. Fully understanding and interpreting the diverse values of Nanjing City Wall as a warning cultural heritage from World War II, promoting peace education with Chinese characteristics, and innovating the sustainable development of Nanjing City Wall through positive peace will play a unique role in achieving global sustainable peace.

Keywords:

Nanjing City Wall; Warning Cultural Heritage; Peacebuilding; Positive Peace

Sri Lanka: The Images of the Past Tradition, Myths, Distortions and Revelations

Sivasubramaniam Pathmanathan

Reconstructing national history should be a continuous endeavor, evolving as knowledge accumulates and information processing capabilities improve, while ensuring the accurate transmission of information. However, genuine historical representation can only arise within an objective environment fostered by an open society that upholds freedom of speech and expression, combined with the dedicated efforts of historians. True history cannot be written through a mindless, uncorrected process akin to mass-producing standardized products.

This paper, drawing on a rich and diverse array of research materials–including Brahmi inscriptions, Tamil-Brahmi inscriptions, and Pali chronicles–aims to explore the causes, potential destructiveness, and manifestations of the shifts in historical narratives since Sri Lanka's independence. It will focus on the tradition of peaceful coexistence and cooperation that characterized the early multi-ethnic and religiously harmonious phase of Sri Lankan history. The goal is to provide valuable references for crafting a balanced and comprehensive history of Sri Lanka, which is deeply rooted in ethnic and cultural diversity, in order to maintain, promote, and consolidate its unity and harmony.

Keywords:

Sri Lanka; Historical Perception; Reinterpretation

Finding Joy and Peace: An Autoethnographic Reflection on Sophia's Garden

Tracy Hudson and Mechthild Nagel

This paper offers an autoethnographic reflection on the program Sophia's Garden, which integrates applied learning, philosophy, and play as a framework to teach elementary students about conflict. As professors and program facilitators, we engage in self-reflection to gain deeper insights into the transformative potential of Sophia's Garden. Our reflections encompass the impact of the program on our teaching practices, personal growth, and understanding of cultivating joy and peace amidst conflicts. By immersing students in interactive activities and discussions, the program aims to foster critical thinking skills, empathy, and a deeper understanding of conflicts from multiple perspectives. Additionally, we explore how the integration of applied learning, philosophy, and play influences our pedagogical approaches, personal growth, and professional development. We identify the transformative potential of Sophia's Garden in shaping our teaching practices and enhancing student engagement in conflict resolution. By drawing upon relevant literature and theoretical frameworks, we situate our reflections within the broader context of innovative pedagogical approaches. In our collaborative endeavor, we find inspiration in our distinct philosophical perspectives, both rooted in the concept of nested-care. The Ubuntu Philosophy underscores the significance of recognizing our shared humanity, while the Invitational Philosophy revolves around intentional, intersectionality, care, optimism, respect, and trust. As practitioners, our unique perspectives guide us towards fostering inclusive environments that prioritize a sense of belonging, rather than engaging in competitive games that frequently lead to feelings of shame and humiliation. By sharing our experiences and reflections, we contribute to the understanding of innovative pedagogical practices and inspire educators to explore new approaches to cultivate joy and peace amidst conflicts.

Keywords:

Sophia's Garden; Autoethnographic Reflection; Ubuntu Philosophy; Invitational Philosophy; I-CORT Framework 2.0

The Labour Conflicts and Governmental Legislative Regulation in British Pre-Industrial Revolution

Jin Yan

Britain was the first country in the world to begin the process of industrialization as well as the transformation from a traditional society to an industrialized society. As the Labour-Capital relations played a very important role in the social relations, the governmental regulation of the Labour-Capital relations was an inevitable result of the historical development. This paper gives an overview of the Labour-Capital conflicts in Britain pre-industrial revolution and a detailed description of how the government attempted to regulate the relations through legislation, pointing out that the root cause of this change lies in the influence of economic liberalism.

Keywords:

Britain; Industrial Revolution; Labour-Capital Conflict; Governmental Regulation

The Common Guide to Northeast Asia Peace Education Curriculum (Chapter I)

APCEIU

Peace education is an important part of peacebuilding. Promoting peace education in Northeast Asia, aimed at China, Japan and the Republic of Korea, and enriching learners' knowledge, values, attitudes and skills, is an important task for building sustainable peace. The Common Guide to Northeast Asia Peace Education Curriculum analyzes the challenges and opportunities faced by peace education in Northeast Asia, focusing on relevant peace education issues with local characteristics and regional commonalities, including the background, guideline outline, philosophy (guidelines) and key concepts followed by the Guide, as well as specific content such as target audience, structure of subsidiary parts, and sample exercises. Through the implementation of peace education, the aim is to encourage learners to envisage the feasibility of a Northeast Asian regional community, thereby recognizing the significance of maintaining an inclusive, open and negotiable regional identity, stimulating the enthusiasm of citizens in peacebuilding activities, promoting international understanding, building sustainable and positive peace, and promoting human dignity, social justice and international cooperation.

Keywords:

Northeast Asia; Peace Education Curriculum; Multicultural Education; Education for Sustainable Development; Common Guide

Introducing Museums for Peace Studies in Higher Education

Syed Sikander Mehdi

Museums for peace memorialize victims of war and violence and leaders of nonviolence and their struggle for peace and justice, preserve and exhibit past peace events, and bring into sharp focus the horrors of war, conflict and violence. Such museums form a bridge between the past, present and future, and contribute to the healing of historical wounds. Fortunately, interest in memory, heritage, and peace history is noticeably increasing. In addition, theses, books and research papers are being produced and published regularly on peace monuments, memorials and museums. Again, peace museums are often covered in history, museum, memory and peace studies classes by teachers in the universities in particular. However, the museums for peace are yet to acquire a notable recognition by the academic world. Not a single university is currently offering a well-developed undergraduate or graduate degree program in this emerging subject. Likewise, very few programs offer certificates and diplomas in this field. Why is it so?

Is it because this subject isn't developed enough to be recognized as a distinct teaching and research program? Or is it because concerted efforts to introduce this subject in higher education are yet to be taken? Or because the peace promoting and peacebuilding role of peace museums like the Kyoto Museum for World Peace (KMWP) is little noticed by the academia and scientific societies? Or is it because of lack of appreciation of the contribution of such museums to the movements against nuclear weapons, racism, militarism and injustice? This paper attempts to explore answer to these questions and discusses certain other related matters as well.

Keywords:

Violent Past; Racism; Healing of the Wounds; Peace Museums and Museums for Peace

Peace and Transformation in Parallel: Contemporary Women's Peace Practices in Northern Ireland

Wang Lei and Tang Kexin

Women have been a unique force for peace in the peace process in Northern Ireland. The uniqueness of women's peace practice stems from their experiences that are different from those of men, and is manifested not only in opposition to violence, but also in an emphasis on the structural transformation of society, with the aim of achieving lasting peace in Northern Ireland. Looking back at women's peace journey since the 1970s, their unique peace practices can be summarized in three areas: transversal communication, social reform and reform of political culture. Through transversal communication, they have transformed antagonistic ethnic relations and promoted national reconciliation, laying down the basic prerequisites for the realization of lasting peace. Through social reform, they promoted the transformation of social injustice under patriarchy in order to build a social foundation for lasting peace. Through the reform of political culture, they have tried to eliminate the political ecology that breeds violence and create a favorable political environment for lasting peace. Although the lasting peace sought by women has yet to be realized, and their structural transformation of Northern Ireland has a long way to go, their peacebuilding practices have provided new ideas for peace and reconciliation in conflict areas.

Keywords:

Northern Ireland; Women's Peace; Women's Coalition; *Belfast Agreement*

Promoting a Culture of Peace, Joining Hands for the Future: A Summary of the Fifth Sino-Japanese Peace Scholars Dialogue

Yue Run and Huang Muyu

From March 2 to 4, 2024, the Fifth Sino-Japanese Peace Scholars Dialogue was held at Nanjing University, co-hosted by the Charhar Institute, the Peace Studies Association of Japan, and the UNESCO Chair on Peace Studies at Nanjing University. The theme was "Promoting a Culture of Peace, Joining Hands for the Future". Over 50 scholars, teachers, and students from both China and Japan engaged in in-depth discussions on the vision for Sino-Japanese peace frameworks, the construction of culture of peace, peace education, and youth exchanges. Participants unanimously agreed that China and Japan should learn from history, jointly maintain peace and stability in Asia, and strengthen people-to-people exchanges and cooperation. This dialogue facilitated academic exchange on peace studies between China and Japan, deepened the practice of peace education, enhanced mutual understanding and trust, and provided valuable intellectual resources for building a harmonious and stable Sino-Japanese relationship and promoting culture of peace.

Keywords:

Peace Studies; Sino-Japanese Relations; Peace Education